한전MCS

통합기본서

시대에듀

시대에듀 한전MCS 통합기본서

Always **with you**

사람의 인연은 길에서 우연하게 만나거나 함께 살아가는 것만을 의미하지는 않습니다.
책을 펴내는 출판사와 그 책을 읽는 독자의 만남도 소중한 인연입니다.
시대에듀는 항상 독자의 마음을 헤아리기 위해 노력하고 있습니다. 늘 독자와 함께하겠습니다.

머리말 PREFACE

전국적 네트워크를 기반으로 고객, 한전, 정부 그리고 전력산업계를 연결하는 한전MCS는 2026년에 신입사원을 채용할 예정이다. 한전MCS는 「지원서 접수 → 서류전형 → 필기전형 → 면접전형 → 신체검사 → 최종 합격자 발표」 순서로 이루어진다. 필기전형은 직업기초능력으로 진행된다. 직업기초능력은 의사소통능력, 수리능력, 문제해결능력, 자원관리능력, 기술능력 총 5개의 영역을 평가한다. 2025년에는 피듈형으로 진행되었으며, 필기전형 고득점자 순으로 3배수 이내 선발하므로 고득점을 받기 위해 다양한 유형에 대한 폭넓은 학습이 필요하다. 또한 50문항을 50분 안에 풀어야 하기에 문제풀이 시간 관리에 철저한 준비가 요구된다.

한전MCS 합격을 위해 시대에듀에서는 기업별 NCS 시리즈 누적 판매량 1위의 출간 경험을 토대로 다음과 같은 특징을 가진 도서를 출간하였다.

도서의 특징

❶ 기출복원문제를 통한 출제 유형 확인!

- 2024년 하반기 주요 공기업 NCS 기출복원문제를 수록하여 공기업별 출제경향을 파악할 수 있도록 하였다.

❷ 한전MCS 필기전형 출제 영역 맞춤 문제를 통한 실력 상승!

- 직업기초능력 대표기출유형&기출응용문제를 수록하여 유형별로 대비할 수 있도록 하였다.

❸ 최종점검 모의고사를 통한 완벽한 실전 대비!

- 철저한 분석을 통해 실제 유형과 유사한 최종점검 모의고사를 수록하여 자신의 실력을 점검할 수 있도록 하였다.

❹ 다양한 콘텐츠로 최종 합격까지!

- 한전MCS 채용 가이드와 면접 기출질문을 수록하여 채용을 준비하는 데 부족함이 없도록 하였다.
- 온라인 모의고사를 무료로 제공하여 필기시험에 대비할 수 있도록 하였다.

끝으로 본 도서를 통해 한전MCS를 준비하는 모든 수험생 여러분이 합격의 기쁨을 누리기를 진심으로 기원한다.

SDC(Sidae Data Center) 씀

한전MCS 기업분석 INTRODUCE

◇ 미션

전력서비스, 그 이상의 가치로 고객의 삶을 풍요롭게

◇ 비전

Connecting People & Energy For a Better Life.

◇ 핵심가치

- 사회책임
- 고객존중
- 도전정신
- 소통화합

◇ 경영방침

- ESG 선도 경영
- 공공책임 경영
- 혁신성장 경영
- 안전리더 경영
- 현장중심 경영

◇ 중장기 미래사업

재생에너지 공급분야의 효율성 제고 사업

- 재생에너지 예측제도
- 신재생 계량서비스 개선 (계량서비스 사업자) 등
- 수요자원시장과 중개시장

에너지소비 효율화와 공급 및 수요 Sector Coupling 활성화 사업

- BTM에너지 효율화
- EERS
- 가정용 스마트전력 플랫폼 구축
- RE100 활성화
- 계시별 요금제
- 국민DR 등

◇ 인재상

꿈과 열정, 그리고 끊임없는 발전

SERVICE(노력하는 서비스인)

EXPERT(학습하는 전문인)

BEHAVIOR(행동하는 성취인)

COMMUNICATION(소통하는 신뢰인)

신입 채용 안내 INFORMATION

◇ 지원자격

❶ 연령 · 학력 : 제한 없음

※ 단, 공고일 현재 당사 규정에 따른 정년(만 60세) 이상인 자 지원 불가

❷ 한전MCS 채용 결격사유에 해당하지 않는 자

❸ 병역법 제76조에서 정한 병역의무 불이행 사실이 없는 자

※ 단, 남성의 경우 병역필 또는 병역 면제자

❹ 회사가 정한 입사일부터 즉시 근무가 가능한 자

❺ 아래의 조건 중 1개 이상을 충족하는 자

- 해당분야(전기, 전자, 기계 등)의 고졸 이상 학위를 취득한 자
- 해당분야(전기, 전자, 기계 등) 자격증을 취득한 자
- 위험물기능사, 위험물산업기사, 위험물기능장 자격증을 취득한 자
- 대기환경산업기사, 대기환경기사 자격증을 취득한 자

◇ 필기전형

구분	직렬	평가 내용	문항 수	시험 시간
직업기초능력	전 직렬	의사소통능력, 수리능력, 문제해결능력, 자원관리능력, 기술능력	50문항	50분

◇ 면접전형

구분	선발배수	평가요소
면접전형	1배수 이내	직무역량, 인성, 조직적합도, 자질 등
신체검사	면접전형 합격자 대상 실시	공무원신체검사

❖ 위 채용안내는 2025년 상반기 채용공고를 기준으로 작성하였으므로 세부사항은 확정된 채용공고를 확인하기 바랍니다.

2025년 상반기 기출분석 ANALYSIS

총평

한전MCS 필기전형은 피듈형으로 출제되었으며, 난이도는 평이했다는 후기가 많았다. 의사소통능력과 수리능력, 문제해결능력의 경우 다양한 유형의 문제가 고루 출제되었고, 이외의 영역에서 모듈형 문제가 다수 출제되었으므로 평소 모듈이론에 대한 철저한 준비를 해두는 것이 좋겠다. 자원관리능력에서는 시간 계획 문제가, 기술능력에서는 기술 이해 문제가 어렵게 출제되었으므로 다양한 유형을 연습하는 것이 필요해 보인다.

◇ 영역별 출제 비중

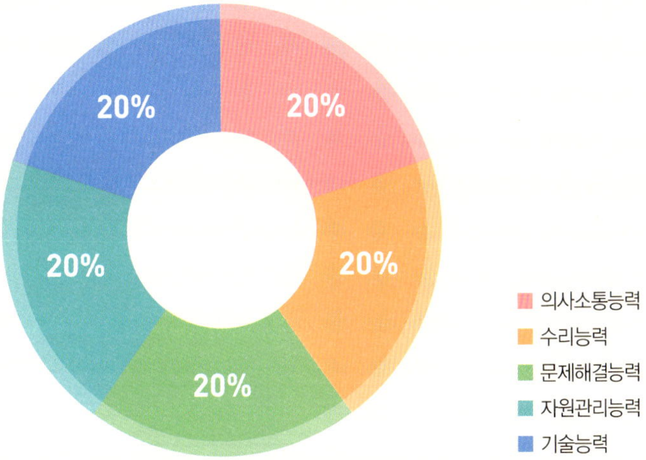

구분	출제 특징	출제 키워드
의사소통능력	• 문서 내용 이해 문제가 출제됨 • 내용 추론 문제가 출제됨 • 문단 나열 문제가 출제됨 • 맞춤법 · 어휘 문제가 출제됨	• 유의어, 뉴런, 빅데이터, 어휘의 관계 등
수리능력	• 응용 수리 문제가 출제됨 • 수열 규칙 문제가 출제됨 • 자료 이해 문제가 출제됨 • 자료 계산 문제가 출제됨	• 등차수열, 불량률, 일률, 강수 확률 등
문제해결능력	• 명제 추론 문제가 출제됨 • 규칙 적용 문제가 출제됨 • 자료 해석 문제가 출제됨	• 원형 탁자, 1등 고르기, 상품코드 고르기 등
자원관리능력	• 시간 계획 문제가 출제됨 • 비용 계산 문제가 출제됨 • 품목 확정 문제가 출제됨 • 인원 선발 문제가 출제됨	• 숙소 고르기, 자원낭비 요인, 효율적인 자원관리, 채용 인원 선발 등
기술능력	• 기술 이해 문제가 출제됨 • 기술 적용 문제가 출제됨	• 드론, 무상 수리 설명 등

PSAT형

ㅣ수리능력

04 다음은 신용등급에 따른 아파트 보증률에 대한 사항이다. 자료와 상황에 근거할 때, 갑(甲)과 을(乙)의 보증료의 차이는 얼마인가?(단, 두 명 모두 대지비 보증금액은 5억 원, 건축비 보증금액은 3억 원이며, 보증서 발급일로부터 입주자 모집공고 안에 기재된 입주 예정 월의 다음 달 말일까지의 해당 일수는 365일이다)

• (신용등급별 보증료)=(대지비 부분 보증료)+(건축비 부분 보증료)

• 신용평가 등급별 보증료율

구분	대지비 부분	건축비 부분				
		1등급	2등급	3등급	4등급	5등급
AAA, AA	0.138%	0.178%	0.185%	0.192%	0.203%	0.221%
A^+		0.194%	0.208%	0.215%	0.226%	0.236%
A^-, BBB^+		0.216%	0.225%	0.231%	0.242%	0.261%
BBB^-		0.232%	0.247%	0.255%	0.267%	0.301%
BB^+ ~ CC		0.254%	0.276%	0.296%	0.314%	0.335%
C, D		0.404%	0.427%	0.461%	0.495%	0.531%

※ (대지비 부분 보증료)=(대지비 부분 보증금액)×(대지비 부분 보증료율)×(보증서 발급일로부터 입주자 모집공고 안에 기재된 입주 예정 월의 다음 달 말일까지의 해당 일수)÷365

※ (건축비 부분 보증료)=(건축비 부분 보증금액)×(건축비 부분 보증료율)×(보증서 발급일로부터 입주자 모집공고 안에 기재된 입주 예정 월의 다음 달 말일까지의 해당 일수)÷365

• 기여고객 할인율 : 보증료, 거래기간 등을 기준으로 기여도에 따라 6개 군으로 분류하며, 건축비 부분 요율에서 할인 가능

구분	1군	2군	3군	4군	5군	6군
차감률	0.058%	0.050%	0.042%	0.033%	0.025%	0.017%

〈상황〉

• 갑 : 신용등급은 A^+이며, 3등급 아파트 보증금을 내야 한다. 기여고객 할인율에서는 2군으로 선정되었다.
• 을 : 신용등급은 C이며, 1등급 아파트 보증금을 내야 한다. 기여고객 할인율은 3군으로 선정되었다.

① 554,000원
② 566,000원
③ 582,000원
④ 591,000원
⑤ 623,000원

특징
▸ 대부분 의사소통능력, 수리능력, 문제해결능력을 중심으로 출제(일부 기업의 경우 자원관리능력, 조직이해능력을 출제)
▸ 자료에 대한 추론 및 해석 능력을 요구

대행사
▸ 엑스퍼트컨설팅, 커리어넷, 태드솔루션, 한국행동과학연구소(행과연), 휴노 등

모듈형

| 문제해결능력

41 문제해결절차의 문제 도출 단계는 (가)와 (나)의 절차를 거쳐 수행된다. 다음 중 (가)에 대한 설명으로 적절하지 않은 것은?

(가)	→	(나)
전체 문제를 개별화된 이슈들로 세분화		문제에 영향력이 큰 핵심이슈를 선정

① 문제의 내용 및 영향 등을 파악하여 문제의 구조를 도출한다.
② 본래 문제가 발생한 배경이나 문제를 일으키는 메커니즘을 분명히 해야 한다.
③ 현상에 얽매이지 말고 문제의 본질과 실제를 봐야 한다.
④ 눈앞의 결과를 중심으로 문제를 바라봐야 한다.
⑤ 문제 구조 파악을 위해서 Logic Tree 방법이 주로 사용된다.

특징
- 이론 및 개념을 활용하여 푸는 유형
- 채용 기업 및 직무에 따라 NCS 직업기초능력평가 10개 영역 중 선발하여 출제
- 기업의 특성을 고려한 직무 관련 문제를 출제
- 주어진 상황에 대한 판단 및 이론 적용을 요구

대행사
- 인트로맨, 휴스테이션, ORP연구소 등

피듈형(PSAT형 + 모듈형)

| 자원관리능력

07 다음 자료를 근거로 판단할 때, 연구모임 A ~ E 중 세 번째로 많은 지원금을 받는 모임은?

〈지원계획〉

- 지원을 받기 위해서는 한 모임당 5명 이상 9명 미만으로 구성되어야 한다.
- 기본지원금은 모임당 1,500천 원을 기본으로 지원한다. 단, 상품개발을 위한 모임의 경우는 2,000천 원을 지원한다.
- 추가지원금

등급	상	중	하
추가지원금(천 원/명)	120	100	70

※ 추가지원금은 연구 계획 사전평가결과에 따라 달라진다.

- 협업 장려를 위해 협업이 인정되는 모임에는 위의 두 지원금을 합한 금액의 30%를 별도로 지원한다.

〈연구모임 현황 및 평가결과〉

특징
- 기초 및 응용 모듈을 구분하여 푸는 유형
- 기초인지모듈과 응용업무모듈로 구분하여 출제
- PSAT형보다 난도가 낮은 편
- 유형이 정형화되어 있고, 유사한 유형의 문제를 세트로 출제

대행사
- 사람인, 스카우트, 인크루트, 커리어케어, 트리피, 한국사회능력개발원 등

주요 공기업 적중 문제 TEST CHECK

한국전력공사

IF 함수 ▶ 키워드

2025년 적중

06 다음은 J공사에 지원한 지원자들의 PT면접 점수를 정리한 자료이며, 각 사원들의 점수 자료를 통해 면접 결과를 정리하고자 한다. 이를 위해 [F3] 셀에 〈보기〉와 같은 함수식을 입력하고, 채우기 핸들을 이용하여 [F6] 셀까지 드래그 했을 경우, [F3] ~ [F6] 셀에 나타나는 결괏값으로 옳은 것은?

	A	B	C	D	E	F
1						(단위 : 점)
2	이름	발표내용	발표시간	억양	자료준비	결과
3	조재영	85	92	75	80	
4	박슬기	93	83	82	90	
5	김현진	92	95	86	91	
6	최승호	95	93	92	90	

보기

=IF(AVERAGE(B3:E3)> =90,"합격","불합격")

	[F3]	[F4]	[F5]	[F6]
①	불합격	불합격	합격	합격
②	합격	합격	불합격	불합격

성과급 ▶ 키워드

2025년 적중

03 다음은 4분기 성과급 지급 기준이다. 부서원 A ~ E에 대한 성과평가가 다음과 같을 때, 성과급을 가장 많이 받을 직원 2명은?

〈성과급 지급 기준〉

- 성과급은 성과평가등급에 따라 다음 기준으로 지급한다.

등급	A	B	C	D
성과급	200만 원	170만 원	120만 원	100만 원

- 성과평가등급은 성과점수에 따라 다음과 같이 산정된다.

성과점수	90점 이상 100점 이하	80점 이상 90점 미만	70점 이상 80점 미만	70점 미만
등급	A	B	C	D

- 성과점수는 개인실적점수, 동료평가점수, 책임점수, 가점 및 벌점을 합산하여 산정한다.
  - 개인실적점수, 동료평가점수, 책임점수는 각각 100점 만점으로 산정된다.
  - 세부 점수별 가중치는 개인실적점수 40%, 동료평가점수 30%, 책임점수 30%이다.
  - 가점 및 벌점은 개인실적점수, 동료평가점수, 책임점수에 가중치를 적용하여 합산한 값에 합산한다.
- 가점 및 벌점 부여기준
  - 분기 내 수상내역 1회, 신규획득 자격증 1개당 가점 2점 부여
  - 분기 내 징계내역 1회당 다음에 따른 벌점 부여

징계	경고	감봉	정직
벌점	1점	3점	5점

한전KPS

확률 ▶ 유형

2025년 적중

16 A, B 주사위 2개를 동시에 던졌을 때, A에서는 짝수의 눈이 나오고, B에서는 3 또는 5의 눈이 나올 확률은?

① $\frac{1}{6}$
② $\frac{1}{3}$
③ $\frac{1}{2}$
④ $\frac{2}{3}$
⑤ $\frac{5}{6}$

참거짓 ▶ 유형

2025년 적중

21 갑 ~ 병이 다음 〈조건〉에 따라 주사위를 던져 나온 주사위의 눈의 수만큼 점수를 획득한다고 할 때, 항상 참이 아닌 것은?

조건

- 세 사람이 주사위를 던진 횟수는 총 10회이다.
- 세 사람이 획득한 점수는 47점이다.
- 갑은 가장 많은 횟수를 던졌다.
- 을이 얻은 점수는 16점이다.
- 병이 가장 많은 점수를 얻었다.

① 을은 주사위를 세 번 던졌다.
② 갑은 주사위를 네 번 던졌다.
③ 병은 6이 나온 적이 있다.
④ 을이 주사위를 던져서 얻은 주사위 눈의 수는 모두 짝수이다.
⑤ 갑이 얻을 수 있는 최소 점수는 13점이다.

단축키 ▶ 유형

2025년 적중

48 다음 중 윈도우 탐색기에서 사용하는 단축키에 대한 설명으로 옳지 않은 것은?

① 〈F4〉 : 선택한 [파일 / 폴더]의 이름 변경하기
② 〈F3〉 : 검색하기
③ 〈F1〉 : 도움말 보기
④ 〈F5〉 : 목록 내용을 최신 정보로 수정하기
⑤ 〈Alt〉+〈F4〉 : 탐색기 종료하기

한전KDN

농도 ▸ 유형

2024년 적중

05 농도를 알 수 없는 설탕물 500g에 3%의 설탕물 200g을 온전히 섞었더니 섞은 설탕물의 농도는 7%가 되었다. 이때, 처음 500g의 설탕물에 녹아있던 설탕은 몇 g인가?

① 40g
② 41g
③ 42g
④ 43g
⑤ 44g

비율 ▸ 키워드

2024년 적중

※ 다음은 외국인 직접투자의 투자건수 비율과 투자금액 비율을 투자규모별로 나타낸 자료이다. 이어지는 질문에 답하시오. **[12~13]**

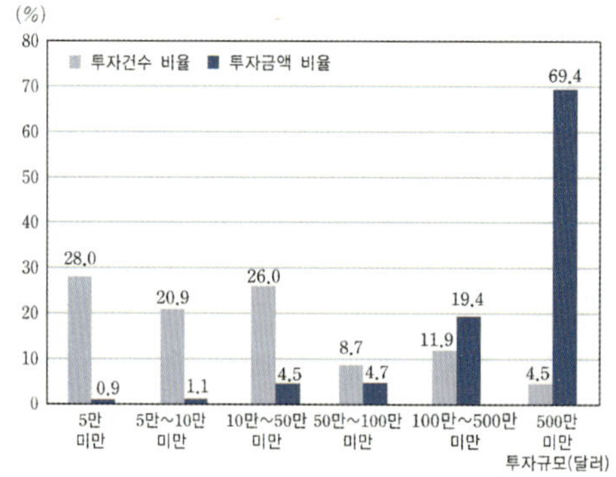

※ 투자규모는 외국인 직접투자의 건당 투자금액을 기준으로 구분함

※ [투자건수 비율(%)] $=\frac{\text{(투자규모별 외국인 직접투자 건수)}}{\text{(전체 외국인 직접투자 건수)}}\times 100$

※ [투자금액 비율(%)] $=\frac{\text{(투자규모별 외국인 직접투자 금액 합계)}}{\text{(전체 외국인 직접투자 건수)}}\times 100$

12 다음 중 투자규모가 50만 달러 미만인 투자건수 비율은?

① 55.3%
② 62.8%
③ 68.6%
④ 74.9%
⑤ 83.6.3%

한국수력원자력

에너지원 ▶ 키워드

2025년 적중

03 다음은 2024년도 신재생에너지 산업통계에 대한 자료이다. 이를 토대로 작성한 그래프로 옳지 않은 것은?

〈신재생에너지원별 산업 현황〉

(단위 : 억 원)

구분	기업체 수(개)	고용인원(명)	매출액	내수	수출액	해외공장매출	투자액
태양광	127	8,698	75,637	22,975	33,892	18,770	5,324
태양열	21	228	290	290	0	0	1
풍력	37	2,369	14,571	5,123	5,639	3,809	583
연료전지	15	802	2,837	2,143	693	0	47
지열	26	541	1,430	1,430	0	0	251
수열	3	46	29	29	0	0	0
수력	4	83	129	116	13	0	0
바이오	128	1,511	12,390	11,884	506	0	221
폐기물	132	1,899	5,763	5,763	0	0	1,539
합계	493	16,177	113,076	49,753	40,743	22,579	7,966

① 신재생에너지원별 기업체 수(단위 : 개)

접속어 ▶ 유형

2025년 적중

20 다음 글의 빈칸에 들어갈 접속어를 순서대로 바르게 나열한 것은?

> 각 시대에는 그 시대의 특징을 나타내는 문학이 있다고 한다. 우리나라도 무릇 사천 살이 넘는 생활의 역사를 가진 만큼 그 발전 시기마다 각각 특색을 가진 문학이 없을 수 없고, 문학이 있었다면 그 중추가 되는 것은 아무래도 시가문학이라고 볼 수밖에 없다. ________ 대개 어느 민족을 막론하고 인간 사회가 성립하는 동시에 벌써 각자의 감정과 의사를 표시하려는 욕망이 생겼을 것이며, 삼라만상의 대자연은 자연 그 자체가 율동적이고 음악적이라고 할 수 있기 때문이다. 다시 말하면 인간이 생활하는 곳에는 자연적으로 시가가 발생하였다고 할 수 있다. ________ 사람의 지혜가 트이고 비교적 언어의 사용이 능란해짐에 따라 종합 예술체의 한 부분으로 있었던 서정문학적 요소가 분화·독립되어 제요나 노동요 따위의 시가의 원형을 이루고 다시 이 집단적 가요는 개인적 서정시로 발전하여 갔으리라 추측된다. ________ 다른 나라도 마찬가지이겠지만, 우리 문학사상에서 시가의 지위는 상당히 중요한 몫을 지니고 있다.

① 왜냐하면 – 그리고 – 그러므로
② 그리고 – 왜냐하면 – 그러므로
③ 그러므로 – 그리고 – 왜냐하면
④ 왜냐하면 – 그러나 – 그럼에도 불구하고
⑤ 그러나 – 왜냐하면 – 그러므로

도서 200% 활용하기 STRUCTURES

1 기출복원문제로 출제경향 파악

2024년 하반기

주요 공기업 NCS 기출복원문제

정답 및 해설 p.002

| 코레일 한국철도공사 / 의사소통능력

01 다음 중 비언어적 요소인 쉼을 사용하는 경우로 적절하지 않은 것은?

① 양해나 동조를 구할 경우
② 상대방에게 반문을 할 경우
③ 이야기의 흐름을 바꿀 경우
④ 연단공포증을 극복하려는 경우
⑤ 이야기를 생략하거나 암시할 경우

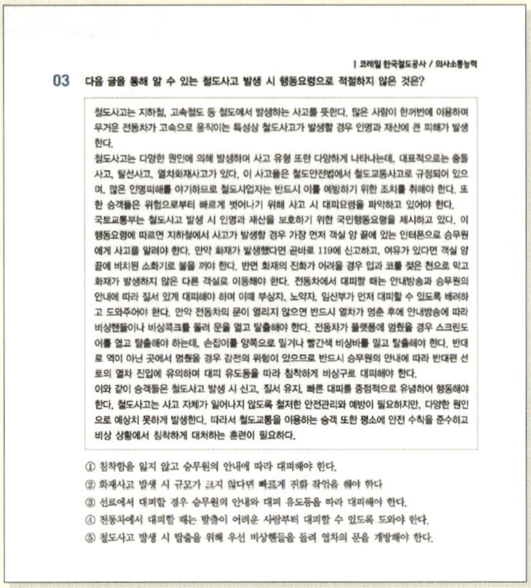

| 코레일 한국철도공사 / 의사소통능력

03 다음 글을 통해 알 수 있는 철도사고 발생 시 행동요령으로 적절하지 않은 것은?

철도사고는 지하철, 고속철도 등 철도에서 발생하는 사고를 뜻한다. 많은 사람이 한꺼번에 이용하며 무거운 전동차가 고속으로 움직이는 특성상 철도사고가 발생할 경우 인명과 재산에 큰 피해가 발생한다.
철도사고는 다양한 원인에 의해 발생하며 사고 유형 또한 다양하게 나타나는데, 대표적으로는 충돌사고, 탈선사고, 열차화재사고가 있다. 이 사고들은 철도안전법에서 철도교통사고로 규정되어 있으며, 많은 인명피해를 야기하므로 철도사업자는 반드시 이를 예방하기 위한 조치를 취해야 한다. 또한 승객들은 위험으로부터 빠르게 벗어나기 위해 사고 시 대피요령을 파악하고 있어야 한다.
국토교통부는 철도사고 발생 시 인명과 재산을 보호하기 위한 국민행동요령을 제시하고 있다. 이 행동요령에 따르면 지하철에서 사고가 발생할 경우 가장 먼저 객실 양 끝에 있는 인터폰으로 승무원에게 사고를 알려야 한다. 만약 화재가 발생했다면 곧바로 119에 신고하고, 여유가 있다면 객실 양 끝에 비치된 소화기로 불을 꺼야 한다. 반면 화재의 진화가 어려울 경우 입과 코를 젖은 천으로 막고 화재가 발생하지 않은 다른 객실로 이동해야 한다. 전동차에서 대피할 때는 안내방송과 승무원의 안내에 따라 질서 있게 대피해야 하며 이때 부상자, 노약자, 임산부가 먼저 대피할 수 있도록 배려하고 도와주어야 한다. 만약 전동차의 문이 열리지 않으면 반드시 열차가 멈춘 후에 안내방송에 따라 비상핸들이나 비상콕크를 돌려 문을 열고 탈출해야 한다. 전동차가 플랫폼에 멈췄을 경우 스크린도어를 열고 탈출해야 하는데, 손잡이를 양쪽으로 밀거나 빨간색 비상바를 밀고 탈출해야 한다. 반대로 역이 아닌 곳에서 멈췄을 경우 감전의 위험이 있으므로 반드시 승무원의 안내에 따라 반대편 선로의 열차 진입에 유의하며 대피 유도등을 따라 침착하게 비상구로 대피해야 한다.
이와 같이 승객들은 철도사고 발생 시 신고, 질서 유지, 빠른 대피를 중점적으로 유념하여 행동해야 한다. 철도사고는 사고 자체가 일어나지 않도록 철저한 안전관리와 예방이 필요하지만, 다양한 원인으로 예상치 못하게 발생한다. 따라서 철도교통을 이용하는 승객 또한 평소에 안전 수칙을 준수하고 비상 상황에서 침착하게 대처하는 훈련이 필요하다.

① 침착함을 잃지 않고 승무원의 안내에 따라 대피해야 한다.
② 화재사고 발생 시 규모가 크지 않다면 빠르게 진화 작업을 해야 한다
③ 선로에서 대피할 경우 승무원의 안내와 대피 유도등을 따라 대피해야 한다.
④ 전동차에서 대피할 때는 탈출이 어려운 사람부터 대피할 수 있도록 도와야 한다.
⑤ 철도사고 발생 시 탈출을 위해 우선 비상핸들을 돌려 열차의 문을 개방해야 한다.

▸ 2024년 하반기 주요 공기업 NCS 기출복원문제를 수록하여 공기업별 출제경향을 파악할 수 있도록 하였다.

2 출제 영역 맞춤 문제로 필기전형 완벽 대비

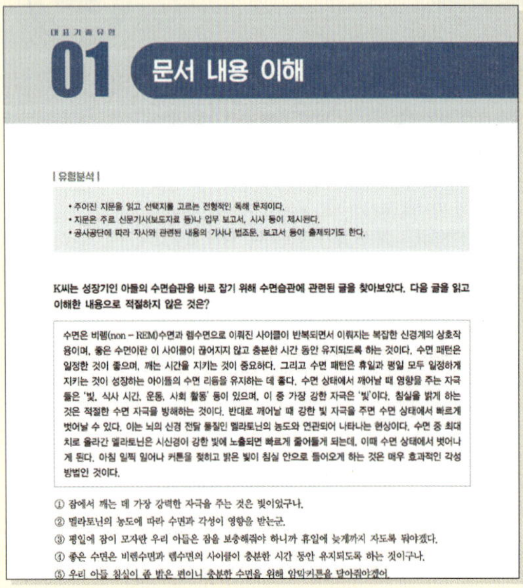

대표기출유형

01 문서 내용 이해

| 유형분석 |

• 주어진 지문을 읽고 선택지를 고르는 전형적인 독해 문제이다.
• 지문은 주로 신문기사(보도자료 등)나 업무 보고서, 시사 등이 제시된다.
• 공사공단에 따라 자사와 관련된 내용의 기사나 법조문, 보고서 등이 출제되기도 한다.

K씨는 성장기인 아들의 수면습관을 바로 잡기 위해 수면습관에 관련된 글을 찾아보았다. 다음 글을 읽고 이해한 내용으로 적절하지 않은 것은?

수면은 비렘(non – REM)수면과 렘수면으로 이뤄진 사이클이 반복되면서 이뤄지는 복잡한 신경계의 상호작용이며, 좋은 수면이란 이 사이클이 끊어지지 않고 충분한 시간 동안 유지되도록 하는 것이다. 수면 패턴은 일정한 것이 좋으며, 깨는 시간을 지키는 것이 중요하다. 그리고 수면 패턴은 휴일과 평일 모두 일정하게 지키는 것이 성장하는 아이들의 수면 리듬을 유지하는 데 좋다. 수면 상태에서 깨어날 때 영향을 주는 자극들은 '빛, 식사 시간, 운동, 사회 활동' 등이 있으며, 이 중 가장 강한 자극은 '빛'이다. 침실을 밝게 하는 것은 적절한 수면 자극을 방해하는 것이다. 반대로 깨어날 때 강한 빛 자극을 주면 수면 상태에서 빠르게 벗어날 수 있다. 이는 뇌의 신경 전달 물질인 멜라토닌의 농도와 연관되어 나타나는 현상이다. 수면 중 최대치로 올라간 멜라토닌은 시신경이 강한 빛에 노출되면 빠르게 줄어들게 되는데, 이때 수면 상태에서 벗어나게 된다. 아침 일찍 일어나 커튼을 젖히고 밝은 빛이 침실 안으로 들어오게 하는 것은 매우 효과적인 각성 방법인 것이다.

① 잠에서 깨는 데 가장 강력한 자극을 주는 것은 빛이었구나.
② 멜라토닌의 농도에 따라 수면과 각성이 영향을 받는군.
③ 평일에 잠이 모자란 우리 아들은 잠을 보충해줘야 하니까 휴일에 늦게까지 자도록 둬야겠다.
④ 좋은 수면은 비렘수면과 렘수면의 사이클이 충분한 시간 동안 유지되도록 하는 것이구나.
⑤ 우리 아들 침실이 좀 밝은 편이니 충분한 수면을 위해 암막커튼을 달아줘야겠어.

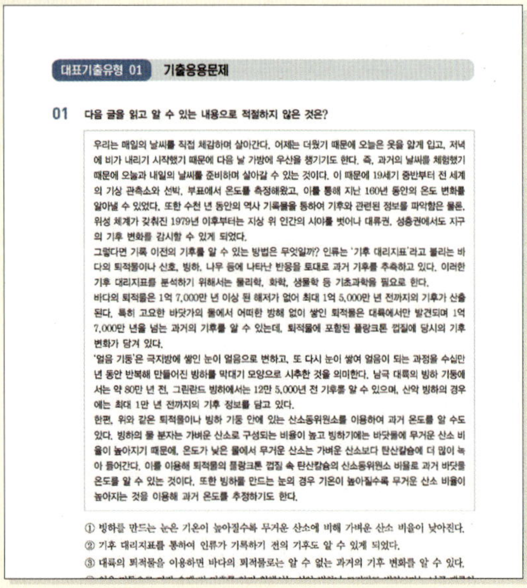

대표기출유형 01 기출응용문제

01 다음 글을 읽고 알 수 있는 내용으로 적절하지 않은 것은?

우리는 매일의 날씨를 직접 체감하며 살아간다. 어제는 더웠기 때문에 오늘은 옷을 얇게 입고, 저녁에 비가 내리기 시작했기 때문에 다음 날 가방에 우산을 챙기기도 한다. 즉, 과거의 날씨를 체험했기 때문에 오늘과 내일의 날씨를 준비하며 살아갈 수 있는 것이다. 이 때문에 19세기 중반부터 전 세계의 기상 관측소와 선박, 부표에서 온도를 측정해왔고, 이를 통해 지난 160년 동안의 온도 변화를 알아낼 수 있었다. 또한 수천 년 동안의 역사 기록물을 통하여 기후와 관련된 정보를 파악함은 물론, 위성 체계가 갖춰진 1979년 이후부터는 지상 위 인간의 시야를 벗어나 대류권, 성층권에서도 지구의 기후 변화를 감시할 수 있게 되었다.
그렇다면 기록 이전의 기후를 알 수 있는 방법은 무엇일까? 인류는 '기후 대리지표'라고 불리는 바다의 퇴적물이나 산호, 빙하, 나무 등에 나타난 반응을 토대로 과거 기후를 추측하고 있다. 이러한 기후 대리지표를 분석하기 위해서는 물리학, 화학, 생물학 등 기초과학을 필요로 한다.
바다의 퇴적물은 1억 7,000만 년 이상 된 해저가 없어 최대 1억 5,000만 년 전까지의 기후가 산출된다. 특히 고요한 바닷가의 물에서 어떠한 방해 없이 쌓인 퇴적물은 대륙에서만 발견되며 1억 7,000만 년을 넘는 과거의 기후를 알 수 있는데, 퇴적물에 포함된 플랑크톤 껍질에 당시의 기후 변화가 담겨 있다.
'얼음 기둥'은 극지방에 쌓인 눈이 얼음으로 변하고, 또 다시 눈이 쌓여 얼음이 되는 과정을 수십만 년 동안 반복해 만들어진 빙하를 막대기 모양으로 시추한 것을 의미한다. 남극 대륙의 빙하 기둥에서는 약 80만 년 전, 그린란드 빙하에서는 12만 5,000년 전 기후를 알 수 있으며, 산악 빙하의 경우에는 최대 1만 년 전까지의 기후 정보를 담고 있다.
한편, 위와 같은 퇴적물이나 빙하 기둥 안에 있는 산소동위원소를 이용하여 과거 온도를 알 수도 있다. 빙하의 물 분자는 가벼운 산소로 구성되는 비율이 높고 빙하기에는 바닷물에 무거운 산소 비율이 높아지기 때문에, 온도가 낮은 물에서 무거운 산소는 가벼운 산소보다 탄산칼슘에 더 많이 녹아 들어간다. 이를 이용해 퇴적물의 플랑크톤 껍질 속 탄산칼슘의 산소동위원소 비율로 과거 바닷물 온도를 알 수 있는 것이다. 또한 빙하를 만드는 눈의 경우 기온이 높아질수록 무거운 산소 비율이 높아지는 것을 이용해 과거 온도를 추정하기도 한다.

① 빙하를 만드는 눈은 기온이 높아질수록 무거운 산소에 비해 가벼운 산소 비율이 낮아진다.
② 기후 대리지표를 통하여 인류가 기록하기 전의 기후도 알 수 있게 되었다.
③ 대륙의 퇴적물을 이용하면 바다의 퇴적물로는 알 수 없는 과거의 기후 변화를 알 수 있다.

▸ 직업기초능력 대표기출유형&기출응용문제를 수록하여 유형별로 대비할 수 있도록 하였다.

3 최종점검 모의고사 + OMR을 활용한 실전 연습

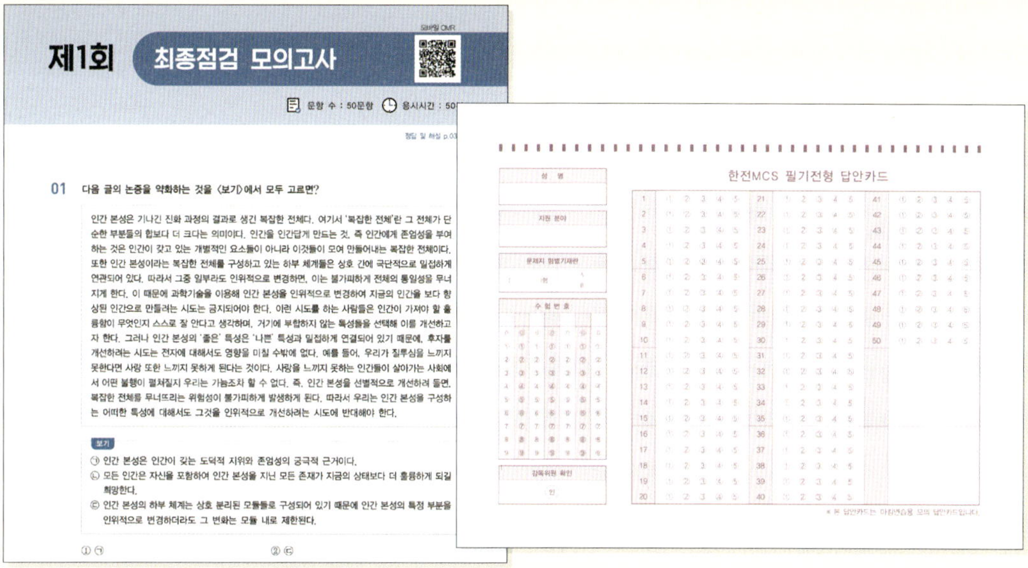

- 최종점검 모의고사와 OMR 답안카드를 수록하여 실제로 시험을 보는 것처럼 마무리 연습을 할 수 있도록 하였다.
- 모바일 OMR 답안채점/성적분석 서비스를 통해 필기전형에 대비할 수 있도록 하였다.

4 인성검사부터 면접까지 한 권으로 최종 마무리

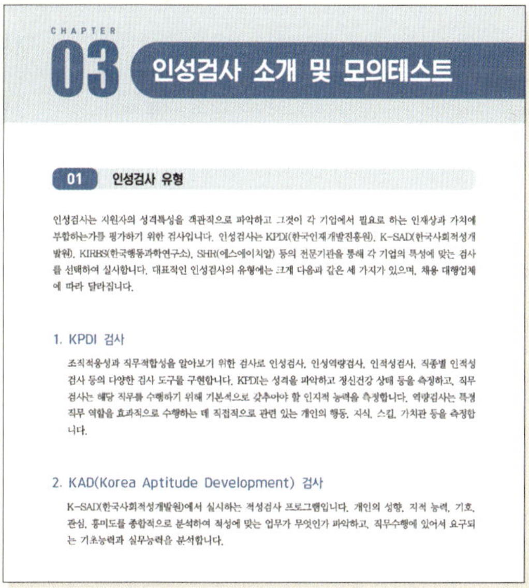

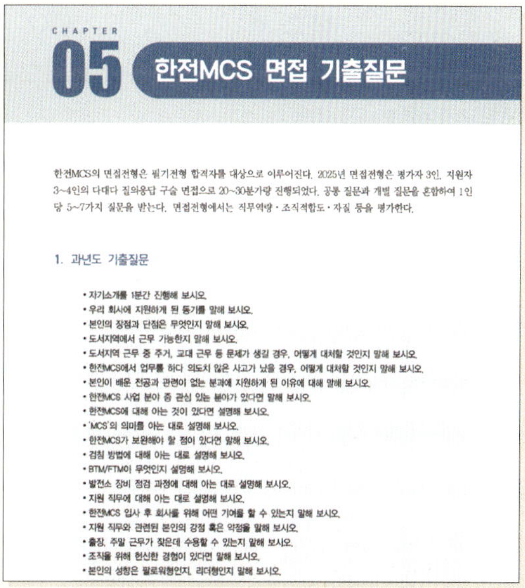

- 인성검사 모의테스트를 수록하여 인성검사 유형 및 문항을 확인할 수 있도록 하였다.
- 한전MCS 면접 기출질문을 통해 실제 면접에서 나오는 질문을 미리 파악하고 연습할 수 있도록 하였다.

이 책의 차례 CONTENTS

Add+

2024년 하반기 주요 공기업 NCS 기출복원문제

※ 기출복원문제는 수험생들의 후기를 통해 시대에듀에서 복원한 문제로 실제 문제와 다소 차이가 있을 수 있으며,

2024년 하반기
주요 공기업 NCS 기출복원문제

정답 및 해설 p.002

| 코레일 한국철도공사 / 의사소통능력

01 다음 중 비언어적 요소인 쉼을 사용하는 경우로 적절하지 않은 것은?

① 양해나 동조를 구할 경우
② 상대방에게 반문을 할 경우
③ 이야기의 흐름을 바꿀 경우
④ 연단공포증을 극복하려는 경우
⑤ 이야기를 생략하거나 암시할 경우

| 코레일 한국철도공사 / 의사소통능력

02 다음 밑줄 친 부분에 해당하는 키슬러의 대인관계 의사소통 유형은?

> 의사소통 시 이 유형의 사람은 따뜻하고 인정이 많고 자기희생적이나 타인의 요구를 거절하지 못하므로 타인과의 정서적인 거리를 유지하는 노력이 필요하다.

① 지배형　② 사교형
③ 친화형　④ 고립형
⑤ 순박형

03 다음 글을 통해 알 수 있는 철도사고 발생 시 행동요령으로 적절하지 않은 것은?

철도사고는 지하철, 고속철도 등 철도에서 발생하는 사고를 뜻한다. 많은 사람이 한꺼번에 이용하며 무거운 전동차가 고속으로 움직이는 특성상 철도사고가 발생할 경우 인명과 재산에 큰 피해가 발생한다.

철도사고는 다양한 원인에 의해 발생하며 사고 유형 또한 다양하게 나타나는데, 대표적으로는 충돌사고, 탈선사고, 열차화재사고가 있다. 이 사고들은 철도안전법에서 철도교통사고로 규정되어 있으며, 많은 인명피해를 야기하므로 철도사업자는 반드시 이를 예방하기 위한 조치를 취해야 한다. 또한 승객들은 위험으로부터 빠르게 벗어나기 위해 사고 시 대피요령을 파악하고 있어야 한다.

국토교통부는 철도사고 발생 시 인명과 재산을 보호하기 위한 국민행동요령을 제시하고 있다. 이 행동요령에 따르면 지하철에서 사고가 발생할 경우 가장 먼저 객실 양 끝에 있는 인터폰으로 승무원에게 사고를 알려야 한다. 만약 화재가 발생했다면 곧바로 119에 신고하고, 여유가 있다면 객실 양 끝에 비치된 소화기로 불을 꺼야 한다. 반면 화재의 진화가 어려울 경우 입과 코를 젖은 천으로 막고 화재가 발생하지 않은 다른 객실로 이동해야 한다. 전동차에서 대피할 때는 안내방송과 승무원의 안내에 따라 질서 있게 대피해야 하며 이때 부상자, 노약자, 임산부가 먼저 대피할 수 있도록 배려하고 도와주어야 한다. 만약 전동차의 문이 열리지 않으면 반드시 열차가 멈춘 후에 안내방송에 따라 비상핸들이나 비상콕크를 돌려 문을 열고 탈출해야 한다. 전동차가 플랫폼에 멈췄을 경우 스크린도어를 열고 탈출해야 하는데, 손잡이를 양쪽으로 밀거나 빨간색 비상바를 밀고 탈출해야 한다. 반대로 역이 아닌 곳에서 멈췄을 경우 감전의 위험이 있으므로 반드시 승무원의 안내에 따라 반대편 선로의 열차 진입에 유의하며 대피 유도등을 따라 침착하게 비상구로 대피해야 한다.

이와 같이 승객들은 철도사고 발생 시 신고, 질서 유지, 빠른 대피를 중점적으로 유념하여 행동해야 한다. 철도사고는 사고 자체가 일어나지 않도록 철저한 안전관리와 예방이 필요하지만, 다양한 원인으로 예상치 못하게 발생한다. 따라서 철도교통을 이용하는 승객 또한 평소에 안전 수칙을 준수하고 비상 상황에서 침착하게 대처하는 훈련이 필요하다.

① 침착함을 잃지 않고 승무원의 안내에 따라 대피해야 한다.
② 화재사고 발생 시 규모가 크지 않다면 빠르게 진화 작업을 해야 한다.
③ 선로에서 대피할 경우 승무원의 안내와 대피 유도등을 따라 대피해야 한다.
④ 전동차에서 대피할 때는 탈출이 어려운 사람부터 대피할 수 있도록 도와야 한다.
⑤ 철도사고 발생 시 탈출을 위해 우선 비상핸들을 돌려 열차의 문을 개방해야 한다.

04 다음 글을 읽고 알 수 있는 하향식 읽기 모형의 사례로 적절하지 않은 것은?

> 글을 읽는 것은 단순히 책에 쓰인 문자를 해독하는 것이 아니라 그 안에 담긴 의미를 파악하는 과정이다. 그렇다면 사람들은 어떤 방식으로 글의 의미를 파악할까? 세상의 모든 어휘를 알고 있는 사람은 없을 것이다. 그러나 대부분의 사람들, 특히 고등교육을 받은 성인들은 자신이 잘 모르는 어휘가 있더라도 글의 전체적인 맥락과 의미를 파악할 수 있다. 이를 설명해 주는 것이 바로 하향식 읽기 모형이다.
> 하향식 읽기 모형은 독자가 이미 알고 있는 배경지식과 경험을 바탕으로 글의 전체적인 맥락을 먼저 파악하는 방식이다. 하향식 읽기 모형은 독자의 능동적인 참여를 활용하는 읽기로, 여기서 독자는 단순히 글을 받아들이는 수동적인 존재가 아니라 자신의 지식과 경험을 활용하여 글의 의미를 구성해 나가는 주체적인 역할을 한다. 이때 독자는 글의 내용을 예측하고 추론하며, 심지어 자신의 생각을 더하여 글에 대한 이해를 넓혀갈 수 있다.
> 하향식 읽기 모형의 장점은 빠르고 효율적인 독서가 가능하다는 것이다. 글의 전체적인 맥락을 먼저 파악하기 때문에 글의 핵심 내용을 빠르게 파악할 수 있고, 배경지식을 활용하여 더 깊이 있는 이해를 얻을 수 있다. 또한 예측과 추론을 통한 능동적인 독서는 독서에 대한 흥미를 높여 주는 효과도 있다.
> 그러나 하향식 읽기 모형은 독자의 배경지식에 의존하여 읽는 방법이므로 배경지식이 부족한 경우 글의 의미를 정확하게 파악하기 어려울 수 있으며, 배경지식에 의존하여 오해를 할 가능성도 크다. 또한 글의 내용이 복잡하다면 많은 배경지식을 가지고 있더라도 글의 맥락을 적극적으로 가정하거나 추측하기 어려운 것 또한 하향식 읽기 모형의 단점이 된다.
> 하향식 읽기 모형은 글의 내용을 빠르게 이해하고 독자 스스로 내면화할 수 있으므로 독서 능력 향상에 유용한 방법이다. 그러나 모든 글에 동일하게 적용할 수 있는 읽기 모형은 아니므로 글의 종류와 독자의 배경지식에 따라 적절한 읽기 전략을 사용해야 한다. 따라서 하향식 읽기 모형과 함께 상향식 읽기(문자의 정확한 해독), 주석 달기, 소리 내어 읽기 등 다양한 읽기 전략을 활용하여야 한다.

① 회의 자료를 읽기 전 회의 주제를 먼저 파악하여 회의 안건을 예상하였다.
② 기사의 헤드라인을 먼저 읽어 기사의 내용을 유추한 뒤 상세 내용을 읽었다.
③ 제품 설명서를 읽어 제품의 기능과 각 버튼의 용도를 파악하고 기계를 작동시켰다.
④ 요리법의 전체적인 조리 과정을 파악하고 단계별로 필요한 재료와 순서를 확인하였다.
⑤ 서문이나 목차를 통해 책의 전체적인 흐름을 파악하고 관심 있는 부분을 집중적으로 읽었다.

| 코레일 한국철도공사 / 수리능력

05 농도가 15%인 소금물 200g과 농도가 20%인 소금물 300g을 섞었을 때, 섞인 소금물의 농도는?

① 17%
② 17.5%
③ 18%
④ 18.5%
⑤ 19%

| 코레일 한국철도공사 / 수리능력

06 남직원 A～C, 여직원 D～F 6명이 일렬로 앉고자 한다. 동성끼리 인접하지 않고, 여직원 D와 남직원 B가 서로 인접하여 앉는 경우의 수는?

① 12가지
② 20가지
③ 40가지
④ 60가지
⑤ 120가지

| 코레일 한국철도공사 / 수리능력

07 다음과 같이 일정한 규칙으로 수를 나열할 때 빈칸에 들어갈 수로 옳은 것은?

−23	−15	−11	5	13	25	( )	45	157	65

① 49
② 53
③ 57
④ 61
⑤ 65

08 다음은 K시의 유치원, 초 · 중 · 고등학교, 고등교육기관의 취학률 및 초 · 중 · 고등학교의 상급학교 진학률에 대한 자료이다. 이에 대한 설명으로 옳지 않은 것은?

〈유치원, 초 · 중 · 고등학교, 고등교육기관 취학률〉

(단위 : %)

구분	2014년	2015년	2016년	2017년	2018년	2019년	2020년	2021년	2022년	2023년
유치원	45.8	45.2	48.3	50.6	51.6	48.1	44.3	45.8	49.7	52.8
초등학교	98.7	99	98.6	98.9	99.3	99.6	98.1	98.1	99.5	99.9
중학교	98.5	98.6	98.1	98	98.9	98.5	97.1	97.6	97.5	98.2
고등학교	95.3	96.9	96.2	95.4	96.2	94.7	92.1	93.7	95.2	95.6
고등교육기관	65.6	68.9	64.9	66.2	67.5	69.2	70.8	71.7	74.3	73.5

〈초 · 중 · 고등학교 상급학교 진학률〉

(단위 : %)

구분	2014년	2015년	2016년	2017년	2018년	2019년	2020년	2021년	2022년	2023년
초등학교	100	100	100	100	100	100	100	100	100	100
중학교	99.7	99.7	99.7	99.7	99.7	99.7	99.7	99.7	99.7	99.6
고등학교	93.5	91.8	90.2	93.2	91.7	90.5	91.4	92.6	93.9	92.8

① 중학교의 취학률은 매년 97% 이상이다.

② 매년 취학률이 가장 높은 기관은 초등학교이다.

③ 고등교육기관의 취학률이 70%를 넘긴 해는 2020년부터이다.

④ 2023년에 중학교에서 고등학교로 진학하지 않은 학생의 비율은 전년 대비 감소하였다.

⑤ 고등교육기관의 취학률이 가장 낮은 해와 고등학교의 상급학교 진학률이 가장 낮은 해는 같다.

09 다음은 A기업과 B기업의 2024년 1 ~ 6월 매출액에 대한 자료이다. 이를 그래프로 옮겼을 때의 개형으로 옳은 것은?

〈2024년 1 ~ 6월 A, B기업 매출액〉

(단위 : 억 원)

구분	2024년 1월	2024년 2월	2024년 3월	2024년 4월	2024년 5월	2024년 6월
A기업	307.06	316.38	315.97	294.75	317.25	329.15
B기업	256.72	300.56	335.73	313.71	296.49	309.85

①
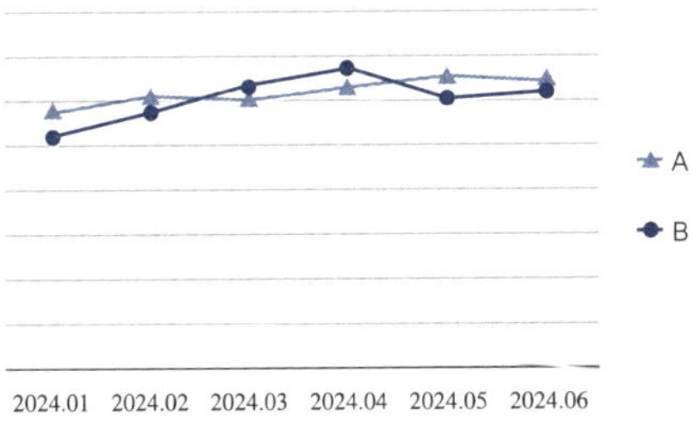

②
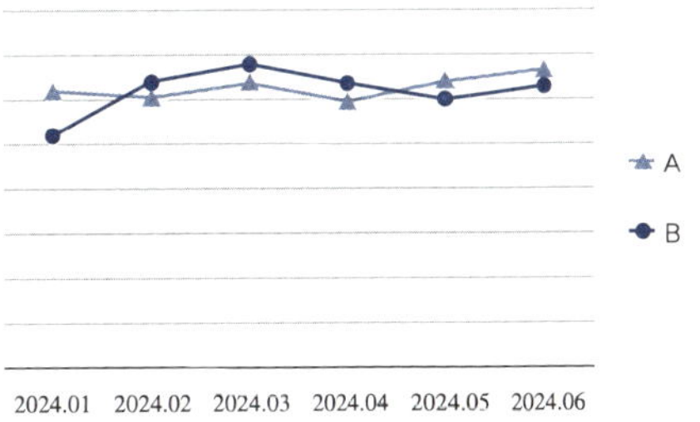

③
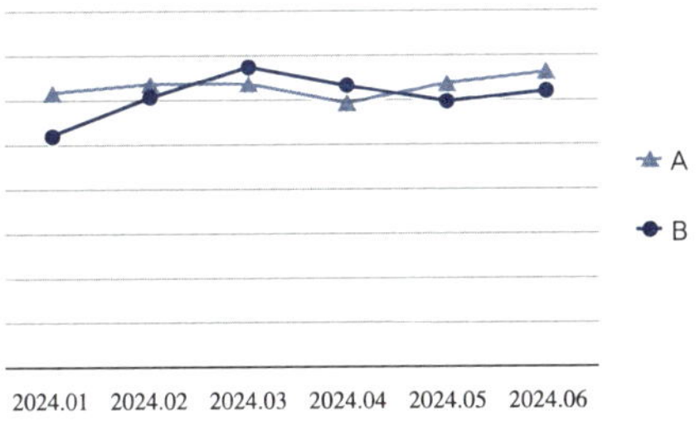

④
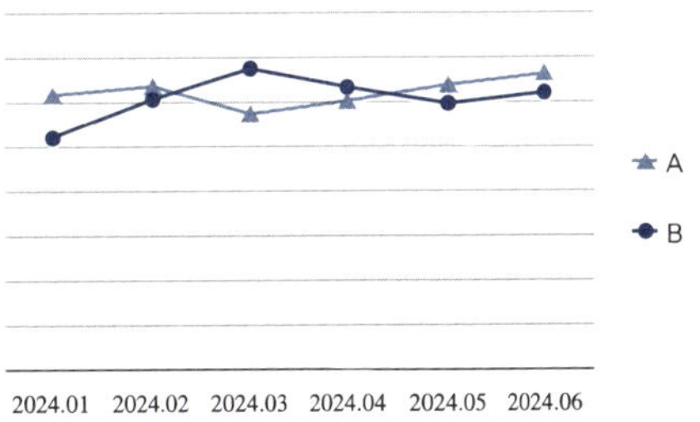

⑤
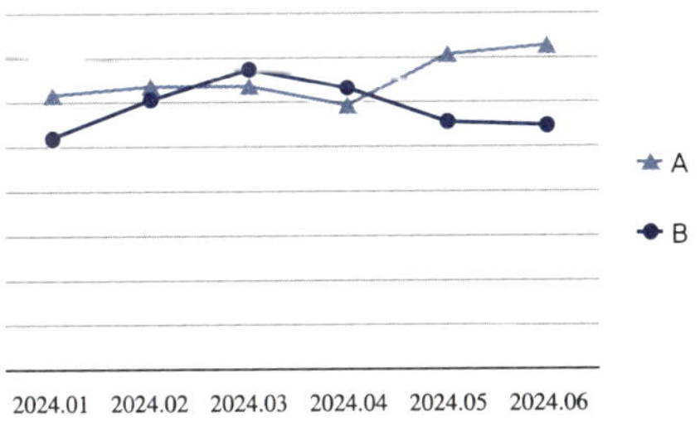

10 다음은 스마트 팜을 운영하는 K사에 대한 SWOT 분석 결과이다. 이에 따른 전략이 나머지와 다른 것은?

〈K사 스마트 팜 SWOT 분석 결과〉

구분		분석 결과
내부환경요인	강점 (Strength)	• 차별화된 기술력 : 기존 스마트 팜 솔루션과 차별화된 센서 기술, AI 기반 데이터 분석 기술 보유 • 젊고 유연한 조직 : 빠른 의사결정과 시장 변화에 대한 적응력 • 정부 사업 참여 경험 : 스마트 팜 관련 정부 사업 참여 가능성
	약점 (Weakness)	• 자금 부족 : 연구개발, 마케팅 등에 필요한 자금 확보 어려움 • 인력 부족 : 다양한 분야의 전문 인력 확보 필요 • 개발력 부족 : 신규 기술 개발 속도 느림
외부환경요인	기회 (Opportunity)	• 스마트 팜 시장 성장 : 스마트 팜에 대한 관심 증가와 이에 따른 정부의 적극적인 지원 • 해외 시장 진출 가능성 : 글로벌 스마트 팜 시장 진출 기회 확대 • 활발한 관련 연구 : 스마트 팜 관련 공동연구 및 포럼, 설명회 등 정보 교류가 활발하게 논의
	위협 (Threat)	• 경쟁 심화 : 후발 주자의 등장과 기존 대기업의 시장 장악 가능성 • 기술 변화 : 빠르게 변화하는 기술 트렌드에 대한 대응 어려움 • 자연재해 : 기후 변화 등 예측 불가능한 자연재해로 인한 피해 가능성

① 정부 지원을 바탕으로 연구개발에 필요한 자금을 확보
② 스마트 팜 관련 공동연구에 참가하여 빠르게 신규 기술을 확보
③ 스마트 팜에 대한 높은 관심을 바탕으로 온라인 펀딩을 통해 자금을 확보
④ 포럼 등 설명회에 적극적으로 참가하여 전문 인력 확충을 위한 인맥을 확보
⑤ 스마트 팜 관련 정부 사업 참여 경험을 바탕으로 정부의 적극적인 지원을 확보

11 **다음 대화에서 공통적으로 나타나는 논리적 오류로 가장 적절한 것은?**

A : 반려견 출입 금지라고 쓰여 있는 카페에 갔는데 거절당했어. 반려견 출입 금지면 고양이는 괜찮은 거 아니야?
B : 어제 직장동료가 "조심히 들어가세요."라고 했는데 집에 들어갈 때만 조심하라는 건가?
C : 친구가 비가 와서 우울하다고 했는데, 비가 안 오면 행복해지겠지?
D : 이웃을 사랑하라는 선생님의 가르침을 실천하기 위해 사기를 저지른 이웃을 숨겨 주었어.
E : 의사가 건강을 위해 채소를 많이 먹으라고 하던데 앞으로는 채소만 먹으면 되겠어.
F : 긍정적인 생각을 하면 좋은 일이 생기니까 아무리 나쁜 일이 있어도 긍정적으로만 생각하면 될 거야.

① 무지의 오류
② 연역법의 오류
③ 과대해석의 오류
④ 허수아비 공격의 오류
⑤ 권위나 인신공격에 의존한 논증

12 **A~E열차를 운행거리가 가장 긴 순서대로 나열하려고 한다. 운행시간 및 평균 속력이 다음과 같을 때, C열차는 몇 번째로 운행거리가 긴 열차인가?(단, 열차 대기시간은 고려하지 않는다)**

〈A~E열차 운행시간 및 평균 속력〉

구분	운행시간	평균 속력
A열차	900분	50m/s
B열차	10시간 30분	150km/h
C열차	8시간	55m/s
D열차	720분	2.5km/min
E열차	10시간	2.7km/min

① 첫 번째
② 두 번째
③ 세 번째
④ 네 번째
⑤ 다섯 번째

| 코레일 한국철도공사 / 문제해결능력

13 다음 글에서 나타난 문제해결 절차의 단계로 가장 적절한 것은?

K대학교 기숙사는 최근 학생들의 불만이 끊이지 않고 있다. 특히, 식사의 질이 낮고, 시설이 노후화되었으며, 인터넷 연결 상태가 불안정하다는 의견이 많았다. 이에 K대학교 기숙사 운영위원회는 문제해결을 위해 긴급회의를 소집했다.
회의에서 학생 대표들은 식단의 다양성 부족, 식재료의 신선도 문제, 식당 내 위생 상태 불량 등을 지적했다. 또한, 시설 관리 담당자는 건물 외벽의 균열, 낡은 가구, 잦은 누수 현상 등 시설 노후화 문제를 강조했다. IT 담당자는 기숙사 내 와이파이 연결 불안정, 인터넷 속도 저하 등 통신환경 문제를 제기했다.
기숙사 운영위원회는 이러한 다양한 의견을 종합하여 문제를 더욱 구체적으로 분석하기로 결정했다. 먼저, 식사 문제의 경우 학생들의 식습관 변화에 따른 메뉴 구성의 문제점, 식자재 조달 과정의 비효율성, 조리 시설의 부족 등의 문제점을 파악했다. 시설 문제는 건물의 노후화로 인한 안전 문제, 에너지 효율 저하, 학생들의 편의성 저하 등으로 세분화했다. 마지막으로, 통신환경 문제는 기존 네트워크 장비의 노후화, 학생 수 증가에 따른 네트워크 부하 증가 등의 세부 문제가 제시되었다.

① 문제 인식
② 문제 도출
③ 원인 분석
④ 해결안 개발
⑤ 실행 및 평가

| 한국전력공사 / 의사소통능력

14 다음 중 빈칸에 들어갈 단어로 가장 적절한 것은?

감사원의 조사 결과 J공사는 공공사업을 위해 투입된 세금을 본래의 목적에 사용하지 않고 무단으로 ______했음이 밝혀졌다.

① 전용(轉用)
② 남용(濫用)
③ 적용(適用)
④ 활용(活用)
⑤ 준용(遵用)

15 다음 중 비행을 하기 위한 시조새의 신체 조건으로 가장 적절한 것은?

시조새(Archaeopteryx)는 약 1억 5천만 년 전 중생대 쥐라기 시대에 살았던 고대 생물로, 조류와 공룡의 중간 단계에 위치한 생물이다. 1861년 독일 바이에른 지방에 있는 졸른호펜 채석장에서 화석이 발견된 이후, 시조새는 조류의 기원과 공룡에서 새로의 진화 과정을 밝히는 데 중요한 단서를 제공해 왔다. '시조(始祖)'라는 이름에서 알 수 있듯이 시조새는 현대 조류의 조상으로 여겨지며 고생물학계에서 매우 중요한 연구 대상으로 취급된다.
시조새는 오늘날의 새와는 여러 가지 차이점이 있다. 이빨이 있는 부리, 긴 척추뼈로 이루어진 꼬리, 그리고 날개에 있는 세 개의 갈고리 발톱은 공룡의 특징을 잘 보여준다. 비록 현대 조류처럼 가슴뼈가 비행에 최적화된 형태로 발달되지는 않았지만, 갈비뼈와 팔에 강한 근육이 붙어있어 짧은 거리를 활강하거나 나뭇가지 사이를 오르내리며 이동할 수 있었던 것으로 추정된다.
한편, 시조새는 비대칭형 깃털을 가진 최초의 동물 중 하나로, 이는 비행을 하기에 적합한 형태이다. 시조새의 깃털은 현대의 날 수 있는 조류처럼 바람을 맞는 곳의 깃털은 짧고, 뒤쪽은 긴 형태인데, 이러한 비대칭형 깃털은 양력을 제공해 짧은 거리의 활강을 가능하게 했으며, 새의 조상으로서 비행의 초기 형태를 보여준다. 이로 인해 시조새는 공룡에서 새로 이어지는 진화 과정을 이해하는 데 있어 중요한 생물학적 증거로 여겨지고 있다.
시조새의 화석 연구는 당시의 생태계에 대한 정보도 제공하고 있다. 시조새는 열대 우림이나 활엽수림 근처에서 생활하며 나뭇가지를 오르내렸을 가능성이 큰 것으로 추정된다. 시조새의 이동 방식에 대해서는 여러 가설이 존재하지만, 짧은 거리의 활강을 통해 먹이를 찾고 이동했을 것이라는 주장이 유력하다.
결론적으로 시조새는 공룡과 새의 특성을 모두 가진 중간 단계의 생물로, 진화의 과정을 이해하는 데 핵심적인 역할을 한다. 시조새의 다양한 신체적 특징들은 공룡에서 새로 이어지는 진화의 연결고리를 보여주며, 조류 비행의 기원을 이해하는 중요한 증거로 평가된다.

① 날개 사이에 근육질의 익막이 있다.
② 날개에는 세 개의 갈고리 발톱이 있다.
③ 날개의 깃털이 비대칭 구조로 형성되어 있다.
④ 척추뼈가 꼬리까지 이어지는 유선형 구조이다.
⑤ 현대 조류처럼 가슴뼈가 비행에 최적화된 구조이다.

16 다음 글의 주제로 가장 적절한 것은?

사람들에게 의학을 대표하는 인물을 물어본다면 대부분 히포크라테스(Hippocrates)를 떠올릴 것이다. 히포크라테스는 당시 신의 징벌이나 초자연적인 힘으로 생각되었던 질병을 관찰을 통해 자연적 현상으로 이해하였고, 당시 마술이나 철학으로 여겨졌던 의학을 분리하였다. 이에 따라 의사라는 직업이 과학적인 기반 위에 만들어지게 되었다. 현재에는 의학의 아버지로 불리며 히포크라테스 선서라고 불리는 의사의 윤리적 기준을 저술한 것으로 알려져 있다. 이처럼 히포크라테스는 서양의학의 상징으로 받아들여지지만, 서양의학에 절대적인 영향을 준 사람은 클라우디오스 갈레노스(Claudius Galenus)이다.

갈레노스는 로마 시대 검투사 담당의에서 황제 마르쿠스 아우렐리우스의 주치의로 활동한 의사로, 해부학, 생리학, 병리학에 걸친 방대한 의학체계를 집대성하여 이후 1,000년 이상 서양의학의 토대를 닦았다. 당시에는 인체의 해부가 금지되어 있었기 때문에 갈레노스는 원숭이, 돼지 등을 사용하여 해부학적 지식을 쌓았으며, 임상 실험을 병행하여 의학적 지식을 확립하였다. 이러한 해부 및 실험을 통해 갈레노스는 여러 장기의 기능을 밝히고, 근육과 뼈를 구분하였으며, 심장의 판막이나 정맥과 동맥의 차이점 등을 밝혀내거나, 혈액이 혈관을 통해 신체 말단까지 퍼져나가며 신진대사를 조절하는 물질을 운반한다고 밝혀냈다. 물론 갈레노스도 히포크라테스가 주장한 4원소에 따른 4체액설(혈액, 담즙, 황담즙, 흑담즙)을 믿거나 피를 뽑아 치료하는 사혈법을 주장하는 등 현대 의학과는 거리가 있지만, 당시에 의학 이론을 해부와 실험을 통해 증명하고 방대한 저술을 남겼다는 놀라운 업적을 가지고 있으며, 이것이 실제로 가장 오랫동안 서양의학을 실제로 지배하는 토대가 되었다.

① 갈레노스의 생애와 의학의 발전
② 고대에서 현대까지 해부학의 발전 과정
③ 히포크라테스 선서에 의한 전문직의 도덕적 기준
④ 히포크라테스와 갈레노스가 서양의학에 끼친 영향과 중요성
⑤ 히포크라테스와 갈레노스의 4체액설이 현대 의학에 끼친 영향

| 한국전력공사 / 의사소통능력

17 다음 중 제시된 단어와 가장 비슷한 단어는?

비상구

① 진입로 ② 출입구
③ 돌파구 ④ 여울목
⑤ 탈출구

| 한국전력공사 / 수리능력

18 A열차가 어떤 터널을 진입하고 5초 후 B열차가 같은 터널에 진입하였다. 이후 B열차가 먼저 터널을 빠져나왔고 5초 후 A열차가 터널을 빠져나왔다. A열차가 터널을 빠져나오는 데 걸린 시간이 14초일 때, B열차는 A열차보다 몇 배 빠른가?(단, A열차와 B열차 모두 속력의 변화는 없으며, 두 열차의 길이는 서로 같다)

① 2배 ② 2.5배
③ 3배 ④ 3.5배
⑤ 4배

| 한국전력공사 / 수리능력

19 A팀은 5일부터 5일마다 회의실을 사용하고, B팀은 4일부터 4일마다 회의실을 사용하기로 하였으며, 두 팀이 사용하고자 하는 날이 겹칠 경우에는 A, B팀이 번갈아가며 사용하기로 하였다. 어느 날 A팀과 B팀이 사용하고자 하는 날이 겹쳤을 때, 겹친 날을 기준으로 A팀이 9번, B팀이 8번 회의실을 사용했다면, 이때까지 A팀은 회의실을 최대 몇 번 이용하였는가?(단, 회의실 사용일이 첫 번째로 겹친 날에는 A팀이 먼저 사용하였으며, 회의실 사용일은 주말 및 공휴일도 포함한다)

① 61회 ② 62회
③ 63회 ④ 64회
⑤ 65회

20 다음 모스 굳기 10단계에 해당하는 광물 A ~ C가 〈조건〉을 만족할 때, 이에 대한 설명으로 옳은 것은?

〈모스 굳기 10단계〉

단계	1단계	2단계	3단계	4단계	5단계
광물	활석	석고	방해석	형석	인회석
단계	6단계	7단계	8단계	9단계	10단계
광물	정장석	석영	황옥	강옥	금강석

- 모스 굳기 단계의 단계가 낮을수록 더 무른 광물이고, 단계가 높을수록 단단한 광물이다.
- 단계가 더 낮은 광물로 단계가 더 높은 광물을 긁으면 긁힘 자국이 생기지 않는다.
- 단계가 더 높은 광물로 단계가 더 낮은 광물을 긁으면 긁힘 자국이 생긴다.

조건

- 광물 A로 광물 B를 긁으면 긁힘 자국이 생기지 않는다.
- 광물 A로 광물 C를 긁으면 긁힘 자국이 생긴다.
- 광물 B로 광물 C를 긁으면 긁힘 자국이 생긴다.
- 광물 B는 인회석이다.

① 광물 C는 석영이다.

② 광물 A는 방해석이다.

③ 광물 A가 가장 무르다.

④ 광물 B가 가장 단단하다.

⑤ 광물 B는 모스 굳기 단계가 7단계 이상이다.

21 J공사는 지방에 있는 지점 사무실을 공유 오피스로 이전하고자 한다. 다음 사무실 이전 조건을 참고할 때, 〈보기〉 중 이전할 오피스로 가장 적절한 곳은?

〈사무실 이전 조건〉

- 지점 근무 인원 : 71명
- 사무실 예상 이용 기간 : 5년
- 교통 조건 : 역이나 버스 정류장에서 도보 10분 이내
- 시설 조건 : 자사 홍보영상 제작을 위한 스튜디오 필요, 회의실 필요
- 비용 조건 : 다른 조건이 모두 가능한 공유 오피스 중 가장 저렴한 곳(1년 치 비용 선납 가능)

보기

구분	가용 인원수	보유시설	교통 조건	임대비용
A오피스	100인	라운지, 회의실, 스튜디오, 복사실, 탕비실	A역에서 도보 8분	1인당 연간 600만 원
B오피스	60인	회의실, 스튜디오, 복사실	B정류장에서 도보 5분	1인당 월 40만 원
C오피스	100인	라운지, 회의실, 스튜디오	C역에서 도보 7분	월 3,600만 원
D오피스	90인	회의실, 복사실, 탕비실	D정류장에서 도보 4분	월 3,500만 원 (1년 치 선납 시 8% 할인)
E오피스	80인	라운지, 회의실, 스튜디오	E역과 연결된 사무실	월 3,800만 원 (1년 치 선납 시 10% 할인)

① A오피스
② B오피스
③ C오피스
④ D오피스
⑤ E오피스

※ 다음은 에너지바우처 사업에 대한 자료이다. 이어지는 질문에 답하시오. [22~23]

〈에너지바우처〉

1. 에너지바우처란?

국민 모두가 시원한 여름, 따뜻한 겨울을 보낼 수 있도록 에너지 취약계층을 위해 에너지바우처(이용권)를 지급하여 전기, 도시가스, 지역난방, 등유, LPG, 연탄을 구입할 수 있도록 지원하는 제도

2. 신청대상 : 소득기준과 세대원 특성기준을 모두 충족하는 세대

- 소득기준 : 국민기초생활 보장법에 따른 생계급여 / 의료급여 / 주거급여 / 교육급여 수급자
- 세대원 특성기준 : 주민등록표 등본상 기초생활수급자(본인) 또는 세대원이 다음 중 어느 하나에 해당하는 경우
  - 노인 : 65세 이상
  - 영유아 : 7세 이하의 취학 전 아동
  - 장애인 : 장애인복지법에 따라 등록한 장애인
  - 임산부 : 임신 중이거나 분만 후 6개월 미만인 여성
  - 중증질환자, 희귀질환자, 중증난치질환자 : 국민건강보험법 시행령에 따라 보건복지부장관이 정하여 고시하는 중증질환, 희귀질환, 중증난치질환을 가진 사람
  - 한부모가족 : 한부모가족지원법에 따른 '모' 또는 '부'로서 아동인 자녀를 양육하는 사람
  - 소년소녀가정 : 보건복지부에서 정한 아동분야 지원대상에 해당하는 사람(아동복지법에 의한 가정위탁보호 아동 포함)
- 지원 제외 대상 : 세대원 모두가 보장시설 수급자
- 다음의 경우 동절기 에너지바우처 중복 지원 불가
  - 긴급복지지원법에 따라 동절기 연료비를 지원받은 자(세대)
  - 한국에너지공단의 등유바우처를 발급받은 자(세대)
  - 한국광해광업공단의 연탄쿠폰을 발급받은 자(세대)

  ※ 하절기 에너지바우처를 사용한 수급자가 동절기에 위 사업들을 신청할 경우 동절기 에너지바우처를 중지 처리한 후 신청함(중지사유 : 타동절기 에너지이용권 수급)

  ※ 동절기 에너지바우처를 일부 사용한 경우 위 사업들은 신청 불가함

3. 바우처 지원금액

구분	1인 세대	2인 세대	3인 세대	4인 이상 세대
하절기	55,700원	73,800원	90,800원	117,000원
동절기	254,500원	348,700원	456,900원	599,300원
총액	310,200원	422,500원	547,700원	716,300원

4. 지원방법

- 요금차감
  - 하절기 : 전기요금 고지서에서 요금을 자동으로 차감
  - 동절기 : 도시가스 / 지역난방 중 하나를 선택하여 고지서에서 요금을 자동으로 차감
- 실물카드 : 동절기 도시가스, 등유, LPG, 연탄을 실물카드(국민행복카드)로 직접 결제

22 **다음 중 에너지바우처에 대한 설명으로 옳지 않은 것은?**

① 36개월의 아이가 있는 의료급여 수급자 A는 에너지바우처를 신청할 수 있다.
② 혼자서 아이를 3명 키우는 교육급여 수급자 B는 1년에 70만 원을 넘게 지원받을 수 있다.
③ 보장시설인 양로시설에 살면서 생계급여를 받는 70세 독거노인 C는 에너지바우처를 신청할 수 있다.
④ 에너지바우처 기준을 충족하는 D는 겨울에 연탄보일러를 사용하므로 실물카드를 받는 방법으로 지원을 받아야 한다.
⑤ 희귀질환을 앓고 있는 어머니와 함께 단둘이 사는 생계급여 수급자 E는 에너지바우처를 통해 여름에 전기비에서 73,800원이 차감될 것이다.

23 **다음은 A, B가족의 에너지바우처 정보이다. A, B가족이 올해 에너지바우처를 통해 지원받는 금액의 총합은 얼마인가?**

〈A, B가족의 에너지바우처 정보〉

구분	세대 인원	소득기준	세대원 특성기준	특이사항
A가족	5명	의료급여 수급자	영유아 2명	연탄쿠폰 발급받음
B가족	2명	생계급여 수급자	소년소녀가정	지역난방 이용

① 190,800원
② 539,500원
③ 948,000원
④ 1,021,800원
⑤ 1,138,800원

24 다음 C 프로그램을 실행하였을 때의 결과로 옳은 것은?

```
#include <stdio.h>
int main() {
    int result=0;
    while (result<2) {
        result=result+1;
        printf("%d₩n",result);
        result=result-1;
    }
}
```

① 실행되지 않는다.

② 0
1

③ 0
−1

④ 1
1

⑤ 1이 무한히 출력된다.

25 다음은 A국과 B국의 물가지수 동향에 대한 자료이다. [E2] 셀에 「=ROUND(D2, −1)」를 입력하였을 때, 출력되는 값은?

〈A, B국 물가지수 동향〉

	A	B	C	D	E
1		A국	B국	평균 판매지수	
2	2024년 1월	122.313	112.36	117.3365	
3	2024년 2월	119.741	110.311	115.026	
4	2024년 3월	117.556	115.379	116.4675	
5	2024년 4월	124.739	118.652	121.6955	
6	⋮	⋮	⋮	⋮	
7					

① 100

② 105

③ 110

④ 115

⑤ 120

26 다음 중 빈칸에 들어갈 내용으로 가장 적절한 것은?

> 주의력 결핍 과잉행동장애(ADHD)는 학령기 아동에게 흔히 나타나는 질환으로, 주의력 결핍, 과잉행동, 충동성의 증상을 보인다. 이는 아동의 학교 및 가정생활에 큰 영향을 미치며, 적절한 치료와 관리가 필요하다. ADHD의 원인은 신경화학적 요인과 유전적 요인이 복합적으로 작용하는 것으로 여겨진다. 도파민과 노르에피네프린 같은 신경전달물질의 불균형이 주요 원인으로 지목되며, 가족력이 있는 경우 ADHD 발병 확률이 높아진다. 연구에 따르면, ADHD는 상당한 유전적 연관성을 보이며, 부모나 형제 중에 ADHD를 가진 사람이 있을 경우 그 위험이 증가한다.
>
> 환경적 요인도 ADHD 발병에 영향을 미칠 수 있다. 임신 중 음주, 흡연, 약물 사용 등이 위험을 높일 수 있으며, 조산이나 저체중 출산도 연관성이 있다. 이러한 환경적 요인들은 태아의 뇌 발달에 영향을 미쳐 ADHD 발병 가능성을 증가시킬 수 있다. 그러나 이러한 요인들이 단독으로 ADHD를 유발하는 것은 아니며, 다양한 요인이 복합적으로 작용하여 증상이 나타난다.
>
> ADHD 치료는 약물요법과 비약물요법으로 나뉜다. 약물요법에서는 메틸페니데이트 같은 중추신경자극제가 널리 사용된다. 이 약물은 도파민과 노르에피네프린의 재흡수를 억제해 증상을 완화한다. 이러한 약물은 주의력 향상과 충동성 감소에 효과적이며, 많은 연구에서 그 효능이 입증되었다. 비약물요법으로는 행동개입 요법과 심리사회적 프로그램이 있다. 이는 구조화된 환경에서 집중을 방해하는 요소를 최소화하고, 연령에 맞는 개입방법을 적용한다. 예를 들어, 학령기 아동에게는 그룹 부모훈련과 교실 내 행동개입 프로그램이 추천된다.
>
> 가정에서는 부모가 아이가 해야 할 일을 목록으로 작성하도록 돕고, 한 번에 한 가지씩 처리하도록 지도해야 한다. 특히 아이의 바람직한 행동에는 칭찬하고, 잘못된 행동에는 책임을 지도록 하는 것이 중요하다. 이러한 방법은 아이의 자존감을 높이고 긍정적인 행동을 강화하는 데 도움이 된다. 학교에서는 과제를 짧게 나누고, 수업이 지루하지 않도록 하며, 규칙과 보상을 일관되게 유지해야 한다. 교사는 ADHD 아동이 주의가 산만해질 수 있는 환경적 요소를 제거하고, 많은 격려와 칭찬을 통해 학습 동기를 유발해야 한다.
>
> ADHD는 완치가 어려운 만성 질환이지만 적절한 치료와 관리를 통해 증상을 개선할 수 있다. 약물치료와 비약물 치료를 병행하고 가정과 학교에서 적절한 지원이 이루어지면 ADHD 아동도 건강하고 행복한 삶을 영위할 수 있다. 결론적으로, ADHD는 ____________________ 따라서 다양한 원인에 부합하는 맞춤형 치료와 환경 조성을 통해 아동의 잠재력을 최대한 발휘할 수 있도록 지원해야 한다. 이는 아동이 자신의 능력을 충분히 발휘하고 성공적인 삶을 살아가는 데 중요한 역할을 한다.

① 완벽한 치료가 불가능한 불치병이다.

② 약물 치료를 통해 쉽게 치료가 가능하다.

③ 다양한 원인이 복합적으로 작용하는 질환이다.

④ 아동에게 적극적으로 개입해 충동성을 감소시켜야 하는 질환이다.

| 건강보험심사평가원 / 의사소통능력

27 다음 중 밑줄 친 단어가 맞춤법상 옳지 않은 것은?

① 김주임은 지난 분기 매출을 조사하여 증가량을 백분율로 표기하였다.
② 젊은 세대를 중심으로 빠른 이직 트렌드가 형성되어 이직률이 높아지고 있다.
③ 이번 학기 출석율이 이전보다 크게 향상되어 학생들의 참여도가 높아지고 있다.
④ 이번 시험의 합격률이 역대 최고치를 기록하며 수험생들에게 희망을 안겨주었다.

| 건강보험심사평가원 / 수리능력

28 S공사는 2024년 상반기에 신입사원을 채용하였다. 전체 지원자 중 채용에 불합격한 남성의 수와 여성의 수는 같으며, 합격한 남성의 수와 여성의 수의 비율은 2 : 3이라고 한다. 전체 남성 지원자와 전체 여성 지원자의 비율이 6 : 7이고, 합격한 남성의 수가 32명이면 전체 지원자는 몇 명인가?

① 192명　　② 200명
③ 208명　　④ 216명

29 다음은 직장가입자 보수월액보험료에 대한 자료이다. A씨가 〈조건〉에 따라 장기요양보험료를 납부할 때, A씨의 2023년 보수월액은?(단, 소수점 첫째 자리에서 반올림한다)

〈직장가입자 보수월액보험료〉

- 개요 : 보수월액보험료는 직장가입자의 보수월액에 보험료율을 곱하여 산정한 금액에 경감 등을 적용하여 부과한다.
- 보험료 산정 방법
  - 건강보험료는 다음과 같이 산정한다.
    (건강보험료)=(보수월액)×(건강보험료율)
    ※ 보수월액 : 동일사업장에서 당해 연도에 지급받은 보수총액을 근무월수로 나눈 금액
  - 장기요양보험료는 다음과 같이 산정한다.
    2022.12.31. 이전 : (장기요양보험료)=(건강보험료)×(장기요양보험료율)
    2023.01.01. 이후 : $(\text{장기요양보험료})=(\text{건강보험료})\times\frac{(\text{장기요양보험료율})}{(\text{건강보험료율})}$

〈2020 ~ 2024년 보험료율〉

(단위 : %)

구분	2020년	2021년	2022년	2023년	2024년
건강보험료율	6.67	6.86	6.99	7.09	7.09
장기요양보험료율	10.25	11.52	12.27	0.9082	0.9182

조건

- A씨는 K공사에서 2011년 3월부터 2023년 9월까지 근무하였다.
- A씨는 3개월 후 2024년 1월부터 S공사에서 현재까지 근무하고 있다.
- A씨의 2023년 장기요양보험료는 35,120원이었다.

① 3,866,990원
② 3,974,560원
③ 4,024,820원
④ 4,135,970원

| 건강보험심사평가원 / 정보능력

30 다음 중 개인정보보호법에서 사용하는 용어에 대한 정의로 옳지 않은 것은?

① '가명처리'란 추가 정보 없이도 특정 개인을 알아볼 수 있도록 처리하는 것을 말한다.
② '정보주체'란 처리되는 정보에 의하여 알아볼 수 있는 사람으로서 그 정보의 주체가 되는 사람을 말한다.
③ '개인정보'란 살아 있는 개인에 관한 정보로서 성명, 주민등록번호 및 영상 등을 통하여 개인을 알아볼 수 있는 정보를 말한다.
④ '처리'란 개인정보의 수집, 생성, 연계, 연동, 기록, 저장, 보유, 가공, 편집, 검색, 출력, 정정, 복구, 이용, 제공, 공개, 파기, 그 밖에 이와 유사한 행위를 말한다.

| 건강보험심사평가원 / 정보능력

31 다음은 생활보조금 신청자의 소득 및 결과에 대한 자료이다. 월 소득이 100만 원 이하인 사람은 보조금 지급이 가능하고, 100만 원을 초과한 사람은 보조금 지급이 불가능할 때, 보조금 지급을 받는 사람의 수를 구하는 함수로 옳은 것은?

〈생활보조금 신청자 소득 및 결과〉

	A	B	C	D	E
1	지원번호	소득(만 원)	결과		
2	1001	150	불가능		
3	1002	80	가능		보조금 지급 인원 수
4	1003	120	불가능		
5	1004	95	가능		
6	⋮	⋮	⋮		
7					

① =COUNTIF(A:C,"<=100")
② =COUNTIF(A:C,<=100)
③ =COUNTIF(B:B,"<=100")
④ =COUNTIF(B:B,<=100)

❙ 건강보험심사평가원 / 정보능력

32 다음은 초등학생의 주차별 용돈에 대한 자료이다. 빈칸에 들어갈 함수를 바르게 짝지은 것은?(단, 한 달은 4주로 한다)

〈초등학생 주차별 용돈〉

	A	B	C	D	E	F
1	학생번호	1주	2주	3주	4주	합계
2	1	7,000	8,000	12,000	11,000	(A)
3	2	50,000	60,000	45,000	55,000	
4	3	70,000	85,000	40,000	55,000	
5	4	10,000	6,000	18,000	14,000	
6	5	24,000	17,000	34,000	21,000	
7	6	27,000	56,000	43,000	28,000	
8	한 달 용돈이 150,000원 이상인 학생 수					(B)

	(A)	(B)
①	=SUM(B2:E2)	=COUNTIF(F2:F7,“>=150,000”)
②	=SUM(B2:E2)	=COUNTIF(B2:E2,“>=150,000”)
③	=SUM(B2:E2)	=COUNTIF(B2:E7,“>=150,000”)
④	=SUM(B2:E7)	=COUNTIF(F2:F7,“>=150,000”)

❙ 건강보험심사평가원 / 정보능력

33 다음 중 빅데이터 분석 기획 절차를 순서대로 바르게 나열한 것은?

① 범위 설정 → 프로젝트 정의 → 위험 계획 수립 → 수행 계획 수립
② 범위 설정 → 프로젝트 정의 → 수행 계획 수립 → 위험 계획 수립
③ 프로젝트 정의 → 범위 정의 → 위험 계획 수립 → 수행 계획 수립
④ 프로젝트 정의 → 범위 설정 → 수행 계획 수립 → 위험 계획 수립

| 경기도 공공기관 통합채용 / 의사소통능력

34 다음 중 밑줄 친 부분의 단어가 어법상 옳은 것은?

> K씨는 항상 ㉠ 짜깁기 / 짜집기한 자료로 보고서를 작성했다. 처음에는 아무도 눈치채지 못했지만, 시간이 지나면서 K씨의 작업이 다른 사람들의 것과 비교해 질적으로 떨어지는 것이 분명해졌다. K씨는 결국 동료들 사이에서 ㉡ 뒤처지기 / 뒤쳐지기 시작했고, 격차를 좁히기 위해 더 많은 시간을 투자해야 했다.

	㉠	㉡
①	짜깁기	뒤처지기
②	짜깁기	뒤쳐지기
③	짜집기	뒤처지기
④	짜집기	뒤쳐지기

| 경기도 공공기관 통합채용 / 의사소통능력

35 다음 중 공문서 작성 시 유의해야 할 점으로 옳지 않은 것은?

① 한 장에 담아내는 것이 원칙이다.
② 부정문이나 의문문의 형식은 피한다.
③ 마지막엔 반드시 '끝'자로 마무리한다.
④ 날짜 다음에 괄호를 사용할 경우에는 반드시 마침표를 찍는다.

| 경기도 공공기관 통합채용 / 수리능력

36 영서가 어머니와 함께 40분 동안 만두를 60개 빚었다고 한다. 어머니가 혼자서 1시간 동안 만두를 빚을 수 있는 개수가 영서가 혼자서 1시간 동안 만두를 빚을 수 있는 개수보다 10개 더 많을 때, 영서는 혼자서 1시간 동안 만두를 몇 개 빚을 수 있는가?

① 30개
② 35개
③ 40개
④ 45개

| 경기도 공공기관 통합채용 / 수리능력

37 대칭수는 순서대로 읽은 수와 거꾸로 읽은 수가 같은 수를 가리키는 말이다. 예컨대, 121, 303, 1,441, 85,058 등은 대칭수이다. 1,000 이상 50,000 미만의 대칭수는 모두 몇 개인가?

① 180개　② 325개
③ 405개　④ 490개

| 경기도 공공기관 통합채용 / 수리능력

38 어떤 자연수 '25□'가 3의 배수일 때, □에 들어갈 수 있는 모든 자연수의 합은?

① 12　② 13
③ 14　④ 15

| 경기도 공공기관 통합채용 / 문제해결능력

39 바이올린, 호른, 오보에, 플루트 4가지의 악기를 다음 〈조건〉에 따라 좌우로 4칸인 선반에 각각 1대씩 보관하려 한다. 각 칸에는 1대의 악기만 배치할 수 있을 때, 왼쪽에서 두 번째 칸에 배치할 수 없는 악기는?

조건
- 호른은 바이올린 바로 왼쪽에 위치한다.
- 오보에는 플루트 바로 왼쪽에 위치하지 않는다.

① 바이올린　② 호른
③ 오보에　④ 플루트

| 경기도 공공기관 통합채용 / 조직이해능력

40 다음 중 비영리 조직에 해당하지 않는 것은?

① 교육기관　② 자선단체
③ 사회적 기업　④ 비정부기구

41 다음은 D기업의 분기별 재무제표에 대한 자료이다. 2022년 4분기의 영업이익률은 얼마인가?

〈D기업 분기별 재무제표〉

(단위 : 십억 원, %)

구분	2022년 1분기	2022년 2분기	2022년 3분기	2022년 4분기	2023년 1분기	2023년 2분기	2023년 3분기	2023년 4분기
매출액	40	50	80	60	60	100	150	160
매출원가	30	40	70	80	100	100	120	130
매출총이익	10	10	10	( )	−40	0	30	30
판관비	3	5	5	7	8	5	7.5	10
영업이익	7	5	5	( )	−8	−5	22.5	20
영업이익률	17.5	10	6.25	( )	−80	−5	15	12.5

※ (영업이익률)=(영업이익)÷(매출액)×100

※ (영업이익)=(매출총이익)−(판관비)

※ (매출총이익)=(매출액)−(매출원가)

① −30%　② −45%

③ −60%　④ −75%

42 5km/h의 속력으로 움직이는 무빙워크를 이용하여 이동하는 데 36초가 걸렸다. 무빙워크 위에서 무빙워크와 같은 방향으로 4km/h의 속력으로 걸어 이동할 때 걸리는 시간은?

① 10초　② 15초

③ 20초　④ 25초

43 다음 순서도에서 출력되는 result 값은?

〈순서도 기호〉

기호	설명	기호	설명
	시작과 끝을 나타낸다.	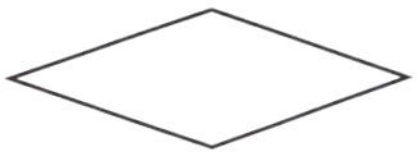	어느 것을 택할 것인지 판단한다.
	데이터를 입력하거나 계산하는 등의 처리를 한다.		선택한 값을 출력한다.

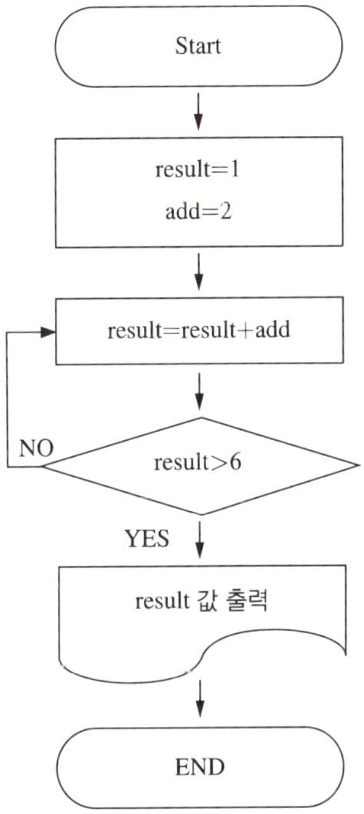

① 11
② 10
③ 9
④ 8
⑤ 7

44 다음은 A컴퓨터 A/S센터의 하드디스크 수리 방문접수 과정에 대한 순서도이다. 하드디스크 데이터 복구를 문의할 때, 출력되는 도형은 무엇인가?

〈순서도 기호〉

기호	설명	기호	설명
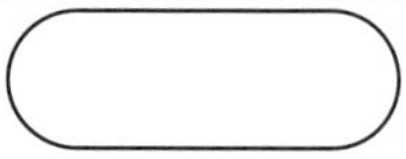	시작과 끝을 나타낸다.	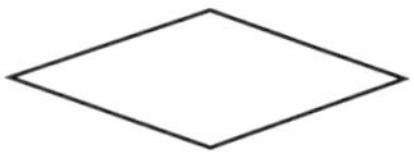	어느 것을 택할 것인지 판단한다.
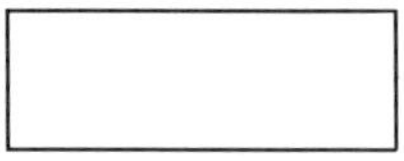	데이터를 입력하거나 계산하는 등의 처리를 한다.		선택한 값을 출력한다.

〈A컴퓨터 하드디스크 수리 방문접수 순서도〉

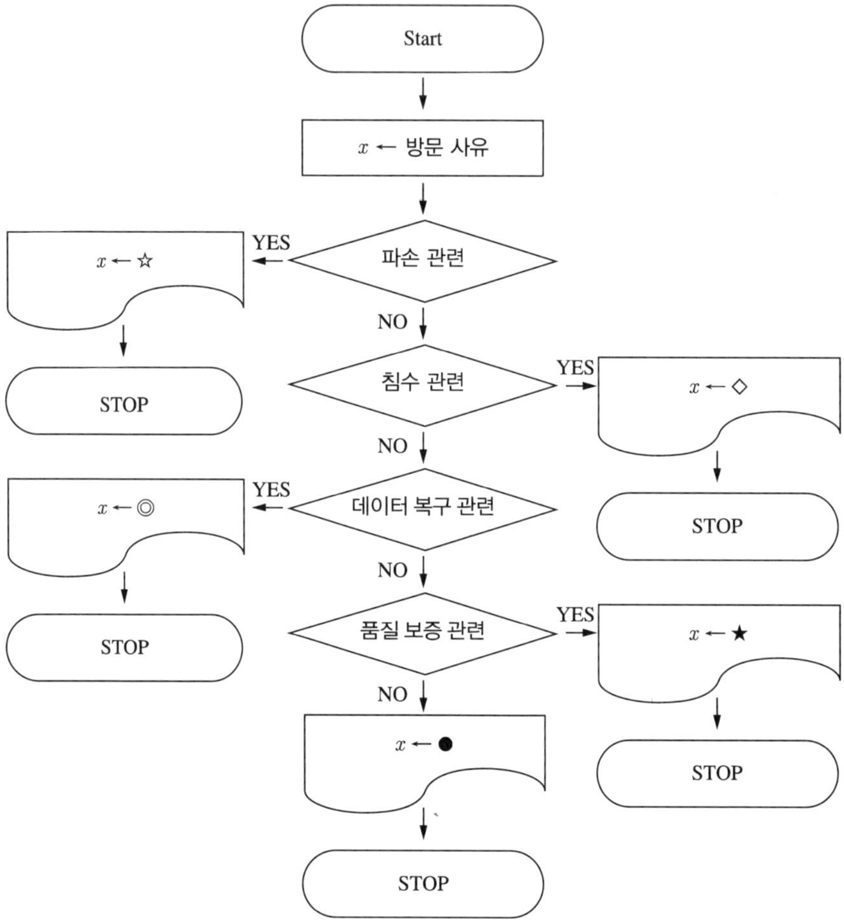

① ☆
② ◇
③ ◎
④ ★
⑤ ●

45 다음은 EAN-13 바코드 부여 규칙에 대한 자료이다. 상품코드의 맨 앞 자릿수가 9일 때, 2 ~ 7번째 자릿수가 '387655'라면 이를 이진코드로 바르게 변환한 것은?

〈EAN-13 바코드 부여 규칙〉

1. 13자리 상품코드의 맨 앞 자릿수에 따라 다음과 같이 변환한다.

상품코드 번호	2 ~ 7번째 자릿수	8 ~ 13번째 자릿수
0	AAAAAA	CCCCCC
1	AABABB	CCCCCC
2	AABBAB	CCCCCC
3	AABBBA	CCCCCC
4	ABAABB	CCCCCC
5	ABBAAB	CCCCCC
6	ABBBAA	CCCCCC
7	ABABAB	CCCCCC
8	ABABBA	CCCCCC
9	ABBABA	CCCCCC

2. A, B, C는 다음과 같이 상품코드 번호를 이진코드로 변환한 값이다.

상품코드 번호	A	B	C
0	0001101	0100111	1110010
1	0011001	0110011	1100110
2	0010011	0011011	1101100
3	0111101	0100001	1000010
4	0100011	0011101	1011100
5	0110001	0111001	1001110
6	0101111	0000101	1010000
7	0111011	0010001	1000100
8	0110111	0001001	1001000
9	0001011	0010111	1110100

	2번째 수	3번째 수	4번째 수	5번째 수	6번째 수	7번째 수
①	0111101	0001001	0010001	0101111	0111001	0110001
②	0100001	0001001	0010001	0000101	0111101	0111101
③	0111101	0110111	0111011	0101111	0111001	0111101
④	0100001	0101111	0010001	0010111	0100111	0001011
⑤	0111101	0011001	0010001	0101111	0011001	0111001

※ 다음은 청소 유형별 청소기 사용 방법 및 고장 유형별 확인 사항에 대한 자료이다. 이어지는 질문에 답하시오. **[46~47]**

〈청소 유형별 청소기 사용 방법〉

유형	사용 방법
일반 청소	1. 기본형 청소구를 장착해 주세요. 2. 작동 버튼을 눌러 주세요.
틈새 청소	1. 기본형 청소구의 입구 돌출부를 누르고 잡아당기면 좁은 흡입구를 꺼낼 수 있습니다. 반대로 돌출부를 누르면서 밀어 넣으면 좁은 흡입구를 안쪽으로 정리할 수 있습니다. 2. 1.의 좁은 흡입구를 꺼낸 상태에서 돌출부를 시계 방향으로 돌리면 돌출부를 고정할 수 있습니다. 3. 좁은 흡입구를 고정한 후 작동 버튼을 눌러 주세요. (좁은 흡입구에는 솔이 함께 들어 있습니다)
카펫 청소	1. 별도의 돌기 청소구로 교체해 주세요. (기본형으로도 카펫 청소를 할 수 있으나, 청소 효율이 떨어집니다) 2. 작동 버튼을 눌러 주세요.
스팀 청소	1. 별도의 스팀 청소구로 교체해 주세요. 2. 스팀 청소구의 물통에 물을 충분히 채운 후 뚜껑을 잠가 주세요. ※ 반드시 전원을 분리한 상태에서 진행해 주세요. 3. 걸레판에 걸레를 부착한 후 스팀 청소구의 노즐에 장착해 주세요. ※ 반드시 전원을 분리한 상태에서 진행해 주세요. 4. 스팀 청소 버튼을 누르고 안전 스위치를 눌러 주세요. ※ 안전을 위해 안전 스위치를 누르는 동안에만 스팀이 발생합니다. ※ 스팀 청소 작업 도중 및 완료 직후에 청소기를 거꾸로 세우거나 스팀 청소구를 눕히면 뜨거운 물이 새어 나와 화상을 입을 수 있습니다. 5. 스팀 청소 완료 후 물이 충분히 식은 후 물통 및 스팀 청소구를 분리해 주세요. ※ 충분히 식지 않은 상태에서 분리 시 뜨거운 물이 새어 나와 화상의 위험이 있습니다.

〈고장 유형별 확인 사항〉

유형	확인 사항
흡입력 약화	• 흡입구, 호스, 먼지통, 먼지분리기에 크기가 큰 이물질이 걸려 있는지 확인해 주세요. • 필터를 교체해 주세요. • 먼지통, 먼지분리기, 필터의 조립 상태를 확인해 주세요.
청소기 미작동	• 전원이 제대로 연결되어 있는지 확인해 주세요.
물 보충 램프 깜빡임	• 물통에 물이 충분한지 확인해 주세요. • 물이 충분히 채워졌어도 꺼질 때까지 시간이 다소 걸립니다. 잠시 기다려 주세요.
스팀 안 나옴	• 물통에 물이 충분한지 확인해 주세요. • 안전 스위치를 눌렀는지 확인해 주세요.
바닥에 물이 남음	• 스팀 청소구를 너무 자주 좌우로 기울이면 물이 소량 새어 나올 수 있습니다. • 걸레가 많이 젖었으므로 걸레를 교체해 주세요.
악취 발생	• 제품 기능상의 문제는 아니므로 고장이 아닙니다. • 먼지통 및 필터를 교체해 주세요. • 스팀 청소구의 물통 등 청결 상태를 확인해 주세요.
소음 발생	• 흡입구, 호스, 먼지통, 먼지분리기에 크기가 큰 이물질이 걸려 있는지 확인해 주세요. • 먼지통, 먼지분리기, 필터의 조립 상태를 확인해 주세요.

46 다음 중 청소 유형별 청소기 사용 방법에 대한 설명으로 옳지 않은 것은?

① 기본형 청소구로 카펫 청소가 가능하다.
② 스팀 청소 직후 통을 분리하면 화상의 위험이 있다.
③ 기본형 청소구를 이용하여 좁은 틈새를 청소할 수 있다.
④ 안전 스위치를 1회 누르면 별도의 외부 입력 없이 스팀을 지속하여 발생시킬 수 있다.
⑤ 스팀 청소 시 물 보충 및 걸레 부착 작업은 반드시 전원을 분리한 상태에서 진행해야 한다.

47 다음 중 고장 유형별 확인 사항이 바르게 연결되어 있지 않은 것은?

① 물 보충 램프 깜빡임 : 잠시 기다리기
② 악취 발생 : 스팀 청소구의 청결 상태 확인하기
③ 흡입력 약화 : 먼지통, 먼지분리기, 필터 교체하기
④ 바닥에 물이 남음 : 물통에 물이 너무 많이 있는지 확인하기
⑤ 소음 발생 : 흡입구, 호스, 먼지통, 먼지분리기의 이물질 걸림 확인하기

| 인천교통공사 / 대인관계능력

48 다음 중 동료의 피드백을 장려하기 위한 방안으로 적절하지 않은 것은?

① 행동과 수행을 관찰한다.
② 즉각적인 피드백을 제공한다.
③ 뛰어난 수행성과에 대해서는 인정한다.
④ 간단하고 분명한 목표와 우선순위를 설정한다.
⑤ 긍정적인 상황에서는 피드백을 자제하는 것도 나쁘지 않다.

| 인천교통공사 / 대인관계능력

49 다음 중 내적 동기를 유발하는 방법으로 적절하지 않은 것은?

① 변화를 두려워하지 않는다.
② 업무 관련 교육을 생략한다.
③ 주어진 일에 책임감을 갖는다.
④ 창의적인 문제해결법을 찾는다.
⑤ 새로운 도전의 기회를 부여한다.

| 인천교통공사 / 대인관계능력

50 다음은 갈등 정도와 조직 성과의 관계에 대한 그래프이다. 이에 대한 설명으로 옳지 않은 것은?

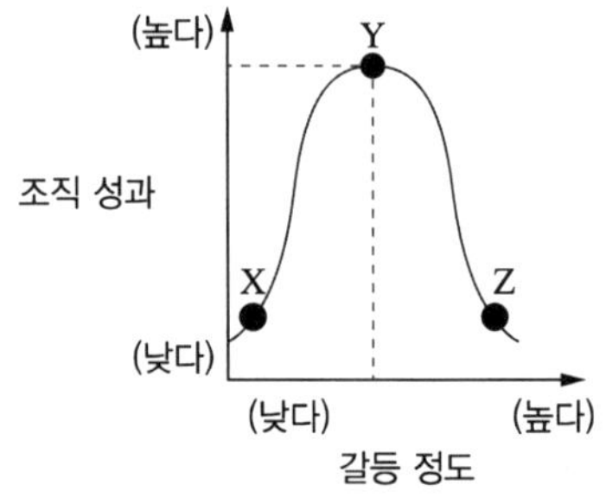

① 적절한 갈등이 있을 경우 가장 높은 조직 성과를 얻을 수 있다.
② 갈등이 없을수록 조직 내부가 결속되어 높은 조직 성과를 보인다.
③ Y점에서는 갈등의 순기능, Z점에서는 갈등의 역기능이 작용한다.
④ 갈등이 없을 경우 낮은 조직 성과를 얻을 수 있다.
⑤ 갈등이 잦을 경우 낮은 조직 성과를 얻을 수 있다.

PART 1

직업기초능력

CHAPTER 01

의사소통능력

합격 CHEAT KEY

의사소통능력은 평가하지 않는 공사·공단이 없을 만큼 필기시험에서 중요도가 높은 영역으로, 세부 유형은 문서 이해, 문서 작성, 의사 표현, 경청, 기초 외국어로 나눌 수 있다. 문서 이해·문서 작성과 같은 지문에 대한 주제 찾기, 내용 일치 문제의 출제 비중이 높으며, 문서의 특성을 파악하는 문제도 출제되고 있다.

01 문제에서 요구하는 바를 먼저 파악하라!

의사소통능력에서 가장 중요한 것은 제한된 시간 안에 빠르고 정확하게 답을 찾아내는 것이다. 의사소통능력에서는 지문이 아니라 문제가 주인공이므로 지문을 보기 전에 문제를 먼저 파악해야 하며, 문제에 따라 전략적으로 빠르게 풀어내는 연습을 해야 한다.

02 잠재되어 있는 언어 능력을 발휘하라!

세상에 글은 많고 우리가 학습할 수 있는 시간은 한정적이다. 이를 극복할 수 있는 방법은 다양한 글을 접하는 것이다. 실제 시험장에서 어떤 내용의 지문이 나올지 아무도 예측할 수 없으므로 평소에 신문, 소설, 보고서 등 여러 글을 접하는 것이 필요하다.

03 상황을 가정하라!

업무 수행에 있어 상황에 따른 언어 표현은 중요하다. 같은 말이라도 상황에 따라 다르게 해석될 수 있기 때문이다. 그런 의미에서 자신의 의견을 효과적으로 전달할 수 있는 능력을 평가하는 것이다. 업무를 수행하면서 발생할 수 있는 여러 상황을 가정하고 그에 따른 올바른 언어표현을 정리하는 것이 필요하다.

04 말하는 이의 입장에서 생각하라!

잘 듣는 것 또한 하나의 능력이다. 상대방의 이야기에 귀 기울이고 공감하는 태도는 업무를 수행하는 관계 속에서 필요한 요소이다. 그런 의미에서 다양한 상황에서 듣는 능력을 평가하는 것이다. 말하는 이가 요구하는 듣는 이의 태도를 파악하고, 이에 따른 판단을 할 수 있도록 언제나 말하는 사람의 입장이 되는 연습이 필요하다.

대표기출유형

01 문서 내용 이해

| 유형분석 |

- 주어진 지문을 읽고 선택지를 고르는 전형적인 독해 문제이다.
- 지문은 주로 신문기사(보도자료 등)나 업무 보고서, 시사 등이 제시된다.
- 공사공단에 따라 자사와 관련된 내용의 기사나 법조문, 보고서 등이 출제되기도 한다.

K씨는 성장기인 아들의 수면습관을 바로 잡기 위해 수면습관에 관련된 글을 찾아보았다. 다음 글을 읽고 이해한 내용으로 적절하지 않은 것은?

> 수면은 비렘(non – REM)수면과 렘수면으로 이뤄진 사이클이 반복되면서 이뤄지는 복잡한 신경계의 상호작용이며, 좋은 수면이란 이 사이클이 끊어지지 않고 충분한 시간 동안 유지되도록 하는 것이다. 수면 패턴은 일정한 것이 좋으며, 깨는 시간을 지키는 것이 중요하다. 그리고 수면 패턴은 휴일과 평일 모두 일정하게 지키는 것이 성장하는 아이들의 수면 리듬을 유지하는 데 좋다. 수면 상태에서 깨어날 때 영향을 주는 자극들은 '빛, 식사 시간, 운동, 사회 활동' 등이 있으며, 이 중 가장 강한 자극은 '빛'이다. 침실을 밝게 하는 것은 적절한 수면 자극을 방해하는 것이다. 반대로 깨어날 때 강한 빛 자극을 주면 수면 상태에서 빠르게 벗어날 수 있다. 이는 뇌의 신경 전달 물질인 멜라토닌의 농도와 연관되어 나타나는 현상이다. 수면 중 최대치로 올라간 멜라토닌은 시신경이 강한 빛에 노출되면 빠르게 줄어들게 되는데, 이때 수면 상태에서 벗어나게 된다. 아침 일찍 일어나 커튼을 젖히고 밝은 빛이 침실 안으로 들어오게 하는 것은 매우 효과적인 각성 방법인 것이다.

① 잠에서 깨는 데 가장 강력한 자극을 주는 것은 빛이었구나.
② 멜라토닌의 농도에 따라 수면과 각성이 영향을 받는군.
③ 평일에 잠이 모자란 우리 아들은 잠을 보충해줘야 하니까 휴일에 늦게까지 자도록 둬야겠다.
④ 좋은 수면은 비렘수면과 렘수면의 사이클이 충분한 시간 동안 유지되도록 하는 것이구나.
⑤ 우리 아들 침실이 좀 밝은 편이니 충분한 수면을 위해 암막커튼을 달아줘야겠어.

정답 ③

수면 패턴은 휴일과 평일 모두 일정하게 지키는 것이 성장하는 아이들의 수면 리듬을 유지하는 데 좋다. 따라서 휴일에 늦잠을 자는 것은 적절하지 않다.

풀이 전략!

주어진 선택지에서 키워드를 체크한 후, 지문의 내용과 비교해 가면서 내용의 일치 유무를 빠르게 판단한다.

대표기출유형 01 기출응용문제

01 다음 글을 읽고 알 수 있는 내용으로 적절하지 않은 것은?

우리는 매일의 날씨를 직접 체감하며 살아간다. 어제는 더웠기 때문에 오늘은 옷을 얇게 입고, 저녁에 비가 내리기 시작했기 때문에 다음 날 가방에 우산을 챙기기도 한다. 즉, 과거의 날씨를 체험했기 때문에 오늘과 내일의 날씨를 준비하며 살아갈 수 있는 것이다. 이 때문에 19세기 중반부터 전 세계의 기상 관측소와 선박, 부표에서 온도를 측정해왔고, 이를 통해 지난 160년 동안의 온도 변화를 알아낼 수 있었다. 또한 수천 년 동안의 역사 기록물을 통하여 기후와 관련된 정보를 파악함은 물론, 위성 체계가 갖춰진 1979년 이후부터는 지상 위 인간의 시야를 벗어나 대류권, 성층권에서도 지구의 기후 변화를 감시할 수 있게 되었다.

그렇다면 기록 이전의 기후를 알 수 있는 방법은 무엇일까? 인류는 '기후 대리지표'라고 불리는 바다의 퇴적물이나 산호, 빙하, 나무 등에 나타난 반응을 토대로 과거 기후를 추측하고 있다. 이러한 기후 대리지표를 분석하기 위해서는 물리학, 화학, 생물학 등 기초과학을 필요로 한다.

바다의 퇴적물은 1억 7,000만 년 이상 된 해저가 없어 최대 1억 5,000만 년 전까지의 기후가 산출된다. 특히 고요한 바닷가의 물에서 어떠한 방해 없이 쌓인 퇴적물은 대륙에서만 발견되며 1억 7,000만 년을 넘는 과거의 기후를 알 수 있는데, 퇴적물에 포함된 플랑크톤 껍질에 당시의 기후 변화가 담겨 있다.

'얼음 기둥'은 극지방에 쌓인 눈이 얼음으로 변하고, 또 다시 눈이 쌓여 얼음이 되는 과정을 수십만 년 동안 반복해 만들어진 빙하를 막대기 모양으로 시추한 것을 의미한다. 남극 대륙의 빙하 기둥에서는 약 80만 년 전, 그린란드 빙하에서는 12만 5,000년 전 기후를 알 수 있으며, 산악 빙하의 경우에는 최대 1만 년 전까지의 기후 정보를 담고 있다.

한편, 위와 같은 퇴적물이나 빙하 기둥 안에 있는 산소동위원소를 이용하여 과거 온도를 알 수도 있다. 빙하의 물 분자는 가벼운 산소로 구성되는 비율이 높고 빙하기에는 바닷물에 무거운 산소 비율이 높아지기 때문에, 온도가 낮은 물에서 무거운 산소는 가벼운 산소보다 탄산칼슘에 더 많이 녹아 들어간다. 이를 이용해 퇴적물의 플랑크톤 껍질 속 탄산칼슘의 산소동위원소 비율로 과거 바닷물 온도를 알 수 있는 것이다. 또한 빙하를 만드는 눈의 경우 기온이 높아질수록 무거운 산소 비율이 높아지는 것을 이용해 과거 온도를 추정하기도 한다.

① 빙하를 만드는 눈은 기온이 높아질수록 무거운 산소에 비해 가벼운 산소 비율이 낮아진다.
② 기후 대리지표를 통하여 인류가 기록하기 전의 기후도 알 수 있게 되었다.
③ 대륙의 퇴적물을 이용하면 바다의 퇴적물로는 알 수 없는 과거의 기후 변화를 알 수 있다.
④ 얼음 기둥으로 가장 오래 전 기후를 알기 위해서는 산악 빙하나 그린란드 빙하보다는 남극 대륙의 빙하를 시추해야 한다.
⑤ 19세기 후반부터 세계 각지에서 온도를 측정하기 시작해 1979년 이후부터는 전 세계가 기후 변화를 감시하게 되었다.

02 다음 글의 내용으로 적절하지 않은 것은 〈보기〉에서 모두 몇 개인가?

2024년 10월 기준 러시아의 자동차 시장에서 국내의 K자동차 기업이 자국 업체와 유명 해외 기업들을 제치고 23.7%의 점유율로 시장 1위를 차지했다. K기업이 뒤늦게 뛰어든 러시아 시장에서 선두에 오를 수 있었던 비결로는 무엇보다 뚝심 있는 현지화 전략이 꼽힌다.
2017년 294만 대에 달했던 러시아의 자동차 시장은 2019년 우크라이나 사태로 인한 경제제재 등을 겪으며 2021년 시장 규모가 143만 대로 주저앉았다. 시장이 반토막 나자 미국의 B기업은 2020년에, 독일의 C기업은 지난 6월에 공장을 폐업했다. 일본의 D기업은 물론 러시아의 자국 업체도 대대적인 인원 감축에 들어갔다. 그러나 K기업은 오히려 2019년 2,204명이었던 직원을 지난해 2,309명으로 늘리는 등 러시아 시장에 대한 변함없는 신뢰를 보여줬다.
러시아의 추운 기후와 소비자 특성 등 시장의 여건을 면밀히 분석해 최적화된 현지전략 모델을 투입·생산한 점도 판매 1위 비결이다. K기업의 한 관계자는 "러시아 직원이 '도난이 많아 차량 구매가 망설여진다.'라고 말할 정도로 인기"라며, "다른 모델은 언제 나오느냐는 문의도 자주 받는다."라고 말했다.
러시아에서 가파른 성장세를 보이는 K기업은 오는 2025년 10월 양산을 목표로 연간 24만 대 규모의 엔진공장도 설립할 계획이다. K기업 측은 엔진공장 건설을 통해 현재 평균 46% 수준인 부품의 현지화율이 높아질 경우 수익성도 크게 상승할 것으로 기대하고 있다.

보기

㉠ K기업은 다른 해외 기업들보다 먼저 러시아 시장에 신출하였다.
㉡ 2024년 러시아의 자동차 시장은 2014년에 비해 150만 대가량 규모가 축소되었다.
㉢ K기업은 2020년부터 2023년까지 100명 이상의 직원을 더 채용하였다.
㉣ K기업은 지난 10월 엔진공장을 설립하여 부품의 현지화율을 평균 46%까지 높였다.

① 없음
② 1개
③ 2개
④ 3개
⑤ 4개

03 다음 글의 내용으로 가장 적절한 것은?

쿤이 말하는 과학혁명의 과정을 명확하게 하기 위해 세 가지 질문을 던져보자. 첫째, 새 이론을 제일 처음 제안하고 지지하는 소수의 과학자들은 어떤 이유에서 그렇게 하는가? 기존 이론이 이상 현상 때문에 위기에 봉착했다고 판단했기 때문이다. 기존 이론은 이미 상당한 문제해결능력을 증명한 바 있다. 다만 기존 이론이 몇 가지 이상 현상을 설명할 능력이 없다고 판단한 과학자들이 있었을 뿐이다. 이런 과학자들 중 누군가가 새 이론을 처음 제안했을 때 기존 이론을 수용하고 있는 과학자 공동체는 새 이론에 호의적이지 않을 것이다. 당장 새 이론이 기존 이론보다 더 많은 문제를 해결할 리가 없기 때문이다. 그럼에도 불구하고 기존 이론이 설명하지 못하는 이상 현상을 새 이론이 설명한다는 것이 과학혁명의 출발점이다.
둘째, 다른 과학자들은 어떻게 기존 이론을 버리고 새로 제안된 이론을 선택하는가? 새 이론은 여전히 기존 이론보다 문제해결의 성과가 부족하다. 하지만 선구적인 소수 과학자들의 연구활동과 그 성과에 자극을 받아 새 이론을 선택하는 과학자들은 그것이 앞으로 점점 더 많은 문제를 해결하리라고, 나아가 기존 이론의 문제해결능력을 능가하리라고 기대한다. 이러한 기대는 이론의 심미적 특성 같은 것에 근거한 주관적 판단이고, 그와 같은 판단은 개별 과학자의 몫이다. 물론 이러한 기대는 좌절될 수도 있고, 그 경우 과학혁명은 좌초된다.
셋째, 과학혁명이 일어날 때 과학자 공동체가 기존 이론을 버리고 새 이론을 선택하도록 하는 결정적인 요인은 무엇인가? 이 물음에서 선택의 주체는 더 이상 개별 과학자가 아니라 과학자 공동체이다. 하지만 과학자 공동체는 결국 개별 과학자로 이루어져 있다. 그렇다면 문제는 과학자 공동체를 구성하는 과학자들이 어떻게 이론을 선택하는가이다. 하지만 이 단계에서 모든 개별 과학자의 선택 기준은 더 이상 새 이론의 심미적 특성이나 막연한 기대가 아니다. 과학자들은 새 이론이 해결하는 문제의 수와 범위가 기존 이론보다 크다고 판단할 경우 새 이론을 선택할 것이다. 과학자 공동체의 대다수 과학자가 이렇게 판단하게 되면 그것은 과학자 공동체가 새 이론을 선택한 것이고, 이로써 쿤이 말하는 과학혁명이 완성된다.

① 과학혁명 초기 과정은 소수의 과학자들이 문제해결의 성과가 큰 새 이론을 선택하는 것이다.
② 기존 이론과 새 이론이 어떤 현상을 모두 설명하면 과학자들은 새 이론을 선택할 확률이 높다.
③ 과학혁명의 계기는 기존의 이론이 설명하지 못하는 현상이 존재할 때이다.
④ 과학자들은 어떤 이론을 판단할 때 심미적 특성과 같은 주관적 판단을 철저히 배제한다.
⑤ 과학자 공동체의 움직임은 권위 있는 과학자들의 의견에 따른 것이기 때문에 개별 과학자의 입장과 차이가 있다.

PART 1

04 다음 글을 읽고 알 수 있는 내용으로 적절하지 않은 것은?

고전주의 예술관에 따르면 진리는 예술 작품 속에 이미 완성된 형태로 존재한다. 독자는 작가가 담아 놓은 진리를 원형 그대로 밝혀내야 하고 작품에 대한 독자의 감상은 언제나 작가의 의도와 일치해야 한다. 결국 고전주의 예술관에서 독자는 작품의 의미를 수동적으로 받아들이는 존재일 뿐이다. 하지만 작품의 의미를 해석하고 작가의 의도를 파악하는 존재는 결국 독자이다. 특히 현대 예술에서는 독자에 따라 작품에 대한 다양한 해석이 가능하다고 여긴다. 바로 여기서 수용미학이 등장한다. 수용미학을 처음으로 제기한 사람은 야우스이다. 그는 "문학사는 작품과 독자 간의 대화의 역사로 쓰여야 한다."라고 주장했다. 이것은 작품의 의미는 작품 속에 갇혀 있는 것이 아니라 독자에 의해 재생산되는 것임을 말한 것이다. 이로부터 문학을 감상할 때 작품과 독자의 관계에서 독자의 능동성이 강조되었다.
야우스에 의해 제기된 독자의 역할을 체계적으로 정리한 사람이 이저이다. 그는 독자의 능동적 역할을 밝히기 위해 텍스트와 작품을 구별했다. 텍스트는 독자와 만나기 전의 것을, 작품은 독자가 텍스트와의 상호작용을 통해 그 의미가 재생산된 것을 가리킨다. 그런데 이저는 텍스트에는 빈틈이 많다고 보았다. 이 빈틈으로 인해 텍스트는 불명료성을 가진다. 텍스트에 빈틈이 많다는 것은 부족하다는 의미가 아니라, 독자의 개입에 의해 언제나 새롭게 해석될 수 있다는 것을 의미한다.
텍스트가 작품이 되기 위해서는 독자 스스로 빈틈을 채우는 구체화 과정이 필요하다. 가령, 시에 갈색 커피 잔이 나온다면, 이 잔은 색깔만 가지고 있을 뿐 크기, 무게, 모양 등은 정해져 있지 않다. 반면 실재적 대상으로서 커피 잔은 무한한 속성을 갖고 있고 그 속성들은 모두 정해져 있다. 결국 텍스트에는 정해지지 않은 부분이 있기 마련이며, 이 빈틈은 독자가 스스로 채워 넣어야 할 부분인 것이다.
여기에서 이저의 독특한 독자관이 나온다. 이저는 텍스트 속에 독자의 역할이 들어 있다고 보았다. 그러나 독자가 어떠한 역할을 수행할지는 정해져 있지 않기 때문에 독자는 텍스트를 읽는 과정에서 텍스트의 내용과 형식에 끊임없이 반응한다. 이러한 상호작용 과정을 통해 독자는 작품을 재생산한다. 텍스트는 다양한 독자에 따라 다른 작품으로 태어날 수 있으며, 같은 독자라도 시간과 장소에 따라 다른 작품으로 생산될 수 있는 것이다. 이처럼 텍스트와 독자의 상호작용을 강조한 이저는 작품의 내재적 미학에서 탈피하여 작품에 대한 다양한 해석의 가능성을 열어주었다.

① 고전주의 예술관이 등장한 배경
② 고전주의 예술관에서 독자의 위상
③ 수용미학에서 작품과 독자의 관계
④ 수용미학과 이전 예술관의 차이점
⑤ 수용미학에서 작품의 재생산 방법

05 다음 글을 이해한 내용으로 가장 적절한 것은?

> 2009년 미국의 설탕, 옥수수 시럽, 기타 천연당의 1인당 연평균 소비량은 140파운드로 독일, 프랑스보다 50%가 많았고, 중국보다는 9배가 많았다. 그런데 설탕이 비만을 야기하고 당뇨병 환자의 건강에 해롭다는 인식이 확산되면서 사카린과 같은 인공감미료의 수요가 증가하였다.
> 세계 최초의 인공감미료인 사카린은 1879년 미국 존스홉킨스대학에서 화학물질의 산화반응을 연구하다가 우연히 발견됐다. 당도가 설탕보다 약 500배 높은 사카린은 대표적인 인공감미료로 체내에서 대사되지 않고 그대로 배출된다는 특징이 있다. 그런데 1977년 캐나다에서 쥐를 대상으로 한 사카린 실험 이후 유해성 논란이 촉발되었다. 사카린을 섭취한 쥐가 방광암에 걸렸기 때문이다. 그러나 사카린의 무해성을 입증한 다양한 연구결과로 인해 2001년 미국 FDA는 사카린을 다시 안전한 식품첨가물로 공식 인정하였고, 현재도 설탕의 대체재로 사용되고 있다.
> 아스파탐은 1965년 위궤양 치료제를 개발하던 중 우연히 발견된 인공감미료로 당도가 설탕보다 약 200배 높다. 그러나 아스파탐도 발암성 논란이 끊이지 않았다. 미국암협회가 안전하다고 발표했지만 이탈리아의 한 과학자가 쥐를 대상으로 한 실험에서 아스파탐이 암을 유발한다고 결론 내렸기 때문이다.

① 사카린과 아스파탐은 설탕보다 당도가 높고, 사카린은 아스파탐보다 당도가 높다.
② 사카린과 아스파탐은 모두 설탕을 대체하기 위해 거액을 투자해 개발한 인공감미료이다.
③ 사카린은 유해성 논란으로 현재 미국에서는 더는 식품첨가물로 사용되지 않고 있다.
④ 2009년 기준 중국의 설탕, 옥수수 시럽, 기타 천연당의 1인당 연평균 소비량은 20파운드 이상이었을 것이다.
⑤ 아스파탐은 암 유발 논란에 휩싸였지만, 2001년 미국 FDA로부터 안전한 식품첨가물로 처음 공식 인정받았다.

PART 1

02 내용 추론

| 유형분석 |

- 주어진 지문을 토대로 도출할 수 있는 내용을 찾는 문제이다.
- 선택지의 내용을 정확하게 확인하고 지문의 정보와 비교하여 추론하는 능력이 필요하다.

다음 글을 통해 추론할 수 없는 것은?

제약 연구원이란 제약 회사에서 약을 만드는 과정에 참여하는 사람을 말한다. 제약 연구원은 이러한 모든 단계에 참여하지만, 특히 신약 개발 단계와 임상 시험 단계에서 가장 중점적인 역할을 한다. 일반적으로 약을 만드는 과정은 새로운 약품을 개발하는 신약 개발 단계, 임상 시험을 통해 개발된 신약의 약효를 확인하는 임상 시험 단계, 식약처에 신약이 판매될 수 있도록 허가를 요청하는 약품 허가 요청 단계, 마지막으로 의료진과 환자를 대상으로 신약에 대해 홍보하는 영업 및 마케팅의 단계로 나눈다.

제약 연구원이 되기 위해서는 일반적으로 약학을 전공해야 한다고 생각하기 쉽지만, 약학 전공자 이외에도 생명 공학, 화학 공학, 유전 공학 전공자들이 제약 연구원으로 활발하게 참여하고 있다. 만일 신약 개발의 전문가가 되고 싶다면 해당 분야에서 오랫동안 연구한 경험이 필요하기 때문에 대학원에서 석사나 박사 학위를 취득하는 것이 유리하다.

제약 연구원이 되기 위해서는 전문적인 지식도 중요하지만, 사람의 생명과 관련된 일인 만큼 무엇보다도 꼼꼼함과 신중함, 책임 의식이 필요하다. 또한 제약 회사라는 공동체 안에서 일을 하는 것이므로 원만한 일의 진행을 위해서 의사소통능력도 필수적으로 요구된다. 오늘날 제약 분야가 빠르게 성장하고 있다는 점을 고려할 때, 일에 대한 도전 의식, 호기심과 탐구심 등도 제약 연구원에게 필요한 능력으로 꼽을 수 있다.

① 제약 연구원은 약품 허가 요청 단계에 참여한다.
② 오늘날 제약 연구원에게 요구되는 능력이 많아졌다.
③ 생명이나 유전 공학 전공자도 제약 연구원으로 일할 수 있다.
④ 신약 개발 전문가가 되려면 반드시 석사나 박사를 취득해야 한다.
⑤ 제약 연구원과 관련된 정보가 부족하다면 약학을 전공해야만 제약 연구원이 될 수 있다고 생각할 수 있다.

정답 ④

제시문에 따르면 신약 개발의 전문가가 되기 위해서는 해당 분야에서 오랫동안 연구한 경험이 필요하므로 석사나 박사 학위를 취득하는 것이 유리하다고 하였다. 그러나 석사나 박사 학위는 신약 개발 전문가가 되는 데 도움을 준다는 것일 뿐이므로 반드시 필요한 필수 조건인지는 알 수 없다. 따라서 ④는 제시문을 통해 추론할 수 없다.

풀이 전략!

주어진 지문이 어떠한 내용을 다루고 있는지 파악한 후 선택지의 키워드를 확실하게 체크하고, 지문의 정보에서 도출할 수 있는 내용을 찾는다.

01 다음 글에서 철학의 여인의 논지를 따를 때 밑줄 친 ㉠에 해당하는 것을 〈보기〉에서 모두 고르면?

> 다음은 철학의 여인이 비탄에 잠긴 보에티우스에게 건네는 말이다.
> "나는 이제 네 병의 원인을 알겠구나. 네 병의 원인을 알게 되었으니 ㉠ 너의 건강을 회복할 방법을 찾을 수 있게 되었다. 그 방법은 병의 원인이 되는 잘못된 생각을 바로잡아주는 것이다. 너는 너의 모든 소유물을 박탈당했다고, 사악한 자들이 행복을 누리게 되었다고, 네 운명의 결과가 불의하게도 제멋대로 바뀌었다는 생각으로 비탄에 빠져 있다. 그런데 그런 생각은 잘못된 전제에서 비롯된 것이다. 네가 눈물을 흘리며 너 자신이 추방당하고 너의 모든 소유물을 박탈당했다고 생각하는 것은 행운이 네게서 떠났다고 슬퍼하는 것과 다름없는데, 그것은 네가 운명의 본모습을 모르기 때문이다. 그리고 사악한 자들이 행복을 가졌다고 생각하는 것이나 사악한 자가 선한 자보다 더 행복을 누린다고 한탄하는 것은 네가 실로 만물의 목적이 무엇인지 모르고 있기 때문이다. 다시 말해 만물의 궁극적인 목적이 선을 지향하는 데 있다는 것을 모르고 있기 때문이다. 또한 너는 세상이 어떤 통치 원리에 의해 다스려지는지 잊어버렸기 때문에 제멋대로 흘러가는 것이라고 믿고 있다. 그러나 만물의 목적에 따르면 악은 결코 선을 이길 수 없으며 사악한 자들이 행복할 수는 없다. 따라서 세상은 결국에는 불의가 아닌 정의에 의해 다스려지게 된다. 그럼에도 불구하고 너는 세상의 통치 원리가 정의와는 거리가 멀다고 믿고 있다. 이는 그저 병의 원인일 뿐 아니라 죽음에 이르는 원인이 되기도 한다. 그러나 다행스럽게도 자연은 너를 완전히 버리지는 않았다. 이제 너의 건강을 회복할 수 있는 작은 불씨가 생명의 불길로 타올랐으니 너는 조금도 두려워할 필요가 없다."

> **보기**
> ㄱ. 만물의 궁극적인 목적이 선을 지향하는 데 있다는 것을 아는 것
> ㄴ. 세상이 제멋대로 흘러가는 것이 아니라 정의에 의해 다스려진다는 것을 깨닫는 것
> ㄷ. 자신이 박탈당했다고 여기는 모든 것, 즉 재산, 품위, 권좌, 명성 등을 되찾을 방도를 아는 것

① ㄱ
② ㄴ
③ ㄱ, ㄴ
④ ㄴ, ㄷ
⑤ ㄱ, ㄴ, ㄷ

02 다음 글에 대한 반론으로 가장 적절한 것은?

> 사회복지는 소외 문제를 해결하고 예방하기 위하여 사회 구성원들이 각자의 사회적 기능을 원활하게 수행하게 하고, 삶의 질을 향상시키는 데 필요한 제반 서비스를 제공하는 행위와 그 과정을 의미한다. 현대 사회가 발전함에 따라 계층·세대 간의 갈등 심화, 노령화와 가족 해체, 정보 격차에 의한 불평등 등의 사회 문제가 다각적으로 생겨나고 있는데, 이들 문제는 때로 사회 해체를 우려할 정도로 심각한 양상을 띠기도 한다. 이러한 문제의 기저에는 경제 성장과 사회 분화 과정에서 나타나는 불평등과 불균형이 있으며, 이런 점에서 사회 문제는 대부분 소외 문제와 관련되어 있음을 알 수 있다.
>
> 사회복지 찬성론자들은 이러한 문제들의 근원에 자유 시장 경제의 불완전성이 있으며, 이러한 사회적 병리 현상을 해결하기 위해서는 국가의 역할이 더 강화되어야 한다고 주장한다. 예컨대 구조 조정으로 인해 대량의 실업 사태가 생겨나는 경우를 생각해 볼 수 있다. 이 과정에서 생겨난 희생자들을 방치하게 되면 사회 통합은 물론 지속적 경제 성장에 막대한 지장을 초래할 것이다. 따라서 사회가 공동의 노력으로 이들을 구제할 수 있는 안전망을 만들어야 하며, 여기서 국가의 주도적 역할은 필수적이라 할 것이다. 현대 사회에 들어와 소외 문제가 사회 전 영역으로 확대되고 있는 상황을 감안할 때, 국가와 사회가 주도하여 사회복지 제도를 체계적으로 수립하고 그 범위를 확대해 나가야 한다는 이들의 주장은 충분한 설득력을 갖는다.

① 사회복지는 소외 문제 해결을 통해 구성원들의 사회적 기능 수행을 원활하게 한다.
② 사회복지는 제공 행위뿐만 아니라 과정까지를 의미한다.
③ 사회복지의 확대는 근로 의욕의 상실과 도덕적 해이를 불러일으킬 수 있다.
④ 사회가 발전함에 따라 사회의 불균형이 심해지고 있다.
⑤ 사회 병리 현상 과정에서 생겨나는 희생자들을 그대로 두면 악영향을 불러일으킬 수 있다.

03 다음 글을 통해 추론할 수 있는 내용으로 가장 적절한 것은?

옛날 사람들은 그저 활과 창과 검으로만 싸웠을까? 그 당시에도 로켓과 같은 병기가 있었다면 쉽게 전투에서 승리를 거두지 않았을까? 수백 년 전 우리나라에도 이러한 병기가 있었을까? 이런 의문에 많은 사람은 그러한 병기는 없었을 것이라고 생각할 것이다. 그러나 실제 우리나라에는 지금의 로켓과 같은 첨단 병기가 있었다. 고려 말 화통도감에서 활약한 최무선에 의해 개발된 '달리는 불'이라는 뜻을 가진 '주화(走火)'가 그것이다. 주화는 우리나라 최초의 로켓 병기라고 할 수 있는데, 신기하게도 지금의 로켓과 유사한 구조와 동작 원리를 갖추고 있다.

주화는 1448년(세종 30년) 이전에 불린 이름이고, 그 이후에는 '신기전(神機箭)'으로 불렸다. 〈병기도설〉에는 신기전을 대신기전, 산화신기전, 중신기전, 소신기전으로 나누어 그 크기와 구조를 자세히 설명하였다. 그중 가장 큰 형태인 대신기전은 당시의 실제 전투에서 큰 위력을 발휘하였다.

대신기전은 발화통과 약통으로 구분된다. 이 발화통과 약통은 쇠 촉이 부착되지 않은 대나무의 위 끝부분에 묶어 놓았으며, 아래 끝부분에는 발사체가 안정적으로 날아갈 수 있도록 균형을 유지해 주는 날개를 달아 놓았다. 폭발물인 발화통과 달리 약통은 목표물을 향해 날아가게 하는 역할을 한다.

대신기전의 몸체 역할을 하는 대나무의 맨 위에는 폭탄인 발화통을 장착하고, 그 발화통의 아래 부분에는 화약을 넣어 위 끝을 종이로 여러 겹 접어 막은 약통을 연결한다. 약통 밑부분의 점화선에 불을 붙이면 점화선이 타들어 가면서 약통 속의 화약에 불이 붙어 연소 가스를 만들고 이 연소 가스는 약통 아래에 뚫려 있는 분사 구멍을 통하여 약통 밖으로 내뿜어진다. 이때 만들어지는 힘이 추진력이다. 그리고 약통의 윗면과 발화통 아랫면의 중앙에 각각 구멍을 뚫어 둘을 도화선으로 연결한다. 이와 같이 약통의 윗면에 폭탄인 발화통을 부착시켜 놓고 도화선으로 연결하는 것은 목표 지점으로 신기전이 날아가는 도중이거나 거의 날아갔을 즈음에 폭탄인 발화통이 자동으로 폭발하게 하기 위함이다. 이 발화통이 신기전의 핵심적인 폭발체라고 할 수 있는데, 발화통 안에 화약 무게의 약 27% 정도에 해당하는 거친 쇳가루를 섞기 때문에 이 쇳가루가 파편 역할을 한다.

발화통까지 포함된 대신기전은 전체 길이가 약 5.6m의 대형 로켓으로 한 번에 여러 개를 날릴 수 있는 화차를 개발하여 사용하였다. 화차에는 바퀴가 달려 있어 적진의 위치에 따라 이동해 가는 데 매우 편리했다.

① 대신기전의 맨 위에 있는 약통 바로 아래에는 발화통과 날개가 순서대로 구성되어 있다.
② 약통이 없어도 발화통의 폭발만 있다면 대신기전은 목표물을 향해 날아갈 수 있다.
③ 고려 말에 개발된 주화는 태조의 조선 건국 이후에도 주화로 불리며 사용되었다.
④ 대신기전의 추진력은 연결된 도화선을 통해 발화통이 폭발할 때 만들어진다.
⑤ 발화통의 길이가 1m라면 대신기전의 전체 길이는 6.6m이다.

04 다음 글을 읽고 이를 비판하기 위한 근거로 적절하지 않은 것은?

태어날 때부터 텔레비전을 좋아하거나 싫어하는 아이는 없다. 다만, 좋아하도록 습관이 들 뿐이다. 이 사실은 부모가 텔레비전을 시청하는 태도나 시청하는 시간을 잘 선도하면 바람직한 방향으로 습관이 형성될 수도 있다는 점을 시사해 준다. 텔레비전을 많이 보는 아이들보다 적게 보는 아이들이 행실이 바르고, 지능이 높으며, 학업 성적도 좋다는 사실을 밝혀낸 연구 결과가 있다. 부모의 시청 시간과 아이들의 시청 행위 사이에도 깊은 관계가 있다. 일반적으로 텔레비전을 장시간 시청하는 가족일수록 가족 간의 대화나 가족끼리 하는 공동 행위가 적다. 결과적으로 텔레비전과 거리가 멀수록 좋은 가정이 된다는 말이다.

① 가족끼리 저녁 시간에 같은 텔레비전 프로그램을 보면서 대화하는 경우도 많다.
② 텔레비전 프로그램에는 교육적인 요소도 많이 있고 학습을 위한 전문방송도 있다.
③ 여가 시간에 텔레비전을 시청하는 것은 개인의 휴식에 도움이 된다.
④ 텔레비전을 통해 정보와 지식을 습득하여 학업에 이용하는 학생들도 증가하고 있다.
⑤ 가족 내에서도 개인주의가 만연하는 시대에 드라마를 시청하는 시간만이라도 가족들이 모이는 시간을 가질 수 있다.

05 다음 글의 주장에 대한 반박으로 가장 적절한 것은?

인공 지능 면접은 더 많이 활용되어야 한다. 인공 지능을 활용한 면접은 인터넷에 접속하여 인공 지능과 문답하는 방식으로 진행되는데, 지원자는 시간과 공간에 구애받지 않고 면접에 참여할 수 있는 편리성이 있어 면접 기회가 확대된다. 또한 회사는 면접에 소요되는 인력을 줄여 비용 절감 측면에서 경제성이 크다. 실제로 인공 지능을 면접에 활용한 K회사는 전년 대비 2억 원 정도의 비용을 절감했다. 그리고 기존 방식의 면접에서는 면접관의 주관이 개입될 가능성이 큰 데 반해, 인공 지능을 활용한 면접에서는 빅데이터를 바탕으로 한 일관된 평가 기준을 적용할 수 있다. 이러한 평가의 객관성 때문에 많은 회사가 인공 지능 면접을 도입하는 추세이다.

① 빅데이터는 사회에서 형성된 정보가 축적된 결과물이므로 왜곡될 가능성이 적다.
② 인공 지능을 활용한 면접은 기술적으로 완벽하기 때문에 인간적 공감을 떨어뜨린다.
③ 면접관의 주관적인 생각이나 견해로는 지원자의 잠재력을 판단하기 어렵다.
④ 회사의 특수성을 고려해 적합한 인재를 선발하려면 오히려 해당 분야의 경험이 축적된 면접관의 생각이나 견해가 면접 상황에서 중요한 판단 기준이 되어야 한다.
⑤ 회사 관리자 대상의 설문 조사에서 인공 지능을 활용한 면접을 신뢰한다는 비율이 높게 나온 것으로 보아 기존의 면접 방식보다 지원자의 잠재력을 판단하는 데 더 적합하다.

06 다음 글을 읽고 추론한 내용으로 적절하지 않은 것은?

> 1인 가구가 급속히 증가하는 이 같은 상황에 대응하기 위하여 한국전력공사는 전력데이터를 활용, 국민이 체감할 수 있는 사회안전망 서비스를 제공하고 사회적 가치를 구현하고자 '1인 가구 안부 살핌 서비스'를 개발하여 지자체에 제공하고 있다. '1인 가구 안부 살핌 서비스'는 전력 빅데이터와 통신데이터를 분석하여 1인 가구의 안부 이상 여부를 확인한 후 이를 사회복지 공무원 등에게 SMS로 알려주어 고독사를 예방하는 인공 지능 서비스이다.
>
> 이 서비스의 핵심인 돌봄 대상자의 안부 이상 여부를 판단하는 인공 지능 모델은 딥러닝 기법을 활용하는 오토 인코더(Auto Encoder)를 기반으로 설계하였다. 이 모델은 정상적인 전력 사용 패턴을 학습하여 생성되고 난 후, 평소와 다른 비정상적인 사용 패턴이 모델에 입력되면 돌봄 대상의 안부에 이상이 있다고 판단하고 지자체 담당 공무원에게 경보 SMS를 발송하는 알고리즘을 가지고 있다. 경보 SMS에는 전력 사용 패턴 이상 여부 이외에 돌봄 대상자의 전화 수·발신, 문자 발신, 데이터사용량 등 통신사용량 정보도 추가로 제공되고 있다. 향후 전력 및 통신데이터 이외에 수도나 가스 등 다양한 이종 데이터도 융합하여 서비스 알람 신뢰도를 더욱 향상시킬 수 있을 것으로 기대하고 있다.
>
> '1인 가구 안부 살핌 서비스'는 2019년에 에스케이텔레콤(SKT)과 사회안전망 서비스를 개발하기 위한 협약의 체결로 시작되었다. 이후 양사는 아이디어 공유를 위한 실무회의 등을 거쳐 서비스를 개발하였고, 서비스의 효과를 검증하기 위하여 광주광역시 광산구 우산동과 협약을 체결하여 실증사업을 시행하였다. 실증사업 기간 동안 우산동 복지담당자들은 서비스에 커다란 만족감을 나타내었다.
>
> 우산동 복지담당 공무원이었던 A씨는 관내 돌봄 대상자가 자택에서 어지러움으로 쓰러진 후 지인의 도움으로 병원에 내진한 사실을 서비스 알람을 받아 빠르게 파악할 수 있었다. 이 사례를 예로 들며 "관리 지역은 나이가 많고 혼자 사는 분들이 많아 고독사가 발생할 가능성이 큰데, 매일 건강 상태를 확인할 수도 없어 평소에 이를 예방하기란 쉽지가 않다."라면서 "한국전력공사의 1인 가구 안부 살핌 서비스가 큰 도움이 되었고 많은 기대가 된다."라고 밝혔다.

① 한국전력공사는 고독사를 예방하기 위해 데이터 기술을 적용한 서비스를 만들었다.
② 오토 인코더 모델은 비정상적인 패턴을 감지하면 알람이 가도록 설계되었다.
③ 앞으로 '1인 가구 알림 살핌 서비스'에는 전력데이터가 추가로 수집될 수 있다.
④ 광주광역시 광산구 우산동 지역 사람들이 처음으로 이 서비스를 사용하였다.
⑤ 우산동에서 이 서비스의 주요 대상은 고령의 1인 가구이다.

대표기출유형

03 문단 나열

| 유형분석 |

- 각 문단의 내용을 파악하고 논리적 순서에 맞게 배열하는 복합적인 문제이다.
- 전체적인 글의 흐름을 이해하는 것이 중요하며, 각 문장의 지시어나 접속어에 주의한다.

다음 문단을 논리적 순서대로 바르게 나열한 것은?

(가) 오류가 발견된 교과서들은 편향적 내용을 검증 없이 인용하거나 부실한 통계를 일반화하는 등의 문제점을 보였다. 대표적으로 교과서 대부분이 대도시의 온도 상승 평균값만을 보고 한반도의 기온 상승이 세계 평균보다 2배 높다고 과장한 것으로 나타났다.

(나) 환경 관련 교과서 대부분이 표면적으로 드러나는 사실을 검증하지 않고 그대로 싣는 문제점을 보였다. 고등학생들이 보는 교과서인 만큼 객관적 사실에 기반을 둬 균형 있는 내용을 실어야 한다.

(다) 고등학교 환경 관련 교과서 대부분이 특정 주장을 검증 없이 게재하는 등 많은 오류가 존재한다는 보수 환경·시민단체의 지적이 제기됐다. 환경정보평가원이 고등학교 환경 관련 교과서 23종을 분석한 결과 총 1,175개의 오류가 발견됐다.

(라) 또한 우리나라 전력 생산의 상당 부분을 차지하는 원자력 발전의 경우 단점만을 자세히 기술하고 경제성과 효율성이 낮은 신재생 에너지는 장점만 언급한 교과서도 있었다.

① (가) – (라) – (나) – (다)
② (나) – (가) – (라) – (다)
③ (나) – (다) – (가) – (라)
④ (다) – (가) – (라) – (나)
⑤ (다) – (라) – (나) – (가)

정답 ④

제시문은 교과서에서 많은 오류가 발견된 사실을 제시하고 오류의 유형과 예시를 차례로 언급하며 문제해결에 대한 요구를 제시하고 있는 글이다. 따라서 (다) 교과서에서 많은 오류가 발견됨 – (가) 교과서에서 나타나는 오류의 유형과 예시 – (라) 편향된 내용을 담은 교과서의 또 다른 예시 – (나) 교과서의 문제 지적과 해결 촉구의 순서로 나열해야 한다.

풀이 전략!

상대적으로 시간이 부족하다고 느낄 때는 선택지를 참고하여 문장의 순서를 생각해 본다.

※ 다음 문단을 논리적 순서대로 바르게 나열한 것을 고르시오. **[1~4]**

01

(가) 여름에는 찬 음식을 많이 먹거나 냉방기를 과도하게 사용하는 경우가 많은데, 그렇게 되면 체온이 떨어져 면역력이 약해지기 때문이다.
(나) 만약 감기에 걸렸다면 탈수로 인한 탈진을 방지하기 위해 수분을 충분히 섭취해야 한다.
(다) 특히 감기로 인해 열이 나거나 기침을 할 때에는 따뜻한 물을 여러 번 나누어 먹는 것이 좋다.
(라) 여름철 감기를 예방하기 위해서는 찬 음식은 적당히 먹어야 하고 냉방기에 장시간 노출되는 것을 피해야 하며, 충분한 휴식을 취하고, 집에 돌아온 후에는 손발을 꼭 씻어야 한다.
(마) 일반적으로 감기는 겨울에 걸린다고 생각하지만 의외로 여름에도 감기에 걸린다.

① (가) – (다) – (나) – (라) – (마)
② (가) – (라) – (다) – (마) – (나)
③ (마) – (가) – (나) – (라) – (다)
④ (마) – (가) – (라) – (나) – (다)
⑤ (마) – (다) – (라) – (나) – (가)

02

(가) 보통 라면은 일본에서 유래된 것으로 알려져 있다. 그러나 우리가 좋아하는 라면과 일본의 라멘은 다르다. 일본의 라멘은 하나의 요리로서 위치하고 있으며, 처음에 인스턴트 라면이 발명된 것은 라멘을 휴대하고 다니면서 어떻게 하면 쉽게 먹을 수 있을까 하는 발상에서 기인한다. 그러나 한국의 라면은 그렇지 않다.
(나) 일본의 라멘이 고기 육수를 통한 맛을 추구한다면, 한국의 인스턴트 라면에서 가장 중요한 특징은 매운맛이다. 한국의 라면은 매운맛을 좋아하는 한국 소비자의 입맛에 맞춰 변화되었다.
(다) 이렇게 한국의 라면이 일본 라멘과 전혀 다른 모습을 보이면서, 라멘과 한국의 라면은 독자적인 영역을 만들어내기 시작했고, 당연히 해외에서도 한국의 라면은 라멘과 달리 나름대로 마니아층을 만들어내고 있다.
(라) 한국의 라면은 요리라기보다는 일종의 간식으로서 취급되며, '일본 라멘의 간소화'로 인스턴트 라면과는 그 맛도 다르다. 이는 일본의 라멘이 어떠한 맛을 추구하고 있는지에 대해서 생각해 보면 알 수 있다.

① (가) – (다) – (나) – (라)
② (가) – (라) – (나) – (다)
③ (가) – (라) – (다) – (나)
④ (라) – (가) – (나) – (다)
⑤ (라) – (가) – (다) – (나)

03

(가) 나무를 가꾸기 위해서는 처음부터 여러 가지를 고려해 보아야 한다. 심을 나무의 생육조건, 나무의 형태, 성목이 되었을 때의 크기, 꽃과 단풍의 색, 식재지역의 기후와 토양 등을 종합적으로 생각하고 심어야 한다. 나무의 생육조건은 저마다 다르기 때문에 지역의 환경조건에 적합한 나무를 선별하여 환경에 적응하도록 해야 한다. 동백나무와 석류, 홍가시나무는 남부지방에 키우기 적합한 나무로 알려져 있지만 지구온난화로 남부수종의 생육한계선이 많이 북상하여 중부지방에서도 재배가 가능한 나무도 있다. 부산의 도로 중앙분리대에서 보았던 잎이 붉은 홍가시나무는 여주의 시골집 마당 양지바른 곳에서 3년째 잘 적응하고 있다.

(나) 더불어 나무의 특성을 외면하고 주관적인 해석에 따라 심었다가는 훗날 낭패를 보기 쉽다. 물을 좋아하는 수국 곁에 물을 싫어하는 소나무를 심었다면 둘 중 하나는 살기 어려운 환경이 조성된다. 나무를 심고 가꾸기 위해서는 전체적인 밑그림을 그려보고 생태적 특징을 살펴본 후에 심는 것이 바람직하다.

(다) 나무들이 밀집해있으면 나무들끼리의 경쟁은 물론 바람길과 햇빛의 방해로 성장은 고사하고 병충해에 시달리기 쉽다. 또한 나무들은 성장속도가 다르기 때문에 항상 다 자란 나무의 모습을 상상하며 나무들 사이의 공간 확보를 염두에 두어야 한다. 그러나 묘목을 심고 보니 듬성듬성한 공간을 메꾸기 위하여 자꾸 나무를 심게 되는 실수가 종종 일어나고는 한다.

(라) 식재계획의 시작은 장기적인 안목으로 적재적소의 원칙을 염두에 두고 나무를 선정해야 한다. 식물은 햇빛, 물, 바람의 조화를 이루면 잘 산다고 하지 않는가. 그래서 나무의 특성 중에서 햇볕을 좋아하는지 그늘을 좋아하는지, 물을 좋아하는지 여부를 살펴보는 것이 중요하다. 어린 묘목을 심을 경우 실수하는 것은 나무가 자랐을 때의 생육공간을 생각하지 않고 촘촘하게 심는 것이다.

① (가) – (다) – (라) – (나)
② (가) – (라) – (다) – (나)
③ (다) – (가) – (라) – (나)
④ (다) – (나) – (가) – (라)
⑤ (다) – (나) – (라) – (가)

04

(가) 닭 한 마리가 없어져서 뒷집 식구들이 모두 나서서 찾았다. 그런데 앞집 부엌에서 고기 삶는 냄새가 났다. 왜 우리 닭을 잡아먹었느냐고 따지자 주인은 아니라고 잡아뗐다. 부엌에서 나는 고기 냄새는 무어냐고 물었더니, 냄새가 날 리 없다고, 아마도 네가 오랫동안 고기 맛을 보지 못해서 환장했을 거라고 면박을 줬다. 너희 집 두엄 더미에 버려진 닭 털은 어찌된 거냐고 들이대자 오리 발을 들고 나와 그것은 네 집 닭 털이 아니라 우리 집 오리털이라고 변명했다. 네 집 닭을 훔쳐 먹은 것이 아니라 우리 집 오리를 내가 잡은 것인데, 그게 무슨 죄가 되냐고 오히려 큰소리쳤다.

(나) 남의 닭을 훔쳐다 잡아먹고서 부인할 수는 있다. 그러나 뭐 뀐 놈이 성내는 것도 분수가 있지, 피해자를 가해자로 몰아 처벌하게 하는 데야 말문이 막힐 수밖에 없는 일이 아닌가. 적반하장도 유분수지, 도둑이 주인을 도둑으로 처벌해 달라고 고소하는 일은 별로 흔하지 않을 것이다.

(다) 뒷집 사람은 원님에게 불려 가게 되었다. 뒷집에서 우리 닭을 훔쳐다 잡아먹었으니 처벌해 달라고 앞집 사람이 고소했던 것이다. 이번에는 증거물이 있었다. 바로 앞집 사람이 잡아먹고 남은 닭발이었는데, 그것을 뒷집 두엄 더미에 넣어 두었던 것이다. 뒷집 사람은 앞집에서는 증조부 때 이후로 닭을 기른 적이 없다고 항변했지만 그것을 입증해 줄 만한 사람은 없었다. 뒷집 사람은 어쩔 수 없이 앞집에 닭 한 마리 값을 물어 주었다.

(라) '닭 잡아먹고 오리 발 내민다.'라는 속담이 있다. 제가 저지른 나쁜 일이 드러나게 되니 어떤 수단을 써서 남을 속이려 한다는 뜻이다. 남을 속임으로써 난감한 처지에서 벗어나고자 하는 약삭빠른 사람의 행위를 이렇게 비유해서 말하는 것이다.

① (라) – (가) – (나) – (다)
② (라) – (가) – (다) – (나)
③ (라) – (나) – (가) – (다)
④ (라) – (나) – (다) – (가)
⑤ (라) – (다) – (나) – (가)

대표기출유형

04 맞춤법 · 어휘

| 유형분석 |

- 맞춤법에 맞는 단어를 찾거나 주어진 지문의 내용에 어울리는 단어를 찾는 문제가 주로 출제된다.
- 단어 사이의 관계에 대한 문제가 출제되므로 뜻이 비슷하거나 반대되는 단어를 함께 학습하는 것이 좋다.
- 자주 출제되는 단어나 헷갈리는 단어에 대한 학습을 꾸준히 하는 것이 좋다.

다음 중 밑줄 친 부분의 맞춤법이 옳은 것은?

① 그는 손가락으로 북쪽을 가르켰다.

② 뚝배기에 담겨 나와서 시간이 지나도 식지 않았다.

③ 열심히 하는 것은 좋은데 촛점이 틀렸다.

④ 세영이는 몸이 너무 약해서 보약을 다려 먹어야겠다.

⑤ 벽을 가득 덮고 있는 덩쿨 덕에 여름 분위기가 난다.

정답 ②

'찌개 따위를 끓이거나 설렁탕 따위를 담을 때 쓰는 그릇'을 뜻하는 어휘는 '뚝배기'이다.

오답분석

① '손가락 따위로 어떤 방향이나 대상을 집어서 보이거나 말하거나 알리다.'의 의미를 가진 어휘는 '가리키다'이다.

③ '사람들의 관심이나 주의가 집중되는 사물의 중심 부분'의 의미를 가진 어휘는 '초점'이다.

④ '액체 따위를 끓여서 진하게 만들거나 약재 따위에 물을 부어 우러나도록 끓이다.'의 의미를 가진 어휘는 '달이다'이다(다려 → 달여).

⑤ '길게 뻗어 나가면서 다른 물건을 감기도 하고 땅바닥에 퍼지기도 하는 식물의 줄기'의 의미를 가진 어휘는 '넝쿨' 또는 '덩굴'이다.

풀이 전략!

문제에서 물어보는 단어를 정확히 확인해야 하고, 문제에서 다루고 있는 단어의 앞뒤 내용을 읽고 글의 전체적 흐름을 생각하며 문제에 접근해야 한다.

대표기출유형 04 기출응용문제

01 다음 중 밑줄 친 부분과 유사한 단어가 사용된 것은?

> 그때의 기억이 어제의 일인 것처럼 선연하게 떠오른다.

① 차가운 아스팔트 위에 성긴 눈발이 희끗희끗 날리고 있었다.
② 그는 바닷바람이 선선하게 부는 해변을 걸었다.
③ 매일 등하교를 했던 거리는 뚜렷하게 그의 기억 속에 남아 있었다.
④ 들판의 벼는 영글기 시작했다.
⑤ 앞으로 살아갈 길이 막연하다.

02 다음 중 밑줄 친 부분과 바꿔 사용할 수 있는 것은?

> 국가대표팀을 이끌었던 감독이 경기를 마친 뒤 선수들을 향한 애정을 드러내 눈길을 끌었다. 감독은 결승 경기 이후 진행된 인터뷰에서 "선수들이 여기까지 올라온 건 충분히 자긍심을 가질 만한 결과이다."라고 이야기했다. 이어 감독은 동고동락한 선수들과의 일을 떠올리다 감정이 벅차 말을 잇지 못하기도 했다. 한편 경기에서 최선을 다한 선수들을 향한 뜨거운 응원은 계속 이어지고 있다.

① 회상하다
② 연상하다
③ 상상하다
④ 남고하다
⑤ 예상하다

03 다음 중 밑줄 친 부분의 맞춤법이 옳지 않은 것은?

① 그는 목이 메어 한동안 말을 잇지 못했다.
② 어제는 종일 아이를 치다꺼리하느라 잠시도 쉬지 못했다.
③ 왠일로 선물까지 준비했는지 모르겠다.
④ 노루가 나타난 것은 나무꾼이 도끼로 나무를 베고 있을 때였다.
⑤ 그는 입술을 지그시 깨물었다.

CHAPTER 02

수리능력

합격 CHEAT KEY

수리능력은 사칙 연산 · 통계 · 확률의 의미를 정확하게 이해하고 이를 업무에 적용하는 능력으로, 기초 연산과 기초 통계, 도표 분석 및 작성의 문제 유형으로 출제된다. 수리능력 역시 채택하지 않는 공사 · 공단이 거의 없을 만큼 필기시험에서 중요도가 높은 영역이다.

특히, 난이도가 높은 공사 · 공단의 시험에서는 도표 분석, 즉 자료 해석 유형의 문제가 많이 출제되고 있고, 응용 수리 역시 꾸준히 출제하는 공사 · 공단이 많기 때문에 기초 연산과 기초 통계에 대한 공식의 암기와 자료 해석 능력을 기를 수 있는 꾸준한 연습이 필요하다.

01 응용 수리의 공식은 반드시 암기하라!

응용 수리는 공사 · 공단마다 출제되는 문제는 다르지만, 사용되는 공식은 비슷한 경우가 많으므로 자주 출제되는 공식을 반드시 암기하여야 한다. 문제에서 묻는 것을 정확하게 파악하여 그에 맞는 공식을 적절하게 적용하는 꾸준한 노력과 공식을 암기하는 연습이 필요하다.

02 자료의 해석은 자료에서 즉시 확인할 수 있는 지문부터 확인하라!

수리능력 중 도표 분석, 즉 자료 해석 능력은 많은 시간을 필요로 하는 문제가 출제되므로, 증가 · 감소 추이와 같이 눈으로 확인이 가능한 지문을 먼저 확인한 후 복잡한 계산이 필요한 지문을 확인하는 방법으로 문제를 풀이한다면 시간을 조금이라도 아낄 수 있다. 또한, 여러 가지 보기가 주어진 문제 역시 지문을 잘 확인하고 문제를 풀이한다면 불필요한 계산을 생략할 수 있으므로 항상 지문부터 확인하는 습관을 들여야 한다.

03 도표 작성에서 지문에 작성된 도표의 제목을 반드시 확인하라!

도표 작성은 하나의 자료 혹은 보고서와 같은 수치가 표현된 자료를 도표로 작성하는 형식으로 출제되는데, 대체로 표보다는 그래프를 작성하는 형태로 많이 출제된다. 지문을 살펴보면 각 지문에서 주어진 도표에도 소제목이 있는 경우가 대부분이다. 이때, 자료의 수치와 도표의 제목이 일치하지 않는 경우 함정이 존재하는 문제일 가능성이 높으므로 도표의 제목을 반드시 확인하는 것이 중요하다.

대표기출유형

01 응용 수리

| 유형분석 |

- 문제에서 제공하는 정보를 파악한 뒤, 사칙연산을 활용하여 계산하는 전형적인 수리문제이다.
- 문제를 풀기 위한 정보가 산재되어 있는 경우가 많으므로 주어진 조건 등을 꼼꼼히 확인해야 한다.

대학 서적을 도서관에서 빌리면 10일간 무료이고, 그 이상은 하루에 100원의 연체료가 부과되며 한 달 단위로 연체료는 두 배로 늘어난다. 1학기 동안 대학 서적을 도서관에서 빌려 사용하는 데 얼마의 비용이 드는가?(단, 1학기의 기간은 15주이고, 한 달은 30일로 정한다)

① 18,000원
② 20,000원
③ 23,000원
④ 25,000원
⑤ 28,000원

정답 ④

- 1학기의 기간 : 15×7=105일
- 연체료가 부과되는 기간 : 105−10=95일
- 연체료가 부과되는 시점에서부터 한 달 동안의 연체료 : 30×100=3,000원
- 첫 번째 달부터 두 번째 달까지의 연체료 : 30×100×2=6,000원
- 두 번째 달부터 세 번째 달까지의 연체료 : 30×100×2×2=12,000원
- 95일(3개월 5일) 연체료 : 3,000+6,000+12,000+5×(100×2×2×2)=25,000원

따라서 1학기 동안 대학 서적을 도서관에서 빌려 사용한다면 25,000원의 비용이 든다.

풀이 전략!

문제에서 묻는 바를 정확하게 확인한 후, 필요한 조건 또는 정보를 구분하여 신속하게 풀어 나간다. 단, 계산에 착오가 생기지 않도록 유의한다.

대표기출유형 01 기출응용문제

01 어느 공장에서 A제품을 생산하여 팔면 600원의 이익이 남고, 불량품이 발생할 경우 2,400원의 손해를 본다. A제품을 생산하여 팔 때, 손해를 보지 않으려면 이 제품의 불량률은 몇 % 이하가 되어야 하는가?

① 10%
② 15%
③ 20%
④ 25%
⑤ 30%

02 12층에 사는 수진이는 출근하려고 나왔다가 중요한 서류를 깜빡한 것이 생각나 다시 집에 다녀오려고 한다. 엘리베이터 고장으로 계단을 이용해야 할 때, 1층부터 6층까지 쉬지 않고 올라가면 35초가 걸리고, 7층부터는 한 층씩 올라갈 때마다 5초씩 쉬려고 한다. 수진이가 1층부터 12층까지 올라가는 데 걸린 시간은?(단, 6층에서는 쉬지 않는다)

① 102초
② 107초
③ 109초
④ 112초
⑤ 114초

03 대리 혼자서 프로젝트를 진행하면 완료하기까지 16일이 걸리고 사원 혼자 진행하면 48일이 걸릴 때, 두 사람이 함께 프로젝트를 진행하는 데 소요되는 기간은?

① 12일
② 13일
③ 14일
④ 15일
⑤ 16일

04 농도가 6%인 소금물 700g에서 한 컵의 소금물을 퍼내고, 퍼낸 양만큼 농도가 13%인 소금물을 넣었더니 농도가 9%인 소금물이 되었다. 이때, 퍼낸 소금물의 양은?

① 300g
② 320g
③ 350g
④ 390g
⑤ 450g

05 길이가 40m인 열차가 200m의 터널을 통과하는 데 10초가 걸렸다. 이 열차가 320m인 터널을 통과하는 데 걸리는 시간은 몇 초인가?

① 15초
② 16초
③ 18초
④ 20초
⑤ 22초

06 두 자연수 a, b에 대하여 a가 짝수일 확률은 $\frac{2}{3}$, b가 짝수일 확률은 $\frac{3}{5}$이다. 이때 a와 b의 곱이 짝수일 확률은?

① $\frac{2}{3}$
② $\frac{11}{15}$
③ $\frac{4}{5}$
④ $\frac{13}{15}$
⑤ $\frac{14}{15}$

07

어머니와 아버지를 포함한 6명의 가족이 원형 식탁에 둘러앉아 식사를 할 때, 어머니와 아버지가 서로 마주 보고 앉는 경우의 수는?

① 21가지
② 22가지
③ 23가지
④ 24가지
⑤ 25가지

08

A ~ C 세 사람은 주기적으로 집 청소를 한다. A는 6일마다, B는 8일마다, C는 9일마다 청소할 때, 세 명이 9월 10일에 모두 같이 청소를 했다면 다음에 같이 청소하는 날은 언제인가?

① 11월 5일
② 11월 12일
③ 11월 16일
④ 11월 21일
⑤ 11월 29일

09

K고등학교 운동장은 다음과 같이 양 끝이 반원 모양이다. 한 학생이 운동장 가장자리를 따라 한 바퀴를 달린다고 할 때, 학생이 달린 거리는 몇 m인가?(단, 원주율 $\pi \fallingdotseq 3$으로 계산한다)

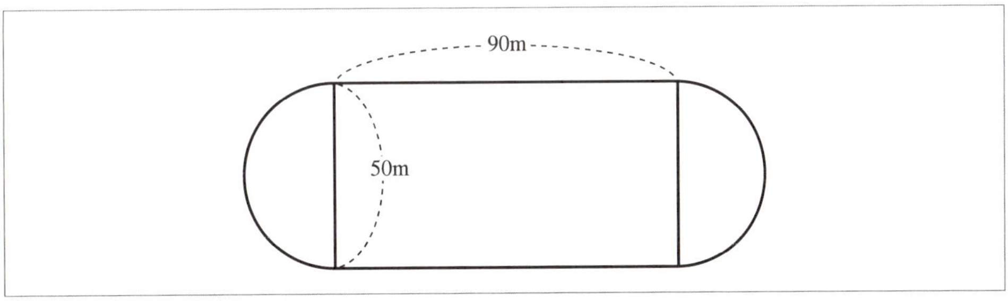

① 300m
② 310m
③ 320m
④ 330m
⑤ 340m

대표기출유형

02 수열 규칙

| 유형분석 |

- 나열된 수의 규칙을 찾아 해결하는 문제이다.
- 등차·등비수열 등 다양한 수열 규칙에 대한 사전 학습이 요구된다.

다음과 같이 일정한 규칙으로 수를 나열할 때, 빈칸에 들어갈 수는?

0	3	5	10	17	29	48	( )

① 55　② 60　③ 71　④ 79　⑤ 83

정답 ④

제시된 수열은 n을 자연수라 하면 $(n+1)$항에서 n항을 더하고 $+2$를 한 값인 $(n+2)$항이 되는 수열이다.
따라서 ( )$=48+29+2=79$이다.

풀이 전략!

- 수열을 풀이할 때는 다음과 같은 규칙이 적용되는지를 순차적으로 판단한다.
  1) 각 항에 일정한 수를 사칙연산(+, −, ×, ÷)하는 규칙
  2) 홀수 항, 짝수 항 규칙
  3) 피보나치 수열과 같은 계차를 이용한 규칙
  4) 군수열을 활용한 규칙
  5) 항끼리 사칙연산을 하는 규칙

주요 수열 규칙

구분	내용
등차수열	앞의 항에 일정한 수를 더해 이루어지는 수열
등비수열	앞의 항에 일정한 수를 곱해 이루어지는 수열
피보나치 수열	앞의 두 항의 합이 그 다음 항의 수가 되는 수열
건너뛰기 수열	두 개 이상의 수열 또는 규칙이 일정한 간격을 두고 번갈아가며 적용되는 수열
계차수열	앞의 항과 차가 일정하게 증가하는 수열
군수열	일정한 규칙성으로 몇 항씩 묶어 나눈 수열

대표기출유형 02 기출응용문제

※ 다음과 같이 일정한 규칙으로 수를 나열할 때, 빈칸에 들어갈 수를 고르시오. [1~3]

01

10 8 16 13 39 35 ( )

① 90
② 100
③ 120
④ 140
⑤ 150

02

1 4 13 40 121 ( ) 1,093

① 351
② 363
③ 364
④ 370
⑤ 392

03

1 2 2 6 4 18 ( )

① 8
② 9
③ 10
④ 12
⑤ 15

03 자료 이해

| 유형분석 |

- 제시된 자료를 분석하여 선택지의 정답 유무를 판단하는 문제이다.
- 자료의 수치 등을 통해 변화량이나 증감률, 비중 등을 비교하여 판단하는 문제가 자주 출제된다.
- 지원하고자 하는 기업이나 산업과 관련된 자료 등이 문제의 자료로 많이 다뤄진다.

다음은 A～E 5개국의 경제 및 사회 지표 자료이다. 이에 대한 설명으로 옳지 않은 것은?

〈주요 5개국의 경제 및 사회 지표〉

구분	1인당 GDP(달러)	경제성장률(%)	수출(백만 달러)	수입(백만 달러)	총인구(백만 명)
A	27,214	2.6	526,757	436,499	50.6
B	32,477	0.5	624,787	648,315	126.6
C	55,837	2.4	1,504,580	2,315,300	321.8
D	25,832	3.2	277,423	304,315	46.1
E	56,328	2.3	188,445	208,414	24.0

※ (총 GDP)=(1인당 GDP)×(총인구)

① 경제성장률이 가장 큰 나라가 총 GDP는 가장 작다.
② 총 GDP가 가장 큰 나라의 GDP는 가장 작은 나라의 GDP보다 10배 이상 더 크다.
③ 5개국 중 수출과 수입에 있어서 규모에 따라 나열한 순위는 서로 일치한다.
④ A국이 E국보다 총 GDP가 더 크다.
⑤ 1인당 GDP에 따른 순위와 총 GDP에 따른 순위는 서로 일치한다.

정답 ⑤

1인당 GDP 순위는 E>C>B>A>D이다. 그런데 1인당 GDP가 가장 큰 E국은 1인당 GDP가 2위인 C국보다 1% 정도밖에 높지 않은 반면, 인구는 C국의 $\frac{1}{10}$ 이하이므로 총 GDP 역시 C국보다 작다. 따라서 1인당 GDP 순위와 총 GDP 순위는 일치하지 않는다.

풀이 전략!

평소 변화량이나 증감률, 비중 등을 구하는 공식을 알아두고 있어야 하며, 지원하는 기업이나 산업에 관한 자료 등을 확인하여 비교하는 연습 등을 한다.

01 다음은 국가 · 연도별 이산화탄소 배출량에 대한 자료이다. 〈조건〉에 따라 빈칸 ㉠~㉣에 해당하는 국가명을 순서대로 나열한 것은?

〈국가 · 연도별 이산화탄소 배출량〉

(단위 : 백만 CO_2톤)

구분	1995년	2005년	2015년	2020년	2024년
일본	1,041	1,141	1,112	1,230	1,189
미국	4,803	5,642	5,347	5,103	5,176
㉠	232	432	551	572	568
㉡	171	312	498	535	556
㉢	151	235	419	471	507
독일	940	812	759	764	723
인도	530	890	1,594	1,853	2,020
㉣	420	516	526	550	555
중국	2,076	3,086	7,707	8,980	9,087
러시아	2,163	1,474	1,529	1,535	1,468

조건

- 한국과 캐나다는 제시된 5개 연도의 이산화탄소 배출량 순위에서 8위를 두 번 했다.
- 사우디아라비아의 2020년 대비 2024년의 이산화탄소 배출량 증가율은 5% 이상이다.
- 이란과 한국의 이산화탄소 배출량의 합은 2015년부터 이란과 캐나다 배출량의 합보다 많아진다.

① 캐나다, 이란, 사우디아라비아, 한국
② 한국, 사우디아라비아, 이란, 캐나다
③ 한국, 이란, 캐나다, 사우디아라비아
④ 이란, 한국, 사우디아라비아, 캐나다
⑤ 한국, 이란, 사우디아라비아, 캐나다

02 다음은 A ~ D국의 성별 평균소득과 대학진학률의 격차지수로 계산한 간이 성평등지수에 대한 자료이다. 이에 대한 설명으로 옳은 것을 〈보기〉에서 모두 고르면?(단, 격차지수와 간이 성평등지수는 소수점 셋째 자리에서 반올림한다)

〈A ~ D국의 성별 평균소득, 대학진학률 및 간이 성평등지수〉

(단위 : 달러, %)

항목 국가	평균소득			대학진학률			간이 성평등지수
	여성	남성	격차지수	여성	남성	격차지수	
A	8,000	16,000	0.50	68	48	1.00	0.75
B	36,000	60,000	0.60	( )	80	( )	( )
C	20,000	25,000	0.80	70	84	0.83	0.82
D	3,500	5,000	0.70	11	15	0.73	0.72

※ 격차지수는 남성 항목값 대비 여성 항목값의 비율로 계산하며, 그 값이 1을 넘으면 1로 함

※ 간이 성평등지수는 평균소득 격차지수와 대학진학률 격차지수의 산술 평균임

보기

ㄱ. A국의 여성 평균소득과 남성 평균소득이 각각 1,000달러씩 증가하면 A국의 간이 성평등지수는 0.80 이상이 된다.

ㄴ. B국의 여성 대학진학률이 85%이면 간이 성평등지수는 B국이 C국보다 높다.

ㄷ. D국의 여성 대학진학률이 4%p 상승하면 D국의 간이 성평등지수는 0.80 이상이 된다.

① ㄱ
② ㄴ
③ ㄷ
④ ㄱ, ㄴ
⑤ ㄱ, ㄷ

03 다음은 청소년의 경제의식에 대한 설문조사 결과이다. 이에 대한 설명으로 옳은 것은?

〈경제의식에 대한 설문조사 결과〉

(단위 : %)

설문 내용	구분	전체	성별		학교별	
			남	여	중학교	고등학교
용돈을 받는지 여부	예	84.2	82.9	85.4	87.6	80.8
	아니오	15.8	17.1	14.6	12.4	19.2
월간 용돈 금액	5만 원 미만	75.2	73.9	76.5	89.4	60
	5만 원 이상	24.8	26.1	23.5	10.6	40
금전출납부 기록 여부	기록	30	22.8	35.8	31	27.5
	미기록	70	77.2	64.2	69.0	72.5

① 용돈을 받는 남학생의 비율이 용돈을 받는 여학생의 비율보다 높다.
② 월간 용돈을 5만 원 미만으로 받는 비율은 중학생이 고등학생보다 높다.
③ 고등학생 전체 인원을 100명이라 한다면, 월간 용돈을 5만 원 이상 받는 학생은 40명이다.
④ 금전출납부는 기록하는 비율이 기록 안 하는 비율보다 높다.
⑤ 용돈을 받지 않는 중학생 비율이 용돈을 받지 않는 고등학생 비율보다 높다.

04 다음은 K회사의 구성원을 대상으로 2024년 전·후로 가장 선호하는 언론매체를 조사한 결과 자료이다. 이에 대한 설명으로 옳은 것은?

〈2024년 전·후로 선호하는 언론매체별 K회사의 구성원 수〉

(단위 : 명)

2024년 이전 \ 2024년 이후	TV	인터넷	라디오	신문
TV	40	55	15	10
인터넷	50	30	10	10
라디오	40	40	15	15
신문	35	20	20	15

① 2024년 이후에 인터넷을 선호하는 구성원 모두 2022년 이전에도 인터넷을 선호했다.
② 2024년 전·후로 가장 선호하지 않는 언론매체는 라디오이다.
③ 2024년 이후에 가장 선호하는 언론매체는 인터넷이다.
④ 2024년 이후에 가장 선호하는 언론매체를 신문에서 인터넷으로 바꾼 구성원은 20명이다.
⑤ TV에서 라디오를 선호하게 된 구성원 수는 인터넷에서 라디오를 선호하게 된 구성원 수와 같다.

05 다음은 8월 2일 K전자 주식에 100,000원을 투자한 후 주말을 제외한 5일간의 주가 증감률을 정리한 자료이다. 주식을 모두 매도했을 때에 대한 설명으로 옳은 것은?

〈전일 대비 주가 증감률〉

구분	8월 3일	8월 4일	8월 5일	8월 6일	8월 9일
증감률	10% 상승	20% 상승	10% 하락	20% 하락	10% 상승

※ 증감률 : 전일 대비 주식 가격에 대한 비율임

① 8월 5일에 매도할 경우 5,320원 이익이다.

② 8월 6일에 매도할 경우 이익률은 −6.9%이다.

③ 8월 4일에 매도할 경우 이익률은 30%이다.

④ 8월 6일에 매도할 경우 4,450원 손실이다.

⑤ 8월 7일에 매도할 경우 주식 가격은 104,544원이다.

06 다음은 A～D사의 남녀 직원 비율을 나타낸 자료이다. 이에 대한 설명으로 옳지 않은 것은?

〈회사별 남녀 직원 비율〉

(단위 : %)

구분	A사	B사	C사	D사
남	54	48	42	40
여	46	52	58	60

① A사의 남직원이 B사의 여직원보다 많다.

② B, C, D사의 여직원 수의 합은 남직원 수의 합보다 크다.

③ 여직원 대비 남직원 비율이 가장 높은 회사는 A이며, 가장 낮은 회사는 D이다.

④ A, B, C사의 전체 직원 수가 같다면 A, C사 여직원 수의 합은 B사 여직원 수의 2배이다.

⑤ A, B사의 전체 직원 중 남직원이 차지하는 비율이 52%라면 A사의 전체 직원 수는 B사 전체 직원 수의 2배이다.

07 다음은 K국가의 A ~ C지역 가구 구성비를 나타낸 자료이다. 이에 대한 설명으로 옳은 것은?

〈A ~ C지역 가구 구성비〉

(단위 : %)

구분	부부 가구	2세대 가구		3세대 이상 가구	기타 가구	전체
		(부모)+(미혼자녀)	(부모)+(기혼자녀)			
A	5	65	16	2	12	100
B	16	55	10	6	13	100
C	12	40	25	20	3	100

※ 기타 가구 : 1인 가구, 형제 가구, 비친족 가구

※ 핵가족 : 부부 또는 (한)부모와 그들의 미혼 자녀로 이루어진 가족

※ 확대가족 : (한)부모와 그들의 기혼 자녀로 이루어진 2세대 이상의 가족

① 핵가족 가구의 비중이 가장 높은 지역은 A이다.

② 1인 가구의 비중이 가장 높은 지역은 B이다.

③ 확대가족 가구 수가 가장 많은 지역은 C이다.

④ A ~ C지역 모두 핵가족 가구 수가 확대가족 가구 수보다 많다.

⑤ 부부 가구의 구성비는 C지역이 가장 높다.

08 K회사에서는 업무효율을 높이기 위해 근무여건 개선방안에 대하여 논의하고자 한다. A씨는 논의 자료를 위하여 전 사원의 야간근무 현황을 조사하였다. 다음 중 조사 내용으로 옳지 않은 것은?

〈야간근무 현황(주 단위)〉

(단위 : 일, 시간)

구분	임원	부장	과장	대리	사원
평균 야근 빈도	1.2	2.2	2.4	1.8	1.4
평균 야근 시간	1.8	3.3	4.8	6.3	4.2

※ 60분의 3분의 2 이상을 채울 시 1시간으로 야근 수당을 계산함

① 과장급 사원은 한 주에 평균적으로 2.4일 정도 야간근무를 한다.

② 전 사원의 주 평균 야근 빈도는 1.8일이다.

③ 평사원은 한 주 동안 평균 4시간 12분 정도 야간근무를 하고 있다.

④ 1회 야간근무 시 평균적으로 가장 긴 시간 동안 일하는 사원은 대리급 사원이다.

⑤ 야근수당이 시간당 10,000원이라면 과장급 사원은 주 평균 50,000원을 받는다.

04 자료 계산

| 유형분석 |

- 제시된 자료를 통해 문제에서 주어진 특정한 값을 계산하거나 자료의 변동량을 구할 수 있는지 평가하는 유형이다.
- 자료상에 주어진 공식을 활용하는 계산문제와 증감률, 비율, 합, 차 등을 활용한 문제가 출제된다.
- 출제 비중은 낮지만, 숫자가 큰 경우가 많으므로 제시된 수치와 조건을 꼼꼼히 확인하여 정확하게 계산하는 것이 중요하다.

K마트 물류팀에 근무하는 E사원은 9월 라면 입고량과 판매량을 확인하던 중 11일과 15일에 A, B업체의 기록이 누락되어 있는 것을 발견하였다. 동료직원인 D사원은 E사원에게 "9월 11일의 전체 라면 재고량 중 A업체는 10%, B업체는 9%를 차지하였고, 9월 15일의 A업체 라면 재고량은 B업체보다 500개가 더 많았다."라고 말했다. 이때 9월 11일의 전체 라면 재고량은 몇 개인가?

구분		9월 12일	9월 13일	9월 14일
A업체	입고량	300	–	200
	판매량	150	100	–
B업체	입고량	–	250	–
	판매량	200	150	50

① 10,000개
② 15,000개
③ 20,000개
④ 25,000개
⑤ 30,000개

정답 ①

9월 11일의 전체 라면 재고량을 x개라고 하면, A, B업체의 9월 11일 라면 재고량은 각각 $0.1x$개, $0.09x$개이다.
이때 A, B업체의 9월 15일 라면 재고량을 구하면 다음과 같다.

- A업체 : $0.1x+300+200-150-100=(0.1x+250)$개
- B업체 : $0.09x+250-200-150-50=(0.09x-150)$개

9월 15일에는 A업체의 라면 재고량이 B업체보다 500개가 더 많으므로 식을 세우면 다음과 같다.

$0.1x+250=0.09x-150+500$

$\therefore x=10,000$

따라서 9월 11일의 전체 라면 재고량은 10,000개이다.

풀이 전략!

선택지를 먼저 읽고 필요한 정보를 도표에서 확인하도록 하며, 계산이 필요한 경우에는 실제 수치를 사용하여 복잡한 계산을 하는 대신, 대소 관계의 비교나 선택지의 옳고 그름만을 판단할 수 있을 정도로 간소화하여 계산해 풀이시간을 단축할 수 있도록 한다.

01 K사는 최근 미세먼지와 황사로 인해 실내 공기질이 많이 안 좋아졌다는 건의가 들어와 내부 검토 후 예산 400만 원으로 공기청정기 40대를 구매하기로 하였다. 다음 두 업체 중 어느 곳에서 공기청정기를 구매하는 것이 유리하며, 얼마나 더 저렴한가?

업체	할인 정보	가격
S전자	• 8대 구매 시 2대 무료 증정 • 구매 금액 100만 원당 2만 원 할인	8만 원/대
B마트	• 20대 이상 구매 : 2% 할인 • 30대 이상 구매 : 5% 할인 • 40대 이상 구매 : 7% 할인 • 50대 이상 구매 : 10% 할인	9만 원/대

※ 1,000원 단위 이하는 절사함

① S전자, 82만 원
② S전자, 148만 원
③ S전자, 160만 원
④ B마트, 20만 원
⑤ B마트, 48만 원

02 다음은 자원봉사 참여 현황에 대한 자료이다. 참여율이 4번째로 높은 해의 전년 대비 참여율의 증가율을 구하면?(단, 증가율은 소수점 첫째 자리에서 반올림한다)

〈자원봉사 참여 현황〉

(단위 : 천 명, %)

구분	2019년	2020년	2021년	2022년	2023년	2024년
총 성인 인구수	35,744	36,786	37,188	37,618	38,038	38,931
자원봉사 참여 성인 인구수	1,621	2,103	2,548	3,294	3,879	4,634
참여율	4.5	5.7	6.9	8.8	10.2	11.9

① 17%
② 19%
③ 21%
④ 23%
⑤ 25%

03 다음은 폐기물협회에서 제공하는 전국 폐기물 발생 현황 자료이다. 빈칸 (ㄱ) ~ (ㄴ)에 들어갈 수치로 옳은 것은?(단, 소수점 둘째 자리에서 반올림한다)

〈전국 폐기물 발생 현황〉

(단위 : 톤, %)

구분		2019년	2020년	2021년	2022년	2023년	2024년
총계	발생량	359,296	357,861	365,154	373,312	382,009	382,081
	증감률	6.6	−0.4	2.0	2.2	2.3	0.02
의료 폐기물	발생량	52,072	50,906	49,159	48,934	48,990	48,728
	증감률	3.4	−2.2	−3.4	(ㄱ)	0.1	−0.5
사업장 배출시설계 폐기물	발생량	130,777	123,604	137,875	137,961	146,390	149,815
	증감률	13.9	(ㄴ)	11.5	0.1	6.1	2.3
건설 폐기물	발생량	176,447	183,351	178,120	186,417	186,629	183,538
	증감률	2.6	3.9	−2.9	4.7	0.1	−1.7

	(ㄱ)	(ㄴ)
①	−0.5	−5.5
②	−0.5	−4.5
③	−0.6	−5.5
④	−0.6	−4.5
⑤	−0.7	−5.5

04 다음은 어린이집의 시설 및 교직원 현황에 대한 자료이다. 2021년 대비 2024년 직장 어린이집의 교직원 증가율은 얼마인가?

〈어린이집 시설 현황〉

(단위 : 개소)

연도	국·공립 어린이집	법인 어린이집	민간 어린이집	가정 어린이집	부모협동 어린이집	직장 어린이집
2021년	1,826	1,458	14,275	15,525	65	350
2022년	1,917	1,459	14,368	17,359	66	370
2023년	2,034	1,461	14,677	19,367	74	401
2024년	2,116	1,462	15,004	20,722	89	449

〈어린이집 교직원 현황〉

(단위 : 명)

연도	국·공립 어린이집	법인 어린이집	민간 어린이집	가정 어린이집	부모협동 어린이집	직장 어린이집
2021년	17,853	16,572	97,964	55,169	331	3,214
2022년	19,397	17,042	103,656	62,863	348	3,606
2023년	20,980	17,368	112,239	73,895	398	4,204
2024년	22,229	17,491	120,503	82,911	485	5,016

① 약 47%
② 약 51%
③ 약 56%
④ 약 61%
⑤ 약 66%

PART 1

CHAPTER 03

문제해결능력

합격 CHEAT KEY

문제해결능력은 업무를 수행하면서 여러 가지 문제 상황이 발생하였을 때, 창의적이고 논리적인 사고를 통하여 이를 올바르게 인식하고 적절히 해결하는 능력으로, 하위 능력에는 사고력과 문제처리능력이 있다.

문제해결능력은 NCS 기반 채용을 진행하는 대다수의 공사·공단에서 채택하고 있으며, 다양한 자료와 함께 출제되는 경우가 많아 어렵게 느껴질 수 있다. 특히, 난이도가 높은 문제로 자주 출제되기 때문에 다른 영역보다 더 많은 노력이 필요할 수는 있지만 그렇기에 차별화를 할 수 있는 득점 영역이므로 포기하지 말고 꾸준하게 노력해야 한다.

01 질문의 의도를 정확하게 파악하라!

문제해결능력은 문제에서 무엇을 묻고 있는지 정확하게 파악하여 먼저 풀이 방향을 설정하는 것이 가장 효율적인 방법이다. 특히, 조건이 주어지고 답을 찾는 창의적·분석적인 문제가 주로 출제되고 있기 때문에 처음에 정확한 풀이 방향이 설정되지 않는다면 문제를 제대로 풀지 못하게 되므로 첫 번째로 출제 의도 파악에 집중해야 한다.

02 중요한 정보는 반드시 표시하라!

출제 의도를 정확히 파악하기 위해서는 문제의 중요한 정보를 반드시 표시하거나 메모하여 하나의 조건, 단서도 잊고 넘어가는 일이 없도록 해야 한다. 실제 시험에서는 시간의 압박과 긴장감으로 정보를 잘못 적용하거나 잊어버리는 실수가 많이 발생하므로 사전에 충분한 연습이 필요하다.

03 반복 풀이를 통해 취약 유형을 파악하라!

문제해결능력은 특히 시간관리가 중요한 영역이다. 따라서 정해진 시간 안에 고득점을 할 수 있는 효율적인 문제 풀이 방법을 찾아야 한다. 이때, 반복적인 문제 풀이를 통해 자신이 취약한 유형을 파악하는 것이 중요하다. 정확하게 풀 수 있는 문제부터 빠르게 풀고 취약한 유형은 나중에 푸는 효율적인 문제 풀이를 통해 최대한 고득점을 맞는 것이 중요하다.

대표기출유형

01 명제 추론

| 유형분석 |

- 주어진 문장을 토대로 논리적으로 추론하여 참 또는 거짓을 구분하는 문제이다.
- 대체로 연역추론을 활용한 명제 문제가 출제된다.
- 자료를 제시하고 새로운 결과나 자료에 주어지지 않은 내용을 추론해 가는 형식의 문제가 출제된다.

어느 도시에 있는 병원의 공휴일 진료 현황은 다음과 같다. 공휴일에 진료하는 병원의 수는?

- B병원이 진료를 하지 않으면 A병원은 진료를 한다.
- B병원이 진료를 하면 D병원은 진료를 하지 않는다.
- A병원이 진료를 하면 C병원은 진료를 하지 않는다.
- C병원이 진료를 하지 않으면 E병원이 진료를 한다.
- E병원은 공휴일에 진료를 하지 않는다.

① 1곳
② 2곳
③ 3곳
④ 4곳
⑤ 5곳

정답 ②

제시된 진료 현황을 각각의 명제로 보고 이들을 수식으로 설명하면 다음과 같다(단, 명제가 참일 경우 그 대우도 참이다).
- B병원이 진료를 하지 않으면 A병원이 진료한다(~B → A / ~A → B).
- B병원이 진료를 하면 D병원은 진료를 하지 않는다(B → ~D / D → ~B).
- A병원이 진료를 하면 C병원은 진료를 하지 않는다(A → ~C / C → ~A).
- C병원이 진료를 하지 않으면 E병원이 진료한다(~C → E / ~E → C).

이를 하나로 연결하면 D병원이 진료를 하면 B병원이 진료를 하지 않고, B병원이 진료를 하지 않으면 A병원은 진료를 한다. A병원이 진료를 하면 C병원은 진료를 하지 않고, C병원이 진료를 하지 않으면 E병원은 진료를 한다(D → ~B → A → ~C → E). 명제가 참일 경우 그 대우도 참이므로 ~E → C → ~A → B → ~D가 된다. E병원은 공휴일에 진료를 하지 않으므로 위의 명제를 참고하면 C와 B병원만이 진료를 하는 경우가 된다. 따라서 공휴일에 진료를 하는 병원은 2곳이다.

풀이 전략!

명제와 관련한 기본적인 논법에 대해서는 미리 학습해 두며, 이를 바탕으로 각 문장에 있는 핵심단어 또는 문구를 기호화하여 정리한 후, 선택지와 비교하여 참 또는 거짓을 판단한다.

대표기출유형 01 기출응용문제

01 다음 명제가 모두 참일 때, 빈칸에 들어갈 내용으로 가장 적절한 것은?

> 전제1. 약속을 지키지 않으면 다른 사람에게 신뢰감을 줄 수 없다.
> 전제2. 메모하는 습관이 없다면 약속을 지킬 수 없다.
> 결론. ______________________

① 약속을 지키지 않으면 메모하는 습관이 없다.
③ 다른 사람에게 신뢰감을 줄 수 없으면 약속을 지키지 않는다.
③ 메모하는 습관이 없으면 다른 사람에게 신뢰감을 줄 수 있다.
④ 메모하는 습관이 있으면 다른 사람에게 신뢰감을 줄 수 있다.
⑤ 다른 사람에게 신뢰감을 주려면 메모하는 습관이 있어야 한다.

02 출근 후 매일 영양제를 챙겨 먹는 K사원은 요일에 따라 서로 다른 영양제를 복용한다. 〈조건〉에 따라 평일 오전에 비타민B, 비타민C, 비타민D, 비타민E, 밀크시슬 중 하나씩을 복용한다고 할 때, 다음 중 항상 옳은 것은?

> **조건**
> • 밀크시슬은 월요일과 목요일 중에 복용한다.
> • 비타민D는 비타민C를 먹은 날부터 이틀 뒤에 복용한다.
> • 비타민B는 비타민C와 비타민E보다 먼저 복용한다.

① 월요일에는 항상 비타민B를 복용한다.
② 화요일에는 항상 비타민E를 복용한다.
③ 수요일에는 항상 비타민C를 복용한다.
④ 비타민E는 비타민C보다 항상 먼저 복용한다.
⑤ 비타민D는 밀크시슬보다 항상 먼저 복용한다.

03 **다음은 자동차 외판원인 A ~ F의 판매실적 비교에 대한 정보이다. 〈조건〉을 통해 추론한 내용으로 옳은 것은?**

> **조건**
> - A는 B보다 실적이 높다.
> - C는 D보다 실적이 낮다.
> - E는 F보다 실적이 낮지만, A보다는 높다.
> - B는 D보다 실적이 높지만, E보다는 낮다.

① 실적이 가장 높은 외판원은 F이다.
② C의 실적은 꼴찌가 아니다.
③ B의 실적보다 낮은 외판원은 3명이다.
④ E의 실적이 가장 높다.
⑤ A의 실적이 C의 실적보다 낮다.

04 **K회사에서는 근무 연수가 1년씩 높아질수록 사용할 수 있는 여름 휴가 일수가 하루씩 늘어난다. K회사에 근무하는 A ~ E사원은 각각 서로 다른 해에 입사하였고, 최대 근무 연수가 4년을 넘지 않는다고 할 때, 다음 〈조건〉을 토대로 바르게 추론한 것은?**

> **조건**
> - 올해로 3년 차인 A사원은 여름 휴가일로 최대 4일을 사용할 수 있다.
> - B사원은 올해 여름 휴가로 5일을 모두 사용하였다.
> - C사원이 사용할 수 있는 여름 휴가 일수는 A사원의 휴가 일수보다 짧다.
> - 올해 입사한 D사원은 1일을 여름 휴가일로 사용할 수 있다.
> - E사원의 여름 휴가 일수는 D사원보다 길다.

① E사원은 C사원보다 늦게 입사하였다.
② 근무한 지 1년이 채 되지 않으면 여름 휴가를 사용할 수 없다.
③ C사원의 올해 근무 연수는 2년이다.
④ B사원의 올해 근무 연수는 4년이다.
⑤ 근무 연수가 높은 순서대로 나열하면 'B – A – C – E – D'이다.

05 K베이커리에서는 A～D단체에 우유식빵, 밤식빵, 옥수수식빵, 호밀식빵을 다음 〈조건〉에 따라 한 종류씩 납품하려고 한다. 이때 항상 참인 것은?

조건

- 한 단체에 납품하는 빵의 종류는 겹치지 않도록 한다.
- 우유식빵과 밤식빵은 A에 납품된 적이 있다.
- 옥수수식빵과 호밀식빵은 C에 납품된 적이 있다.
- 옥수수식빵은 D에 납품된다.

① 우유식빵은 B에 납품된 적이 있다.
② 옥수수식빵은 A에 납품된 적이 있다.
③ 호밀식빵은 A에 납품될 것이다.
④ 우유식빵은 C에 납품된 적이 있다.
⑤ 호밀식빵은 D에 납품된 적이 있다.

06 A씨는 최근 빅데이터에 관심이 생겨 관련 도서를 빌리기 위해 도서관에 갔다. 다음 〈조건〉에 따라 A씨가 빌리고자 하는 도서가 있는 곳은?

조건

- 1층은 어린이 문헌정보실과 가족 문헌정보실이다.
- 제1문헌정보실은 엘리베이터로 이동이 가능하다.
- 일반 열람실은 엘리베이터로 이동이 가능하다.
- 5층은 보존서고실로 직원들만 이용이 가능하다.
- 제1문헌정보실에는 인문, 철학, 역사 등의 도서가 비치되어 있다.
- 제2문헌정보실에는 정보통신, 웹, 네트워크 등의 도서가 비치되어 있다.
- 3층은 2층에 연결된 계단을 통해서만 이동할 수 있다.
- 일반 열람실은 보존서고실의 바로 아래층에 있다.

① 1층 ② 2층
③ 3층 ④ 4층
⑤ 5층

02 규칙 적용

| 유형분석 |

- 주어진 상황과 규칙을 종합적으로 활용하여 풀어가는 문제이다.
- 일정, 비용, 순서 등 다양한 내용을 다루고 있어 유형을 한 가지로 단일화하기 어렵다.

갑은 다음 규칙을 참고하여 알파벳 단어를 숫자로 변환하고자 한다. 규칙을 적용한 〈보기〉의 단어에서 알파벳 Z에 해당하는 자연수들을 모두 더한 값은?

〈규칙〉

① 알파벳 'A'부터 'Z'까지 순서대로 자연수를 부여한다.
   예 A=2라고 하면 B=3, C=4, D=5이다.
② 단어의 음절에 같은 알파벳이 연속되는 경우 ①에서 부여한 숫자를 알파벳이 연속되는 횟수만큼 거듭제곱한다.
   예 A=2이고 단어가 'AABB'이면 AA는 '2^2'이고, BB는 '3^2'이므로 '49'로 적는다.

보기

㉠ AAABBCC는 10000001020110404로 변환된다.
㉡ CDFE는 3465로 변환된다.
㉢ PJJYZZ는 1712126729로 변환된다.
㉣ QQTSR은 625282726으로 변환된다.

① 154
② 176
③ 199
④ 212
⑤ 234

정답 ④

㉠ A=100, B=101, C=102이다. 따라서 Z=125이다.
㉡ C=3, D=4, E=5, F=6이다. 따라서 Z=26이다.
㉢ P가 17임을 볼 때, J=11, Y=26, Z=27이다.
㉣ Q=25, R=26, S=27, T=28이다. 따라서 Z=34이다.
따라서 해당하는 Z값을 모두 더하면 125+26+27+34=212이다.

풀이 전략!

문제에 제시된 조건이나 규칙을 정확히 파악한 후, 선택지나 상황에 적용하여 문제를 풀어나간다.

대표기출유형 02 기출응용문제

※ K아파트의 자전거 보관소에서는 입주민들의 자전거를 편리하게 관리하기 위해 다음과 같은 방법으로 자전거에 일련번호를 부여한다. 이어지는 질문에 답하시오. **[1~2]**

• 일련번호 순서

종류	무게	동	호수				–	등록순서
A	L	1	1	1	0	1	–	1

• 자전거 종류 구분

일반 자전거			전기 자전거
성인용	아동용	산악용	
A	K	T	B

• 자전거 무게 구분

10kg 이하	10kg 초과 20kg 미만	20kg 이상
S	M	L

• 동 구분 : 101동부터 110동까지의 끝자리를 1자리 숫자로 기재(예 101동 – 1)
• 호수 : 4자리 숫자로 기재(예 1101호 – 1101)
• 등록순서 : 동일 세대주당 자전거 등록순서를 1자리로 기재

01 다음 중 자전거의 일련번호가 바르게 표기된 것은?

① MT1109–2
② AM2012–2
③ AB10121–1
④ KS90101–2
⑤ BL82002–01

02 다음 중 일련번호가 'TM41205–2'인 자전거에 대한 설명으로 옳은 것은?

① 전기 모터를 이용해 주행할 수 있다.
② 자전거의 무게는 10kg 이하이다.
③ 204동 1205호에 거주하는 입주민의 자전거이다.
④ 자전거를 2대 이상 등록한 입주민의 자전거이다.
⑤ 해당 자전거의 소유자는 더 이상 자전거를 등록할 수 없다.

03 김대리는 사내 메신저의 보안을 위해 암호화 규칙을 만들어 동료들과 소통하였다. 메신저를 통해 김대리가 오늘 점심 메뉴로 'ㄴuㅂㅋuㅊㅊuㄴb'를 먹자고 했을 때, 김대리가 말한 메뉴는?

〈암호화 규칙〉

- 한글 자음은 사전 순서에 따라 바로 뒤의 한글 자음으로 변환한다.
  예 ㄱ → ㄴ … ㅎ → ㄱ
- 쌍자음의 경우 자음 두 개로 풀어 표기한다.
  예 ㄲ → ㄴㄴ
- 한글 모음은 사전 순서에 따라 알파벳 a, b, c …으로 변환한다.
  예 ㅏ → a, ㅐ → b … ㅢ → t, ㅣ → u
- 겹받침의 경우 풀어 표기한다.
  예 맑다 → ㅂaㅁㄴㄹa
- 공백은 0으로 표현한다.

① 김치김밥　② 김치찌개
③ 계란말이　④ 된장찌개
⑤ 부대찌개

04 다음 〈조건〉에 따라 〈보기〉를 계산한 값은?

조건

연산자 A, B, C, D는 다음과 같이 정의한다.

- A : 좌우에 있는 두 수를 더한다. 단, 더한 값이 10 미만이면 좌우에 있는 두 수를 곱한다.
- B : 좌우에 있는 두 수 가운데 큰 수에서 작은 수를 뺀다. 단, 두 수가 같거나 뺀 값이 10 미만이면 두 수를 곱한다.
- C : 좌우에 있는 두 수를 곱한다. 단, 곱한 값이 10 미만이면 좌우에 있는 두 수를 더한다.
- D : 좌우에 있는 두 수 가운데 큰 수를 작은 수로 나눈다. 단, 두 수가 같거나 나눈 값이 10 미만이면 두 수를 곱한다.

※ 연산은 '( )', '[ ]'의 순으로 함

보기

[(1 A 5) B (3 C 4)] D 6

① 10　② 12
③ 90　④ 210
⑤ 360

05 다음은 자동차 등록번호 부여방법과 K사 직원들의 자동차 등록번호이다. 〈보기〉 중 자동차 등록번호가 잘못 부여된 것은 모두 몇 개인가?(단, K사 직원들의 자동차는 모두 비사업용 승용차이다)

〈자동차 등록번호 부여방법〉

- 차량종류 – 차량용도 – 일련번호 순으로 부여한다.
- 차량종류별 등록번호

승용차	승합차	화물차	특수차	긴급차
100 ~ 699	700 ~ 799	800 ~ 979	980 ~ 997	998 ~ 999

- 차량용도별 등록번호

구분	문자열
비사업용 (32개)	가, 나, 다, 라, 마 거, 너, 더, 러, 머, 버, 서, 어, 저 고, 노, 도, 로, 모, 보, 소, 오, 조 구, 누, 두, 루, 무, 부, 수, 우, 주
운수사업용	바, 사, 아, 자
택배사업용	배
렌터카	하, 허, 호

- 일련번호
  1000 ~ 9999 숫자 중 임의 발급

보기

- 680 더 3412
- 521 버 2124
- 431 사 3019
- 531 서 9898
- 501 라 4395
- 421 저 2031
- 241 가 0291
- 670 로 3502
- 702 나 2838
- 431 구 3050
- 600 루 1920
- 912 라 2034
- 321 우 3841
- 214 하 1800
- 450 부 8402
- 531 고 7123

① 3개
② 4개
③ 5개
④ 6개
⑤ 7개

대표기출유형

03 자료 해석

| 유형분석 |

- 주어진 자료를 해석하고 활용하여 풀어가는 문제이다.
- 꼼꼼하고 분석적인 접근이 필요한 다양한 자료들이 출제된다.

다음 중 정수장 수질검사 현황에 대해 바르게 설명한 사람은?

〈정수장 수질검사 현황〉

급수 지역	항목						검사결과	
	일반세균 100 이하 (CFU/mL)	대장균 불검출 (수/100mL)	NH3-N 0.5 이하 (mg/L)	잔류염소 4.0 이하 (mg/L)	구리 1 이하 (mg/L)	망간 0.05 이하 (mg/L)	적합 여부	기준 초과
함평읍	0	불검출	불검출	0.14	0.045	불검출	적합	없음
이삼읍	0	불검출	불검출	0.27	불검출	불검출	적합	없음
학교면	0	불검출	불검출	0.13	0.028	불검출	적합	없음
엄다면	0	불검출	불검출	0.16	0.011	불검출	적합	없음
나산면	0	불검출	불검출	0.12	불검출	불검출	적합	없음

① A사원 : 함평읍의 잔류염소는 가장 낮은 수치를 보였고, 기준치에 적합하네.
② B사원 : 모든 급수지역에서 일반세균이 나오지 않았어.
③ C사원 : 기준치를 초과한 곳은 없었지만 적합하지 않은 지역은 있어.
④ D사원 : 대장균과 구리가 검출되면 부적합 판정을 받는구나.
⑤ E사원 : 구리가 검출되지 않은 지역은 세 곳이야.

정답 ②

오답분석

① 잔류염소에서 가장 낮은 수치를 보인 지역은 나산면(0.12mg/L)이고, 함평읍(0.14mg/L)은 세 번째로 낮다.
③ 기준치를 초과한 곳도 없고, 모두 적합 판정을 받았다.
④ 함평읍과 학교면, 엄다면은 구리가 검출되었지만 적합 판정을 받았다.
⑤ 구리가 검출되지 않은 지역은 이삼읍과 나산면으로 두 곳이다.

풀이 전략!

문제해결을 위해 필요한 정보가 무엇인지 먼저 파악한 후, 제시된 자료를 분석적으로 읽고 해석한다.

대표기출유형 03 기출응용문제

01 다음은 정부기관의 운영방식을 나타낸 자료이다. 이에 대한 설명으로 옳은 것을 〈보기〉에서 모두 고르면?(단, 책임운영기관인 A는 중앙행정기관인 B의 소속이다)

〈정부기관의 운영방식〉

구분	책임운영기관	중앙행정기관
설치근거	• 행정자치부장관이 소속 중앙행정기관의 장과 기획예산처장관의 의견을 들어 설치 • 소속 중앙행정기관의 장이 행정자치부장관과 협의하여 설치 가능	• 소속 중앙행정기관의 설치와 직무범위는 법률(정부조직법)로 규정
기관장 임용	• 소속 중앙행정기관장이 공모(계약직, 5년 범위 내 2년 임기 보장)	• 국무총리가 제청, 대통령이 임명
직원 임명권자	• 부(副)기관장은 소속 중앙행정기관장 • 그 밖에는 소속 책임운영기관장	• 3급 이상은 대통령 • 4급 이하는 소속 중앙행정기관장
직제 제·개정	• 소속 중앙행정기관장의 승인을 얻어 행정자치부와 협의하여 기본운영규정에 규정	• 소속 중앙행정기관의 장이 행정자치부장관에게 제출 • 소속 중앙행정기관의 장은 필요한 경우 직제시행규칙을 제·개정
정원관리	• 총정원만 대통령령으로 규정 • 직급별 정원은 소속 중앙행정기관장의 승인을 얻어 기본운영규정에 규정	• 직급별 정원을 대통령령으로 규정
초과수입금	• 직접·간접비용에 사용 가능	• 사용 불가

보기

ㄱ. A기관의 5급 사무관 정원은 B기관장의 승인을 받아 대통령령으로 규정되었다.
ㄴ. A기관은 국제협력실 신설을 위한 직제개정을 하고자 B기관장의 승인을 얻었다.
ㄷ. B기관의 김사무관은 중점사업 실적에 의한 초과수입금을 하반기의 중점사업을 위하여 재투자하였다.
ㄹ. A기관 총무과 소속의 6급 박주사는 A기관장의 임명을 받았다.

① ㄱ, ㄴ
② ㄱ, ㄷ
③ ㄴ, ㄷ
④ ㄴ, ㄹ
⑤ ㄷ, ㄹ

02 다음은 A ~ E리조트의 1박 기준 일반요금 및 회원할인율에 대한 자료이다. 이에 대한 설명으로 옳은 것을 〈보기〉에서 모두 고르면?

〈비수기 및 성수기 일반요금(1박 기준)〉

(단위 : 천 원)

구분 \ 리조트	A	B	C	D	E
비수기	300	250	200	150	100
성수기	500	350	300	250	200

〈비수기 및 성수기 회원할인율(1박 기준)〉

(단위 : %)

구분	회원유형 \ 리조트	A	B	C	D	E
비수기 회원할인율	기명	50	45	40	30	20
	무기명	35	40	25	20	15
성수기 회원할인율	기명	35	30	30	25	15
	무기명	30	25	20	15	10

※ $[\text{회원할인율}(\%)]=\frac{(\text{일반요금})-(\text{회원요금})}{(\text{일반요금})}\times 100$

보기

ㄱ. 리조트 1박 기준 성수기 일반요금이 낮은 리조트일수록 성수기 무기명 회원요금이 낮다.

ㄴ. 리조트 1박 기준 B리조트의 회원요금 중 가장 비싼 값과 가장 싼 값의 차이는 125,000원이다.

ㄷ. 리조트 1박 기준 각 리조트의 기명 회원요금은 성수기가 비수기의 2배를 넘지 않는다.

ㄹ. 리조트 1박 기준 비수기 기명 회원요금과 비수기 무기명 회원요금 차이가 가장 작은 리조트는 성수기 기명 회원요금과 성수기 무기명 회원요금 차이도 가장 작다.

① ㄱ, ㄴ

② ㄱ, ㄷ

③ ㄷ, ㄹ

④ ㄱ, ㄴ, ㄹ

⑤ ㄴ, ㄷ, ㄹ

03 다음은 2025년 1분기 품목별 주요 수출 애로요인이다. 이에 대해 옳은 설명을 한 사람을 〈보기〉에서 모두 고르면?(단, 구성비는 업종별 기업들이 여러 애로요인 중 가장 개선이 시급한 사항으로 응답한 비율이며, 기타 사유는 없다)

〈2025년 1분기 품목별 주요 수출 애로요인〉

(단위 : %)

업종	1위		2위	
	사유	구성비	사유	구성비
농수산물	원화환율 변동성 확대	17.5	원재료 가격상승	14.2
철강 및 비철금속 제품	원재료 가격상승	16.0	수출대상국의 경기부진	12.7
가전제품	원재료 가격상승	19.4	물류비용 상승	13.9
기계류	수출 대상국의 경기부진	15.7	바이어의 가격인하 요구	13.9
반도체	원재료 가격상승	18.7	바이어의 가격인하 요구	12.0
전기·전자 제품	원재료 가격상승	16.4	수출대상국의 경기부진	14.0
생활용품	수출대상국의 경기부진	14.2	원재료 가격상승	13.8

보기

김대리 : 기계류와 반도체를 모두 생산하는 K기업은 주요 수출 애로요인 1순위로 원재료 가격상승을 뽑았을 거야.

유주임 : 반도체 업종의 기업 중 주요 수출 애로요인으로 수출대상국의 경기부진을 뽑은 기업의 구성비는 전기·전자제품에 비해 낮아.

최사원 : 생활용품에 비해 농수산물이 환율 변화에 크게 영향을 받는 업종이네.

박과장 : 조사에 참여한 모든 기업 중 가장 많은 기업이 애로요인으로 뽑은 항목은 원재료 가격상승이야.

① 김대리, 유주임
② 김대리, 최사원
③ 유주임, 최사원
④ 유주임, 박과장
⑤ 최사원, 박과장

04 다음은 K공사가 공개한 부패공직자 사건 및 징계 현황이다. 이에 대한 설명으로 옳지 않은 것을 〈보기〉에서 모두 고르면?

〈부패공직자 사건 및 징계 현황〉

구분	부패행위 유형	부패금액	징계종류	처분일	고발 여부
1	이권개입 및 직위의 사적사용	23만 원	감봉 1월	2019.06.19.	미고발
2	직무관련자로부터 금품 및 향응 수수	75만 원	해임	2020.05.20.	미고발
3	직무관련자로부터 향응 수수	6만 원	견책	2021.12.22.	미고발
4	직무관련자로부터 금품 및 향응 수수	11만 원	감봉 1개월	2022.02.04.	미고발
5	직무관련자로부터 금품 수수	40만 원	경고 (무혐의 처분, 징계시효 말소)	2023.03.06.	미고발
6	직권남용(직위의 사적 이용)	–	해임	2023.05.24.	고발
7	직무관련자로부터 금품 수수	526만 원	해임	2023.09.17.	고발
8	직무관련자로부터 금품 수수 등	300만 원	해임	2024.05.18.	고발

보기

ㄱ. K공사에서 해당 사건의 부패금액이 일정 수준 이상인 경우에만 고발한 것으로 해석할 수 있다.
ㄴ. 해임당한 공직자들은 모두 고발되었다.
ㄷ. 직무관련자로부터 금품을 수수한 사건은 총 5건 있었다.
ㄹ. 동일한 부패행위 유형에 해당하더라도 다른 징계처분을 받을 수 있다.

① ㄱ, ㄴ
② ㄱ, ㄷ
③ ㄴ, ㄷ
④ ㄴ, ㄹ
⑤ ㄷ, ㄹ

05 다음은 청년가구를 대상으로 하는 주거지원 프로그램을 정리한 자료이다. 이를 참고하여 응대한 내용으로 옳지 않은 것은?

〈청년가구 대상 주거지원 프로그램〉

구분	프로그램	주요내용
신규공급	행복주택	• 일반형, 산업단지형 구분 • 일반형에서 대학생, 사회초년생, 신혼부부 물량을 80% 공급 • 45m² 이하의 면적 • 시세의 60 ~ 80%
	행복 기숙사	• 대학생 공공주거복지 실현 목적
	사회적 주택	• 쉐어하우스형 • 졸업 후 2년 이내 취준생 포함 5년 이내 사회초년생 대상 • 시세의 50% 이하
	신혼부부 특별공급	• 혼인기간 5년 이내 자녀출산 무주택 세대 • 공공임대 할당
기존주택 활용	집주인 리모델링임대	• 대학생에게 저렴한 임대주택 공급 • 시세의 80%
	청년 전세임대	• 타 시군 출신 대학생 및 졸업 2년 이내 취업준비생 주거 독립 지원
	신혼부부 전세임대	• 신혼부부 임대보증금 지원 • 지역별 차등 • 저리대출
자금대출	버팀목 대출	• 19세 이상 세대주 주택임차보증금 지원 • 지역별 차등
	주거안정 월세대출	• 주거급여 비대상 무주택자 중 취업준비생, 사회초년생 대상 • 월 최대 30만 원씩 2년 대출

① 행복주택은 일반형과 산업단지형을 구분하고 있으니 참고하시기 바랍니다.

② 공공주거복지의 목적으로 행복 기숙사가 있으니 대학생들은 누구나 이용할 수 있습니다.

③ 사회적 주택은 쉐어하우스형으로 시세의 50% 이하 가격으로 이용할 수 있습니다.

④ 신혼부부들이 전세임대를 할 경우 보증금을 지원받을 수 있으며, 지원 금액은 지역별로 차등 지원하므로 해당 주민센터에 문의하시기 바랍니다.

⑤ 버팀목 대출로 주택임차보증금을 지원받을 수 있으며, 월 최대 30만 원씩 2년간 대출이 가능합니다.

CHAPTER 04

자원관리능력

합격 CHEAT KEY

자원관리능력은 현재 NCS 기반 채용을 진행하는 많은 공사·공단에서 핵심영역으로 자리 잡아, 일부를 제외한 대부분의 시험에서 출제되고 있다.

세부 유형은 비용 계산, 해외파견 지원금 계산, 주문 제작 단가 계산, 일정 조율, 일정 선정, 행사 대여 장소 선정, 최단거리 구하기, 시차 계산, 소요시간 구하기, 해외파견 근무 기준에 부합하는 또는 부합하지 않는 직원 고르기 등으로 나눌 수 있다.

01 시차를 먼저 계산하라!

시간 자원 관리의 대표유형 중 시차를 계산하여 일정에 맞는 항공권을 구입하거나 회의시간을 구하는 문제에서는 각각의 나라 시간을 한국 시간으로 전부 바꾸어 계산하는 것이 편리하다. 조건에 맞는 나라들의 시간을 전부 한국 시간으로 바꾸고 한국 시간과의 시차만 더하거나 빼면 시간을 단축하여 풀 수 있다.

02 선택지를 잘 활용하라!

계산을 해서 값을 요구하는 문제 유형에서는 선택지를 먼저 본 후 자리 수가 몇 단위로 끝나는지 확인해야 한다. 예를 들어 412,300원, 426,700원, 434,100원인 선택지가 있다고 할 때, 제시된 조건에서 100원 단위로 나올 수 있는 항목을 찾아 그 항목만 계산하는 방법이 있다. 또한, 일일이 계산하는 문제가 많다. 예를 들어 640,000원, 720,000원, 810,000원 등의 수를 이용해 푸는 문제가 있다고 할 때, 만 원 단위를 절사하고 계산하여 64, 72, 81처럼 요약하는 방법이 있다.

03 최적의 값을 구하는 문제인지 파악하라!

물적 자원 관리의 대표유형에서는 제한된 자원 내에서 최대의 만족 또는 이익을 얻을 수 있는 방법을 강구하는 문제가 출제된다. 이때, 구하고자 하는 값을 x, y로 정하고 연립방정식을 이용해 x, y 값을 구한다. 최소 비용으로 목표생산량을 달성하기 위한 업무 및 인력 할당, 정해진 시간 내에 최대 이윤을 낼 수 있는 업체 선정, 정해진 인력으로 효율적 업무 배치 등을 구하는 문제에서 사용되는 방법이다.

04 각 평가항목을 비교하라!

인적 자원 관리의 대표유형에서는 각 평가항목을 비교하여 기준에 적합한 인물을 고르거나, 저렴한 업체를 선정하거나, 총점이 높은 업체를 선정하는 문제가 출제된다. 이런 유형은 평가항목에서 가격이나 점수 차이에 영향을 많이 미치는 항목을 찾아 $1\sim2$개의 선택지를 삭제하고, 남은 $3\sim4$개의 선택지만 계산하여 시간을 단축할 수 있다.

대표기출유형

01 시간 계획

| 유형분석 |

- 시간 자원과 관련된 다양한 정보를 활용하여 풀어가는 문제이다.
- 대체로 교통편 정보나 국가별 시차 정보가 제공되며, 이를 토대로 '현지 도착시간 또는 약속된 시간 내에 도착하기 위한 방안'을 고르는 문제가 출제된다.

한국은 뉴욕보다 16시간 빠르고, 런던은 한국보다 8시간 느리다. 다음 비행기가 현지에 도착할 때의 시각(㉠, ㉡)으로 옳은 것은?

구분	출발 일자	출발 시각	비행 시간	도착 시각
뉴욕행 비행기	6월 6일	22:20	13시간 40분	㉠
런던행 비행기	6월 13일	18:15	12시간 15분	㉡

	㉠	㉡
①	6월 6일 09시	6월 13일 09시 30분
②	6월 6일 20시	6월 13일 22시 30분
③	6월 7일 09시	6월 14일 09시 30분
④	6월 7일 13시	6월 14일 15시 30분
⑤	6월 7일 20시	6월 14일 20시 30분

정답 ②

㉠ 뉴욕행 비행기는 한국에서 6월 6일 22시 20분에 출발하고, 13시간 40분 동안 비행하기 때문에 6월 7일 12시에 도착한다. 한국 시각은 뉴욕보다 16시간 빠르므로 현지에 도착하는 시각은 6월 6일 20시가 된다.

㉡ 런던행 비행기는 한국에서 6월 13일 18시 15분에 출발하고, 12시간 15분 동안 비행하기 때문에 현지에 6월 14일 6시 30분에 도착한다. 한국 시각은 런던보다 8시간이 빠르므로 현지에 도착하는 시각은 6월 13일 22시 30분이 된다.

풀이 전략!

문제에서 묻는 것을 정확히 파악한다. 특히 제한사항에 대해서는 빠짐없이 확인해 두어야 한다. 이후 제시된 정보(시차 등)에서 필요한 것을 선별하여 문제를 풀어간다.

대표기출유형 01 기출응용문제

01 K회사의 A씨는 휴가철을 맞아 가족여행을 가고자 한다. K회사는 직원들의 복리증진을 위하여 휴가철 항공료를 일부 지원해 주고 있다. 다음 자료와 〈조건〉을 토대로 A씨가 선택할 여행지와 여행기간이 바르게 짝지어진 것은?

〈여행지별 항공료와 지원율〉

여행지	1인당 편도 항공료	항공료 지원율
중국	130,000원	10%
일본	125,000원	30%
싱가포르	180,000원	35%

※ 갈 때와 올 때 편도 항공료는 동일함

〈8월 달력〉

일	월	화	수	목	금	토
			1	2	3	4
5	6	7	8	9	10	11
12	13	14	15	16	17	18
19	20	21	22	23	24	25
26	27	28	29	30	31	

※ 8월 3 ~ 4일은 현장부지답사로 휴가가 불가능함
※ 8월 15일은 광복절, 24일은 회사 창립기념일로 휴일임

조건

- A씨는 아내와 단 둘이 여행할 예정이다.
- A씨는 여행경비 중 항공료로 최대 450,000원을 쓸 수 있다.
- K회사의 항공료 지원은 동반한 직계가족까지 모두 적용된다.

	여행지	여행기간
①	중국	8월 9 ~ 11일
②	일본	8월 3 ~ 6일
③	일본	8월 16 ~ 19일
④	싱가포르	8월 15 ~ 18일
⑤	싱가포르	8월 16 ~ 19일

02 K기업 홍보팀 팀원들은 함께 출장근무를 마치고 서울로 복귀하고자 한다. 다음 자료에 따를 때, 서울에 가장 일찍 도착할 수 있는 예정시각은?

〈상황〉

- 홍보팀 팀원은 총 4명이다.
- 대전에서 출장을 마치고 서울로 돌아가려고 한다.
- 고속버스터미널에는 은행, 편의점, 화장실, 패스트푸드점 등이 있다.

※ 시설별 소요시간 : 은행 30분, 편의점 10분, 화장실 20분, 패스트푸드점 25분

〈대화 내용〉

- A과장 : 긴장이 풀려서 그런가? 배가 출출하네. 햄버거라도 사 먹어야겠어.
- B대리 : 저도 출출하긴 한데 그것보다 화장실이 더 급하네요. 금방 다녀오겠습니다.
- C주임 : 그럼 그사이에 버스표를 사야 하니 은행에 들러 현금을 찾아오겠습니다.
- D사원 : 저는 그동안 버스 안에서 먹을 과자를 편의점에서 사 오겠습니다.
- A과장 : 지금이 16시 50분이니까 다들 각자 볼일 보고 빨리 돌아와. 다 같이 타고 가야 하니까.

〈시외버스 배차정보〉

대전 출발	서울 도착	잔여좌석 수(석)
17:00	19:00	6
17:15	19:15	8
17:30	19:30	3
17:45	19:45	4
18:00	20:00	8
18:15	20:15	5
18:30	20:30	6
18:45	20:45	10
19:00	21:00	16

① 19:00
② 19:15
③ 19:45
④ 20:15
⑤ 20:45

03 다음은 K회사 신제품 개발1팀의 하루 업무 스케줄에 대한 자료이다. 신입사원 A씨는 스케줄을 토대로 금일 회의 시간을 정하려고 한다. 1시간 동안 진행될 팀 회의의 가장 적절한 시간대는 언제인가?

〈K사 신제품 개발1팀 스케줄〉

시간	직급별 스케줄				
	부장	차장	과장	대리	사원
09:00 ~ 10:00	업무회의				
10:00 ~ 11:00					비품요청
11:00 ~ 12:00			시장조사	시장조사	시장조사
12:00 ~ 13:00	점심식사				
13:00 ~ 14:00	개발전략수립		시장조사	시장조사	시장조사
14:00 ~ 15:00		샘플검수	제품구상	제품구상	제품구상
15:00 ~ 16:00			제품개발	제품개발	제품개발
16:00 ~ 17:00					
17:00 ~ 18:00			결과보고	결과보고	

① 09:00 ~ 10:00
② 10:00 ~ 11:00
③ 14:00 ~ 15:00
④ 16:00 ~ 17:00
⑤ 17:00 ~ 18:00

04 모스크바 지사에서 일하고 있는 A대리는 밴쿠버 지사와의 업무협조를 위해 4월 22일 오전 10시 15분에 밴쿠버 지사로 업무협조 메일을 보냈다. 다음 〈조건〉에 따라 밴쿠버 지사에서 가장 빨리 메일을 읽었을 때, 모스크바의 시각은?

조건

- 밴쿠버는 모스크바보다 10시간이 늦다.
- 밴쿠버 지사의 업무시간은 오전 10시부터 오후 6시까지다.
- 밴쿠버 지사에서는 4월 22일 오전 10시부터 15분간 전력 점검이 있었다.

① 4월 22일 오전 10시 15분
② 4월 23일 오전 10시 15분
③ 4월 22일 오후 8시 15분
④ 4월 23일 오후 8시 15분
⑤ 4월 22일 오후 10시 15분

PART 1

대표기출유형

02 비용 계산

| 유형분석 |

- 예산 자원과 관련된 다양한 정보를 활용하여 풀어가는 문제이다.
- 대체로 한정된 예산 내에서 수행할 수 있는 업무 및 예산 가격을 묻는 문제가 출제된다.

A사원은 이번 출장을 위해 KTX표를 미리 40% 할인된 가격에 구매하였으나, 출장 일정이 바뀌는 바람에 하루 전날 표를 취소하였다. 다음 환불 규정에 따라 16,800원을 돌려받았을 때, 할인되지 않은 KTX표의 가격은 얼마인가?

〈KTX 환불 규정〉

출발 2일 전	출발 1일 전~열차 출발 전	열차 출발 후
100%	70%	50%

① 40,000원 ② 48,000원
③ 56,000원 ④ 67,200원
⑤ 70,000원

정답 ①

할인되지 않은 KTX표의 가격을 x원이라 하면, 표를 40% 할인된 가격으로 구매하였으므로 구매 가격은 $(1-0.4)x=0.6x$원이다.
환불 규정에 따르면 하루 전에 표를 취소하는 경우 70%의 금액을 돌려받을 수 있으며, 이를 식으로 정리하면 다음과 같다.

$0.6x \times 0.7 = 16,800$

$\rightarrow 0.42x = 16,800$

$\therefore x = 40,000$

따라서 할인되지 않은 KTX표의 가격은 40,000원이다.

풀이 전략!

제한사항인 예산을 고려하여 문제에서 묻는 것을 정확히 파악한 후, 제시된 정보에서 필요한 것을 선별하여 문제를 풀어간다.

대표기출유형 02 기출응용문제

01 K공사 자재관리팀에 근무 중인 A씨는 행사에 사용할 배너를 제작하는 업무를 맡았다. 다음 상황을 토대로 상사의 추가 지시에 따라 계산한 현수막 제작 비용은?

■ 행사 장소를 나타낸 도면

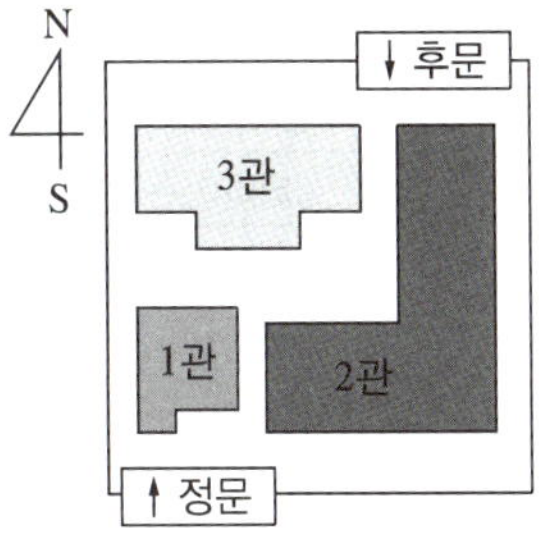

■ 행사 장소 : 본 건물 3관

■ 배너 제작 비용(배너 거치대 포함)
- 일반 배너 한 장당 15,000원
- 양면 배너 한 장당 20,000원

■ 현수막 제작 비용
- 기본 크기(세로×가로) : 1m×3m → 5,000원
- 기본 크기에서 추가 시 → $1m^2$당 3,000원씩 추가

상사 : 행사장 위치를 명확하게 알리려면 현수막도 설치하는 것이 좋을 것 같네요. 정문하고 후문에 하나씩 걸고, 2관 건물 입구에도 하나를 답시다. 정문하고 후문에는 3m×8m 크기로 하고, 2관 건물 입구에는 1m×4m의 크기가 적당할 것 같아요. 견적 좀 부탁할게요.

① 84,000원
② 98,000원
③ 108,000원
④ 120,000원
⑤ 144,000원

02 B씨는 정원이 12명이고 개인 회비가 1인당 20,000원인 모임의 총무이다. 카페에서 정기 모임을 열기로 했는데 음료를 1잔씩 주문하고 음료와 곁들일 디저트도 2인에 한 개씩 시킬 예정이다. 〈조건〉에 따라 가장 저렴하게 먹을 수 있는 방법으로 메뉴를 주문한 후 남는 돈은?(단, 2명은 커피를 마시지 못한다)

COFFEE		NON – COFFEE		DESSERT	
아메리카노	3,500원	그린티라테	4,500원	베이글	3,500원
카페라테	4,100원	밀크티라테	4,800원	치즈케이크	4,500원
카푸치노	4,300원	초코라테	5,300원	초코케이크	4,700원
카페모카	4,300원	곡물라테	5,500원	티라미수	5,500원

조건

- 10잔 이상의 음료 또는 디저트를 구매하면 4,500원 이하의 음료 2잔이 무료로 제공된다.
- 세트 메뉴로 음료와 디저트를 구매하면 해당 메뉴 금액의 10%가 할인된다.

① 175,000원
② 178,500원
③ 180,500원
④ 187,500원
⑤ 188,200원

03 서울에 사는 A씨는 결혼기념일을 맞이하여 가족과 함께 KTX를 타고 부산으로 여행을 다녀왔다. A씨의 가족이 이번 여행에서 지불한 교통비는 총 얼마인가?

- A씨 부부에게는 만 6세인 아들, 만 3세인 딸이 있다.
- 갈 때는 딸을 무릎에 앉혀 갔고, 돌아올 때는 좌석을 구입했다.
- A씨의 가족은 일반석을 이용하였다.

〈KTX 좌석별 요금〉

구분	일반석	특실
가격	59,800원	87,500원

※ 만 4세 이상 13세 미만 어린이는 운임의 50%를 할인함
※ 만 4세 미만의 유아는 보호자 1명당 2명까지 운임의 75%를 할인함
(단, 유아의 좌석을 지정하지 않을 시 보호자 1명당 유아 1명의 운임을 받지 않음)

① 299,000원
② 301,050원
③ 307,000원
④ 313,850원
⑤ 313,950원

04 다음은 개발부에서 근무하는 K사원의 4월 근태기록이다. 규정을 참고했을 때 K사원이 받을 시간외근무수당은 얼마인가?(단, 정규근로시간은 09:00 ~ 18:00이다)

〈시간외근무규정〉

- 시간외근무(조기출근 포함)는 1일 4시간, 월 57시간을 초과할 수 없다.
- 시간외근무수당은 1일 1시간 이상 시간외근무를 한 경우에 발생하며, 1시간을 공제한 후 매분 단위까지 합산하여 계산한다(단, 월 단위 계산 시 1시간 미만은 절사한다).
- 시간외근무수당 지급단가 : 사원(7,000원), 대리(8,000원), 과장(10,000원)

〈K사원의 4월 근태기록(출근시각 / 퇴근시각)〉

- 4월 1일부터 4월 15일까지의 시간외근무시간은 12시간 50분(1일 1시간 공제 적용)이다.

18일(월)	19일(화)	20일(수)	21일(목)	22일(금)
09:00 / 19:10	09:00 / 18:00	08:00 / 18:20	08:30 / 19:10	09:00 / 18:00
25일(월)	26일(화)	27일(수)	28일(목)	29일(금)
08:00 / 19:30	08:30 / 20:40	08:30 / 19:40	09:00 / 18:00	09:00 / 18:00

※ 주말 특근은 고려하지 않음

① 112,000원
② 119,000원
③ 126,000원
④ 133,000원
⑤ 140,000원

05 대구에서 광주까지 편도운송을 하는 A사는 다음과 같이 화물차량을 운용한다. 수송비 절감을 통해 경영에 필요한 예산을 확보하기 위하여 적재효율을 1대당 기존 1,000상자에서 1,200상자로 높여 운행 횟수를 줄인다면, A사가 얻을 수 있는 월 수송비 절감액은?

〈A사의 화물차량 운용 정보〉

- 차량 운행대수 : 4대
- 1대당 1일 운행횟수 : 3회
- 1대당 1회 수송비 : 100,000원
- 월 운행일수 : 20일

① 3,500,000원
② 4,000,000원
③ 4,500,000원
④ 5,000,000원
⑤ 5,500,000원

대표기출유형

03 품목 확정

| 유형분석 |

- 물적 자원과 관련된 다양한 정보를 활용하여 풀어가는 문제이다.
- 주로 공정도・제품・시설 등에 대한 가격・특징・시간 정보가 제시되며, 이를 종합적으로 고려하는 문제가 출제된다.

K공사는 신축 본사에 비치할 사무실 명패를 제작하기 위해 다음과 같은 팸플릿을 참고하고 있다. 신축 본사에 비치할 사무실 명패는 사무실마다 국문과 영문을 함께 주문했고, 총 주문 비용이 80만 원이라면 사무실에 최대 몇 개의 국문과 영문 명패를 함께 비치할 수 있는가?(단, 추가 구입 가격은 1세트를 구입할 때 한 번씩만 적용된다)

〈명패 제작 가격〉

- 국문 명패 : 1세트(10개)에 10,000원, 5개 추가 시 2,000원
- 영문 명패 : 1세트(5개)에 8,000원, 3개 추가 시 3,000원

① 345개
② 350개
③ 355개
④ 360개
⑤ 365개

정답 ④

국문 명패 최저가는 15개에 12,000원이고, 영문 명패 최저가는 8개에 11,000원이다. 각 명패를 최저가에 구입하는 개수의 최소공배수를 구하면 120개이다. 이때의 비용은 (12,000×8)+(11,000×15)=96,000+165,000=261,000원이다. 따라서 한 사무실에 국문과 영문 명패를 함께 비치한다면 120개의 사무실에 명패를 비치하는 비용은 261,000원이다. 360개의 사무실에 명패를 비치한다면 783,000원이 필요하고, 남은 17,000원으로 국문 명패와 영문 명패를 동시에 구입할 수는 없다. 따라서 80만 원으로 최대 360개의 국문 명패와 영문 명패를 동시에 비치할 수 있다.

풀이 전략!

문제에서 묻고자 하는 바를 정확히 파악하는 것이 중요하다. 문제에서 제시한 물적 자원의 정보를 문제의 의도에 맞게 선별하면서 풀어간다.

01 K공사는 신축 체육관 건설을 위해 입찰 공고를 하였다. 다음은 입찰에 참여한 업체들의 항목별 점수를 나타낸 자료이다. 〈조건〉에 따라 업체를 선정할 때, 선정될 업체는?

〈업체별 점수 현황〉

(단위 : 점)

구분	점수(만점) 기준	A업체	B업체	C업체	D업체	E업체
디자인	15	6	8	7	7	9
건축안정성	30	23	25	21	16	24
경영건전성	20	16	17	17	19	16
시공실적	20	11	16	15	17	14
입찰가격	15	11	9	12	12	10

〈업체별 내진설계 포함 여부〉

구분	A업체	B업체	C업체	D업체	E업체
내진설계	○	○	×	○	○

조건

- 선정점수가 가장 높은 업체를 선정한다.
- 선정점수는 항목별 점수를 동일한 가중치로 합산하여 산출한다.
- 건축안정성 점수가 17점 미만인 업체는 입찰에서 제외한다.
- 반드시 입찰가격 점수가 10점 이상인 업체 중에서 선정한다.
- 내진설계를 포함하는 업체를 선정한다.

① A업체
② B업체
③ C업체
④ D업체
⑤ E업체

02 K공사 인재개발원에 근무하고 있는 H대리는 〈조건〉에 따라 신입사원 교육을 위한 스크린을 구매하려고 한다. 다음 중 가장 적절한 제품은 무엇인가?

조건

- 조명도는 5,000lx 이상이어야 한다.
- 예산은 150만 원이다.
- 제품에 이상이 생겼을 때 A/S가 신속해야 한다.
- 위 조건을 모두 충족할 시 가격이 저렴한 제품을 가장 우선으로 선정한다.

※ lux(럭스) : 조명이 밝은 정도를 말하는 조명도에 대한 실용단위로 기호는 lx임

	제품	가격(만 원)	조명도(lx)	특이사항
①	A	180	8,000	2년 무상 A/S 가능
②	B	120	6,000	해외직구(해외 A/S)
③	C	100	3,500	미사용 전시 제품
④	D	150	5,000	미사용 전시 제품
⑤	E	130	7,000	2년 무상 A/S 가능

03 신입사원 J씨는 A～E과제 중 어떤 과제를 먼저 수행하여야 하는지를 결정하기 위해 평가표를 작성하였다. 다음 자료를 토대로 가장 먼저 수행할 과제는?(단, 평가 항목 최종 합산 점수가 가장 높은 과제부터 수행한다)

〈과제별 평가표〉

(단위 : 점)

구분	A	B	C	D	E
중요도	84	82	95	90	94
긴급도	92	90	85	83	92
적용도	96	90	91	95	83

※ 과제당 다음과 같은 가중치를 별도 부여하여 계산함

[(중요도)×0.3]+[(긴급도)×0.2]+[(적용도)×0.1]

※ 항목당 최하위 점수에 해당하는 과제는 선정하지 않음

① A
② B
③ C
④ D
⑤ E

04 K공사는 직원들의 교양증진을 위해 사내 도서관에 도서를 추가로 구비하고자 한다. 새로 구매할 도서는 직원들을 대상으로 한 사전조사 결과를 토대로 선정점수를 결정한다. 〈조건〉에 따라 추가로 구매할 도서를 선정할 때, 다음 중 최종 선정될 도서는?

〈후보 도서 사전조사 결과〉

(단위 : 점)

도서명	저자	흥미도 점수	유익성 점수
재테크, 답은 있다	정우택	6	8
여행학개론	W. George	7	6
부장님의 서랍	김수권	6	7
IT혁명의 시작	정인성, 유오진	5	8
경제정의론	S. Collins	4	5
건강제일주의	임시학	8	5

조건

- K공사는 전 직원들을 대상으로 후보 도서들에 대한 사전조사를 하였다. 후보 도서들에 대한 흥미도 점수와 유익성 점수는 전 직원들이 10점 만점으로 부여한 점수의 평균값이다.
- 흥미도 점수와 유익성 점수를 3 : 2의 가중치로 합산하여 1차 점수를 산정하고, 1차 점수가 높은 후보 도서 3개를 1차 선정한다.
- 1차 선정된 후보 도서 중 해외저자의 도서는 가점 1점을 부여하여 2차 점수를 산정한다.
- 2차 점수가 가장 높은 2개의 도서를 최종 선정한다. 만일 선정된 후보 도서들의 2차 점수가 모두 동일한 경우, 유익성 점수가 가장 낮은 후보 도서는 탈락시킨다.

① 재테크, 답은 있다 / 여행학개론
② 재테크, 답은 있다 / 건강제일주의
③ 여행학개론 / 부장님의 서랍
④ 여행학개론 / 건강제일주의
⑤ IT혁명의 시작 / 건강제일주의

대표기출유형

04 인원 선발

| 유형분석 |

- 인적 자원과 관련된 다양한 정보를 활용하여 풀어 가는 문제이다.
- 주로 근무명단, 휴무일, 업무할당 등의 주제로 다양한 정보를 활용하여 종합적으로 풀어 가는 문제가 출제된다.

다음 자료를 토대로 K공사가 하루 동안 고용할 수 있는 최대 인원은?

〈K공사의 예산과 고용비〉

총예산	본예산	500,000원
	예비비	100,000원
고용비	1인당 수당	50,000원
	산재보험료	(수당)×0.504%
	고용보험료	(수당)×1.3%

① 10명 ② 11명
③ 12명 ④ 13명
⑤ 14명

정답 ②

(하루 1인당 고용비)=(1인당 수당)+(산재보험료)+(고용보험료)
=50,000+(50,000×0.504%)+(50,000×1.3%)
=50,000+252+650=50,902원
(하루에 고용할 수 있는 인원 수)=[(본예산)+(예비비)]÷(하루 1인당 고용비)
=600,000÷50,902≒11.8
따라서 하루 동안 고용할 수 있는 최대 인원은 11명이다.

풀이 전략!

문제에서 신입사원 채용이나 인력배치 등의 주제가 출제될 경우에는 주어진 규정 혹은 규칙을 꼼꼼히 확인하여야 한다. 이를 토대로 각 선택지가 어긋나지 않는지 검토하며 문제를 풀어 간다.

01 K공사에서는 약 2개월 동안 근무할 인턴사원을 선발하고자 다음과 같은 공고를 게시하였다. 이에 지원한 A ~ E 중 K공사의 인턴사원으로 가장 적절한 지원자는?

〈인턴사원 모집 공고〉

- 근무기간 : 약 2개월(6 ~ 8월)
- 자격 요건
  - 1개월 이상 경력자
  - 포토샵 가능자
  - 근무 시간(9 ~ 18시) 이후에도 근무가 가능한 자
- 기타사항
  - 경우에 따라서 인턴 기간이 연장될 수 있음

A지원자	• 경력사항 : 출판사 3개월 근무 • 컴퓨터 활용 능력 中(포토샵, 워드 프로세서) • 대학 휴학 중(9월 복학 예정)
B지원자	• 경력사항 : 없음 • 포토샵 능력 우수 • 전문대학 졸업
C지원자	• 경력사항 : 마케팅 회사 1개월 근무 • 컴퓨터 활용 능력 上(포토샵, 워드 프로세서, 파워포인트) • 4년제 대학 졸업
D지원자	• 경력사항 : 제약 회사 3개월 근무 • 포토샵 가능 • 저녁 근무 불가
E지원자	• 경력사항 : 마케팅 회사 1개월 근무 • 컴퓨터 활용 능력 中(워드 프로세서, 파워포인트) • 전문대학 졸업

① A지원자 ② B지원자
③ C지원자 ④ D지원자
⑤ E지원자

02 K공사에서 승진 대상자 후보 중 2명을 승진시키려고 한다. 승진의 조건은 동료 평가에서 '하'를 받지 않고 합산점수가 높은 순이고, 합산점수는 100점 만점의 점수로 환산한 승진시험 성적, 영어 성적, 성과 평가의 수치를 합산하여 구한다. 승진시험의 만점은 100점, 영어 성적의 만점은 500점, 성과 평가의 만점은 200점이라고 할 때, 승진 대상자 2명은 누구인가?

〈K공사 승진 대상자 후보 평가 현황〉

(단위 : 점)

구분	승진시험 성적	영어 성적	동료 평가	성과 평가
A	80	400	중	120
B	80	350	상	150
C	65	500	상	120
D	70	400	중	100
E	95	450	하	185
F	75	400	중	160
G	80	350	중	190
H	70	300	상	180
I	100	400	하	160
J	75	400	상	140
K	90	250	중	180

① A, C ② B, K
③ E, I ④ F, G
⑤ H, D

03 다음은 부서별로 핵심역량가치 중요도를 정리한 자료와 신입사원들의 핵심역량평가 결과표이다. 이를 토대로 한 C사원과 E사원의 부서배치로 가장 적절한 것은?(단, '–'는 중요도가 상관없다는 표시이다)

〈핵심역량가치 중요도〉

구분	창의성	혁신성	친화력	책임감	윤리성
영업팀	–	중	상	중	–
개발팀	상	상	하	중	상
지원팀	–	중	–	상	하

〈핵심역량평가 결과표〉

구분	창의성	혁신성	친화력	책임감	윤리성
A사원	상	하	중	상	상
B사원	중	중	하	중	상
C사원	하	상	상	중	하
D사원	하	하	상	하	중
E사원	상	중	중	상	하

	C사원	E사원
①	개발팀	지원팀
②	영업팀	지원팀
③	영업팀	개발팀
④	지원팀	개발팀
⑤	지원팀	영업팀

PART 1

04 K공사는 사원들에게 사택을 제공하고 있다. 사택 신청자 A ~ E 중 2명만이 사택을 제공받을 수 있고 추첨은 조건별 점수에 따라 진행된다고 할 때, 〈보기〉 중 사택을 제공받을 수 있는 사람이 바르게 연결된 것은?

〈사택 제공 조건별 점수〉

직급	점수	직종	점수	근속연수	점수	부양가족 수	점수
차장	5점	연구직	10점	1년 이상	1점	5명 이상	10점
과장	4점	기술직	10점	2년 이상	2점	4명	8점
대리	3점	영업직	5점	3년 이상	3점	3명	6점
주임	2점	서비스직	5점	4년 이상	4점	2명	4점
사원	1점	사무직	3점	5년 이상	5점	1명	2점

※ 근속연수는 휴직기간을 제외하고 1년마다 1점씩 적용하여 최대 5점까지 받을 수 있음. 단, 해고 또는 퇴직 후 일정기간을 경과하여 재고용된 경우에는 이전에 고용되었던 기간(개월)을 통산하여 근속연수에 포함함. 근속연수 산정은 2024.01.01을 기준으로 함

※ 부양가족 수의 경우 배우자는 제외됨

※ 무주택자의 경우 10점의 가산점을 가짐

※ 동점일 경우 부양가족 수가 많은 사람이 우선순위로 선발됨

보기

구분	직급	직종	입사일	가족 구성	주택 유무	비고
A	대리	영업직	2020.08.20	남편	무주택자	–
B	사원	기술직	2022.09.17	아내, 아들 1명, 딸 1명	무주택자	–
C	과장	연구직	2019.02.13	어머니, 남편, 딸 1명	유주택자	• 2020.12.17 퇴사 • 2021.05.15 재입사
D	주임	사무직	2022.03.03	아내, 아들 1명, 딸 2명	무주택자	–
E	차장	영업직	2017.05.06	아버지, 어머니, 아내, 아들 1명	유주택자	• 2019.05.03 퇴사 • 2020.06.08 재입사

① A대리, C과장

② A대리, E차장

③ B사원, C과장

④ B사원, D주임

⑤ C과장, E차장

05 K공사는 동절기에 인력을 감축하여 운영한다. 다음 〈조건〉을 참고할 때, 동절기 업무시간 단축 대상자는?

〈동절기 업무시간 단축 대상자 현황〉

성명	업무성과 평가	통근거리	자녀 유무
최나래	C	3km	×
박희영	B	5km	○
이지규	B	52km	×
박슬기	A	55km	○
황보연	D	30km	○
김성배	B	75km	×
이상윤	C	60km	○
이준서	B	70km	○
김태란	A	68km	○
한지혜	C	50km	×

조건

- K공사의 동절기 업무시간 단축 대상자는 총 2명이다.
- 업무성과 평가에서 상위 40% 이내에 드는 경우 동절기 업무시간 단축 대상 후보자가 된다.
  ※ A>B>C>D 순서로 매기고, 동순위자 발생 시 동순위자를 모두 고려함
- 통근거리가 50km 이상인 경우에만 동절기 업무시간 단축 대상자가 될 수 있다.
- 동순위자 발생 시 자녀가 있는 경우에는 동절기 업무시간 단축 대상 우선순위를 준다.
- 위의 조건에서 대상자가 정해지지 않은 경우, 통근거리가 가장 먼 직원부터 대상자로 선정한다.

① 황보연, 이상윤
② 박슬기, 김태란
③ 이준서, 김태란
④ 이준서, 김성배
⑤ 김태란, 한지혜

PART 1

CHAPTER 05

기술능력

합격 CHEAT KEY

기술능력은 업무를 수행함에 있어 도구, 장치 등을 포함하여 필요한 기술에 어떠한 것들이 있는지 이해하고, 실제 업무를 수행함에 있어 적절한 기술을 선택하여 적용하는 능력이다.

세부 유형은 기술 이해 · 기술 선택 · 기술 적용으로 나눌 수 있다. 제품설명서나 상황별 매뉴얼을 제시하는 문제 또는 명령어를 제시하고 규칙을 대입할 수 있는지 묻는 문제가 출제되기 때문에 이런 유형들을 공략할 수 있는 전략을 세워야 한다.

01 긴 지문이 출제될 때는 선택지의 내용을 미리 보라!

기술능력에서 자주 출제되는 제품설명서나 상황별 매뉴얼을 제시하는 문제에서는 기술을 이해하고, 상황에 알맞은 원인 및 해결방안을 고르는 문제가 출제된다. 실제 시험장에서 문제를 풀 때는 시간적 여유가 없기 때문에 보기를 먼저 읽고, 그 다음 긴 지문을 보면서 동시에 보기와 일치하는 내용이 나오면 확인해 가면서 푸는 것이 좋다.

02 모듈형에도 대비하라!

모듈형 문제의 비중이 늘어나는 추세이므로 공기업을 준비하는 취업준비생이라면 모듈형 문제에 대비해야 한다. 기술능력의 모듈형 이론 부분을 학습하고 모듈형 문제를 풀어보고 여러 번 읽으며 이론을 확실히 익혀두면 실제 시험장에서 이론을 묻는 문제가 나왔을 때 단번에 답을 고를 수 있다.

03 전공 이론도 익혀 두어라!

지원하는 직렬의 전공 이론이 기술능력으로 출제되는 경우가 많기 때문에 전공 이론을 익혀두는 것이 좋다. 깊이 있는 지식을 묻는 문제가 아니더라도 출제되는 문제의 소재가 전공과 관련된 내용일 가능성이 크기 때문에 최소한 지원하는 직렬의 전공 용어는 확실히 익혀 두어야 한다.

04 쉽게 포기하지 말라!

직업기초능력에서 주요 영역이 아니면 소홀한 경우가 많다. 시험장에서 기술능력을 읽어보지도 않고 포기하는 경우가 많은데 차근차근 읽어보면 지문만 잘 읽어도 풀 수 있는 문제들이 출제되는 경우가 있다. 이론을 모르더라도 풀 수 있는 문제인지 파악해보자.

대표기출유형

01 기술 이해

| 유형분석 |

- 업무수행에 필요한 기술의 개념 및 원리, 관련 용어에 대한 문제가 자주 출제된다.
- 기술 시스템의 개념과 발전 단계에 대한 문제가 출제되므로 각 단계의 순서와 그에 따른 특징을 숙지하여야 하며, 단계별로 요구되는 핵심 역할이 다름에 유의한다.

다음 중 기술 시스템의 발전 단계에 따라 빈칸 ㉠ ~ ㉣에 들어갈 내용을 순서대로 바르게 나열한 것은?

발전 단계	특징	핵심 역할
발명 · 개발 · 혁신의 단계	기술 시스템이 탄생하고 성장	기술자
↓		
㉠	성공적인 기술이 다른 지역으로 이동	기술자
↓		
㉡	기술 시스템 사이의 경쟁	㉢
↓		
기술 공고화 단계	경쟁에서 승리한 기술 시스템의 관성화	㉣

	㉠	㉡	㉢	㉣
①	기술 이전의 단계	기술 경쟁의 단계	기업가	자문 엔지니어
②	기술 경쟁의 단계	기술 이전의 단계	금융전문가	자문 엔지니어
③	기술 이전의 단계	기술 경쟁의 단계	기업가	기술자
④	기술 경쟁의 단계	기술 이전의 단계	금융전문가	기업가
⑤	기술 이전의 단계	기술 경쟁의 단계	금융전문가	기술자

정답 ①

기술 시스템의 발전 단계는 '발명 · 개발 · 혁신의 단계 → ㉠ 기술 이전의 단계 → ㉡ 기술 경쟁의 단계 → 기술 공고화 단계'를 거쳐 발전한다. 또한 기술 시스템의 발전 단계에는 단계별로 핵심적인 역할을 하는 사람들이 있다. 기술 경쟁의 단계에서는 ㉢ 기업가들의 역할이 더 중요해지고, 기술 공고화 단계에서는 이를 활성 · 유지 · 보수 등을 하기 위한 ㉣ 자문 엔지니어와 금융전문가 등의 역할이 중요해진다.

풀이 전략!

문제에 제시된 내용만으로는 풀이가 어려울 수 있으므로, 사전에 관련 기술 이론을 숙지하고 있어야 한다. 자주 출제되는 개념을 확실하게 암기하여 빠르게 문제를 풀 수 있도록 하는 것이 좋다.

대표기출유형 01 기출응용문제

01 다음 글에 나타난 산업 재해에 대한 원인으로 옳지 않은 것은?

> 전선 제조 사업장에서 고장난 변압기 교체를 위해 한국전력공사 작업자가 변전실에서 작업을 준비하던 중 특고압 배전반 내 충전부 COS 1차 홀더에 접촉 감전되어 치료 도중 사망하였다. 증언에 따르면 변전실 TR-5 패널의 내부는 협소하고, 피재해자의 키에 비하여 경첩의 높이가 높아 문턱 위에 서서 불안전한 작업자세로 작업을 실시하였다고 한다. 또한 피재해자는 전기 관련 자격이 없었으며, 복장은 일반 안전화, 면장갑, 패딩점퍼를 착용한 상태였다.

① 불안전한 행동
② 불안전한 상태
③ 작업 관리상 원인
④ 기술적 원인
⑤ 작업 준비 불충분

02 다음 글의 빈칸 ㉠~㉢에 들어갈 용어를 순서대로 바르게 나열한 것은?

> 4차 산업 혁명이란 인공지능, 클라우드 컴퓨터 등의 고도화된 정보통신기술이 사회, 산업 등 다양한 분야에 융합되어 기존과는 다른 혁신적인 변화를 이뤄 낸 21세기 산업 혁명을 말한다.
> 무인항공기로도 불리는 ___㉠___은 원격 조종을 통해 기기를 제어하며 지정된 경로를 자율적으로 비행하거나 반자동으로 비행하곤 한다. 군사용으로 사용된 이것은 점차 민간 분야로 확대되어 농업, 수송 등 다양한 분야에서 쓰이고 있다. ___㉡___은 기기에 인터넷을 적용하여 사용자와의 커뮤니케이션은 물론 센서를 통해 환경 등을 감지하여 물체가 물체를 자동으로 제어하는 등 다양한 방식으로 적용되고 있다. ___㉢___는 이름 그대로 방대한 데이터이다. 크기(Volume), 속도(Velocity), 다양성(Variety)을 3대 중요 요소로 꼽는다. 하지만 단순 방대한 데이터 자체만으로는 의미가 없고 이 방대한 데이터를 분석하여 원하는 정보를 추출하고 가공하여 결론을 도출하는 과정에서 의미가 있다.

	㉠	㉡	㉢
①	인공위성	광케이블	빅데이터
②	드론	광케이블	데이터베이스
③	인공위성	사물인터넷	데이터베이스
④	드론	사물인터넷	빅데이터
⑤	인공위성	사물인터넷	빅데이터

03 **다음 중 노하우(Know-how)와 노와이(Know-why)에 대한 설명으로 옳은 것은?**

① 노와이는 과학자, 엔지니어 등이 가지고 있는 체화된 기술이다.
② 노하우는 이론적인 지식으로서 과학적인 탐구에 의해 얻어진다.
③ 노하우는 Technique 혹은 Art라고도 부른다.
④ 기술은 원래 노와이의 개념이 강했으나, 시간이 지나면서 노와이와 노하우가 결합하게 되었다.
⑤ 노와이는 기술을 설계하고, 생산하고, 사용하기 위해 필요한 정보, 기술, 절차 등을 갖는 데 필요하다.

04 **다음은 벤치마킹을 수행 방식에 따라 분류한 자료이다. 빈칸 (A) ~ (E)에 들어갈 내용으로 옳지 않은 것은?**

〈벤치마킹의 수행 방식에 따른 분류〉

구분	직접적 벤치마킹	간접적 벤치마킹
정의	• 벤치마킹 대상을 직접 방문하여 조사·분석하는 방법	• 벤치마킹 대상을 인터넷 및 문서형태의 자료 등을 통해서 간접적으로 조사·분석하는 방법
장점	• 필요로 하는 정확한 자료의 입수 및 조사가 가능하다. • ___(A)___	• 벤치마킹 대상의 수에 제한이 없고 다양하다. • ___(C)___
단점	• 벤치마킹 수행과 관련된 비용 및 시간이 많이 소요된다. • ___(B)___	• ___(D)___ • ___(E)___

① (A) : 벤치마킹 이후에도 계속적으로 자료의 입수 및 조사가 가능하다.
② (B) : 벤치마킹 결과가 피상적일 수 있다.
③ (C) : 비용과 시간을 상대적으로 많이 절감할 수 있다.
④ (D) : 핵심자료의 수집이 상대적으로 어렵다.
⑤ (E) : 정확한 자료 확보가 어렵다.

05 다음은 제품 매뉴얼과 업무 매뉴얼에 대한 설명이다. 이를 이해한 내용으로 옳지 않은 것은?

> 제품 매뉴얼이란 사용자를 위해 제품의 특징이나 기능 설명, 사용방법과 고장 조치방법, 유지 보수 및 A/S, 폐기까지 제품에 관련된 모든 서비스에 대해 소비자가 알아야할 모든 정보를 제공하는 것을 말한다.
> 다음으로 업무 매뉴얼이란 어떤 일의 진행 방식, 지켜야할 규칙, 관리상의 절차 등을 일관성 있게 여러 사람이 보고 따라할 수 있도록 표준화하여 설명하는 지침서이다.

① 제품 매뉴얼은 제품의 설계상 결함이나 위험 요소를 대변해야 한다.
② '재난대비 국민행동 매뉴얼'은 업무 매뉴얼의 사례로 볼 수 있다.
③ 제품 매뉴얼은 혹시 모를 사용자의 오작동까지 고려하여 만들어져야 한다.
④ 제품 매뉴얼과 업무 매뉴얼 모두 필요한 정보를 빨리 찾을 수 있도록 구성되어야 한다.
⑤ 제품 매뉴얼은 제품의 의도된 안전한 사용과 사용 중 해야 할 일 또는 하지 말아야 할 일까지 정의해야 한다.

06 다음 중 상향식 기술선택과 하향식 기술선택에 대한 설명으로 옳지 않은 것은?

① 상향식 기술선택은 연구자나 엔지니어들이 자율적으로 기술을 선택한다.
② 상향식 기술선택은 기술 개발자들의 창의적인 아이디어를 활용할 수 있다.
③ 상향식 기술선택은 기업 간 경쟁에서 승리할 수 없는 기술이 선택될 수 있다.
④ 하향식 기술선택은 단기적인 목표를 설정하고 달성하기 위해 노력한다.
⑤ 하향식 기술선택은 기업이 획득해야 하는 대상 기술과 목표기술수준을 결정한다.

대표기출유형

02 기술 적용

| 유형분석 |

- 주어진 자료를 해석하고 기술을 적용하여 풀어가는 문제이다.
- 꼼꼼하고 분석적인 접근이 필요한 논리연산, 사용설명서 등의 문제들이 출제된다.

회사의 기기를 관리하는 업무를 맡은 E사원은 전자레인지를 사용할 때 가끔씩 불꽃이 튀고 음식이 잘 데워지지 않는다는 이야기를 들었다. 다음 중 서비스를 접수하기 전에 점검할 사항으로 옳지 않은 것은?

증상	원인	조치 방법
전자레인지가 작동하지 않는다.	• 전원 플러그가 콘센트에 바르게 꽂혀 있나요? • 문이 확실히 닫혀 있나요? • 배전판 퓨즈나 차단기가 끊어지지 않았나요? • 조리 방법을 제대로 선택하셨나요? • 혹시 정전은 아닌가요?	• 전원 플러그를 바로 꽂아 주세요. • 문을 다시 닫아 주세요. • 끊어졌으면 교체하고 연결시켜 주세요. • 취소를 누르고 다시 시작하세요.
동작 시 불꽃이 튄다.	• 조리실 내벽에 금속 제품 등이 닿지 않았나요? • 금선이나 은선으로 장식된 그릇을 사용하고 계신가요? • 조리실 내에 찌꺼기가 있나요?	• 벽에 닿지 않도록 하십시오. • 금선이나 은선으로 장식된 그릇은 사용하지 마세요. • 깨끗이 청소해 주세요.
조리 상태가 나쁘다.	• 조리 순서, 시간 등 사용 방법을 잘 선택하셨나요?	• 요리책을 다시 확인하고 사용하세요.
접시가 불균일하게 돌거나 돌지 않는다.	• 회전 접시와 회전 링이 바르게 놓여 있나요?	• 각각을 정확한 위치에 놓아 주세요.
불의 밝기나 동작 소리가 불균일하다.	• 출력의 변화에 따라 일어날 수 있는 현상이니 안심하고 사용하셔도 됩니다.	

① 조리실 내 위생 상태 점검
② 사용 가능 용기 확인
③ 사무실, 전자레인지 전압 확인
④ 조리실 내벽 확인
⑤ 조리 순서, 시간 확인

정답 ③

전자레인지를 사용하면서 불꽃이 튀는 경우와 조리 상태가 나쁠 때 확인해야 할 사항에 사무실, 전자레인지의 전압을 확인해야 한다는 내용은 명시되어 있지 않다.

풀이 전략!

문제 해결을 위해 필요한 정보와 기술능력이 무엇인지 먼저 파악한 후, 제시된 자료를 분석적으로 읽고 문제를 풀이한다.

대표기출유형 02 기출응용문제

01 농한기인 1 ~ 2월에 자주 발생하는 영농기자재 고장을 방지하고자 영농기자재 관리 방법에 대한 매뉴얼을 작성하여 농가에 배포하였다. 다음 중 매뉴얼에 따라 영농기자재를 바르게 관리한 것은?

〈매뉴얼〉

월	기계종류	내용
1월	트랙터	(보관 중 점검) • 유압실린더는 완전상승 상태로 함 • 엔진 계통의 누유 점검(연료탱크, 필터, 파이프) • 축전지 보충충전
	이앙기	(장기보관 중 점검) • 본체의 누유, 누수 점검 • 축전지 보관 상태 점검, 보충충전 • 페인트가 벗겨진 부분에는 방청유를 발라 녹 발생 방지 • 커버를 씌워 먼지, 이물질에 의한 부식 방지
	콤바인	(장기보관 중 점검) • 회전부, 작동부, 와이어류에 부식방지를 위해 오일 주입 • 각부의 누유 여부 점검 • 스프링 및 레버류에 부식방지를 위해 그리스를 바름
2월	트랙터	(사용 전 점검) • 팬벨트 유격 10mm 이상 시 발전기 고정 볼트를 풀어 유격 조정 • 냉각수량 – 외기온도에 알맞은 비중의 부동액 확인(40% 확인) • 축전지액량 및 접속상태, 배선 및 각종 라이트 경고등 점검, 충전 상태 점검 • 좌우 브레이크 페달 유격 및 작동 상태 점검
	이앙기	(장기보관 중 점검) • 누유 · 누수 점검 • 축전지 보충충전 • 녹이 발생된 부분은 녹을 제거하고 방청유를 바름
	콤바인	(장기보관 중 점검) • 엔진을 회전시켜 윤활시킨 후, 피스톤을 압축상사점에 보관 • 각 회전부, 작동부, 와이어류에 부식방지를 위해 오일 주입 • 스프링 및 레버류에 부식방지를 위해 그리스를 바름

① 1월에 트랙터의 브레이크 페달 작동 상태를 점검하였다.

② 2월에 장기보관 중이던 이앙기에 커버를 씌워 먼지 및 이물질에 의한 부식을 방지하였다.

③ 1 ~ 2월 모두 이앙기에 부식방지를 위해 방청유를 발랐다.

④ 트랙터 사용 전에 유압실린더와 엔진 누유 상태를 중점적으로 점검하였다.

⑤ 장기보관 중인 콤바인을 꺼낸 후, 타이어 압력을 기종별 취급설명서에 따라 점검하였다.

※ 기획전략팀에서는 사무실을 간편히 청소할 수 있는 새로운 청소기를 구매하였다. 기획전략팀의 B대리는 새 청소기를 사용하기 전에 다음 사용 설명서를 참고하였다. 이어지는 질문에 답하시오. **[2~4]**

〈사용 설명서〉

■ 충전

- 충전 시 작동 스위치 2곳을 반드시 꺼 주십시오.
- 타 제품의 충전기를 사용할 경우 고장의 원인이 되오니 반드시 전용 충전기를 사용하십시오.
- 충전 시 충전기에 열이 느껴지는 것은 고장이 아닙니다.
- 본 제품에는 배터리 보호를 위하여 과충전 보호회로가 내장되어 있어 적정 충전시간을 초과하여도 배터리는 심한 손상이 없습니다.
- 충전기의 줄을 잡고 뽑을 경우 감전, 쇼트, 발화 및 고장의 원인이 됩니다.
- 충전하지 않을 때는 전원 콘센트에서 충전기를 뽑아 주십시오. 절연 열화에 따른 화재, 감전 및 고장의 원인이 됩니다.

■ 이상 발생 시 점검 방법

증상	확인 사항	해결 방법
스위치를 켜도 청소기가 작동하지 않는다.	• 청소기가 충전잭에 꽂혀 있는지 확인하세요. • 충전이 되어 있는지 확인하세요. • 본체에 핸디 청소기가 정확히 결합되었는지 확인하세요. • 접점부(핸디, 본체)를 부드러운 면으로 깨끗이 닦아 주세요.	• 청소기에서 충전잭을 뽑아 주세요.
사용 중 갑자기 흡입력이 떨어진다.	• 흡입구를 커다란 이물질이 막고 있는지 확인하세요. • 먼지 필터가 막혀 있는지 확인하세요. • 먼지통 내에 오물이 가득 차 있는지 확인하세요.	• 이물질을 없애고 다시 사용하세요.
청소기가 멈추지 않는다.	• 스틱 손잡이 / 핸디 손잡이 스위치 2곳 모두 꺼져 있는지 확인하세요. • 청소기 본체에서 핸디 청소기를 분리하세요.	-
사용시간이 짧다고 느껴진다.	• 10시간 이상 충전하신 후 사용하세요.	-
라이트 불이 켜지지 않는다.	• 청소기 작동 스위치를 ON으로 하셨는지 확인하세요. • 라이트 스위치를 ON으로 하셨는지 확인하세요.	-
파워브러시가 작동하지 않는다.	• 머리카락이나 실 등 이물질이 감겨있는지 확인하세요.	• 청소기 전원을 끄고 이물질 제거 후 전원을 켜면 파워브러시가 재작동하며, 평상시에도 파워브러시가 멈추었을 때는 전원 스위치를 껐다 켜면 브러시가 재작동합니다.

02 다음 중 배터리 충전 시 고장이 발생한 경우, 그 원인으로 옳지 않은 것은?

① 충전 시 작동 스위치 2곳을 모두 끄지 않은 경우
② 충전기를 뽑을 때 줄을 잡고 뽑은 경우
③ 충전하지 않을 때 충전기를 계속 꽂아 둔 경우
④ 적정 충전시간을 초과하여 충전한 경우
⑤ 타 제품의 충전기를 사용한 경우

PART 1

03 B대리는 청소기의 전원을 껐다 켬으로써 청소기의 작동 불량을 해결하였다. 다음 중 어떤 작동 불량이 발생하였는가?

① 청소기가 멈추지 않았다.
② 사용시간이 짧게 느껴졌다.
③ 파워브러시가 작동하지 않았다.
④ 사용 중 흡입력이 떨어졌다.
⑤ 라이트 불이 켜지지 않았다.

04 다음 중 청소기에 이물질이 많이 들어있을 때 나타날 수 있는 증상은?

① 사용시간이 짧아진다.
② 라이트 불이 켜지지 않는다.
③ 스위치를 켜도 청소기가 작동하지 않는다.
④ 충전 시 충전기에서 열이 난다.
⑤ 사용 중 갑자기 흡입력이 떨어진다.

MEMO

PART 2

최종점검 모의고사

제1회
최종점검 모의고사

※ 한전MCS 최종점검 모의고사는 2025년 채용공고와 필기후기를 기준으로 구성한 것으로 실제 시험과 다를 수 있습니다.

취약영역 분석

번호	O/×	영역	번호	O/×	영역	번호	O/×	영역
01		의사소통능력	21		문제해결능력	41		기술능력
02			22			42		
03			23			43		
04			24			44		
05			25			45		
06			26			46		
07			27			47		
08			28			48		
09			29			49		
10			30			50		
11		수리능력	31		자원관리능력			
12			32					
13			33					
14			34					
15			35					
16			36					
17			37					
18			38					
19			39					
20			40					

평가문항	50문항	평가시간	50분
시작시간	:	종료시간	:
취약영역			

제1회 최종점검 모의고사

모바일 OMR

문항 수 : 50문항 응시시간 : 50분

정답 및 해설 p.036

01 다음 글의 논증을 약화하는 것을 〈보기〉에서 모두 고르면?

인간 본성은 기나긴 진화 과정의 결과로 생긴 복잡한 전체다. 여기서 '복잡한 전체'란 그 전체가 단순한 부분들의 합보다 더 크다는 의미이다. 인간을 인간답게 만드는 것, 즉 인간에게 존엄성을 부여하는 것은 인간이 갖고 있는 개별적인 요소들이 아니라 이것들이 모여 만들어내는 복잡한 전체이다. 또한 인간 본성이라는 복잡한 전체를 구성하고 있는 하부 체계들은 상호 간에 극단적으로 밀접하게 연관되어 있다. 따라서 그중 일부라도 인위적으로 변경하면, 이는 불가피하게 전체의 통일성을 무너지게 한다. 이 때문에 과학기술을 이용해 인간 본성을 인위적으로 변경하여 지금의 인간을 보다 향상된 인간으로 만들려는 시도는 금지되어야 한다. 이런 시도를 하는 사람들은 인간이 가져야 할 훌륭함이 무엇인지 스스로 잘 안다고 생각하며, 거기에 부합하지 않는 특성들을 선택해 이를 개선하고자 한다. 그러나 인간 본성의 '좋은 특성'은 '나쁜 특성'과 밀접하게 연결되어 있기 때문에, 후자를 개선하려는 시도는 전자에 대해서도 영향을 미칠 수밖에 없다. 예를 들어, 우리가 질투심을 느끼지 못한다면 사랑 또한 느끼지 못하게 된다는 것이다. 사랑을 느끼지 못하는 인간들이 살아가는 사회에서 어떤 불행이 펼쳐질지 우리는 가늠조차 할 수 없다. 즉, 인간 본성을 선별적으로 개선하려 들면, 복잡한 전체를 무너뜨리는 위험성이 불가피하게 발생하게 된다. 따라서 우리는 인간 본성을 구성하는 어떠한 특성에 대해서도 그것을 인위적으로 개선하려는 시도에 반대해야 한다.

보기

㉠ 인간 본성은 인간이 갖는 도덕적 지위와 존엄성의 궁극적 근거이다.
㉡ 모든 인간은 자신을 포함하여 인간 본성을 지닌 모든 존재가 지금의 상태보다 더 훌륭하게 되길 희망한다.
㉢ 인간 본성의 하부 체계는 상호 분리된 모듈들로 구성되어 있기 때문에 인간 본성의 특정 부분을 인위적으로 변경하더라도 그 변화는 모듈 내로 제한된다.

① ㉠
② ㉢
③ ㉠, ㉡
④ ㉡, ㉢
⑤ ㉠, ㉡, ㉢

02 다음 글의 내용으로 적절하지 않은 것은?

> 우리 민족은 고유한 주거문화로 바닥 난방 기술인 구들을 발전시켜 왔는데, 구들은 우리 민족에 다양한 영향을 주었다. 우선 오랜 구들 생활은 우리 민족의 인체에 적지 않은 변화를 초래하였다. 태어나면서부터 따뜻한 구들에 누워 자는 것이 습관이 된 우리 아이들은 사지의 활동량이 적어 발육이 늦어졌다. 구들에서 자란 우리 아이들은 다른 어떤 민족의 아이들보다 따뜻한 곳에서 안정감을 느꼈으며, 우리 민족은 아이들에게 따뜻함을 만들어주기 위해 여러 가지를 고안하여 발전시켰다.
> 구들은 농경을 주업으로 하는 우리 민족의 생산도구의 제작과 사용에 많은 영향을 주었다. 구들에 앉아 오랫동안 활동하는 습관은 하반신보다 상반신의 작업량을 증가시켰고 상반신의 움직임이 상대적으로 정교하게 되었다. 구들 생활에 익숙해진 우리 민족은 방 안에서의 작업뿐만 아니라 농사를 비롯한 야외의 많은 작업에서도 앉아서 하는 습관을 갖게 되었는데 이는 큰 농기구를 이용하여 서서 작업을 하는 서양과는 완전히 다른 방식이었다.

① 구들의 영향으로 우리 민족은 앉아서 하는 작업방식이 일반화되었다.
② 구들은 실내뿐만 아니라 실외활동에도 영향을 끼쳤다.
③ 우리 민족은 하반신 활동보다 상반신 활동이 많은 대신 상반신 작업이 정교한 특징이 있다.
④ 구들은 아이들의 체온을 높여 발육을 방해한다.
⑤ 우리 민족은 앉아서 작업하는 습관이 있다.

03 다음 중 빈칸 ㉠ ~ ㉢에 들어갈 단어를 바르게 짝지은 것은?

> • 그는 부인에게 자신의 친구를 ㉠ (소개시켰다 / 소개했다).
> • 이 소설은 실제 있었던 일을 바탕으로 ㉡ (쓰인 / 쓰여진) 것이다.
> • 자전거가 마주 오던 자동차와 ㉢ (부딪혔다 / 부딪쳤다).

	㉠	㉡	㉢
①	소개시켰다	쓰인	부딪혔다
②	소개시켰다	쓰여진	부딪혔다
③	소개했다	쓰인	부딪혔다
④	소개했다	쓰인	부딪쳤다
⑤	소개했다	쓰여진	부딪쳤다

04 다음 글의 내용으로 가장 적절한 것은?

세계 식품 시장의 20%를 차지하는 할랄식품(Halal Food)은 '신이 허용한 음식'이라는 뜻으로, 이슬람 율법에 따라 생산, 처리, 가공되어 무슬림들이 먹거나 사용할 수 있는 식품을 말한다. 이런 기준이 적용된 할랄식품은 엄격하게 생산되고 유통과정이 투명하기 때문에 일반 소비자들에게도 좋은 평을 얻고 있다.

할랄식품 시장은 최근 들어 급격히 성장하고 있는데 이의 가장 큰 원인은 무슬림 인구의 증가이다. 무슬림은 최근 20년 동안 5억 명 이상의 인구증가를 보이고 있어서 많은 유통업계가 할랄식품을 위한 생산라인을 설치하는 등의 노력을 하고 있다.

그러나 할랄식품을 수출하는 것은 쉬운 일이 아니다. 신이 '부정한 것'이라고 하는 모든 것으로부터 분리되어야 하기 때문이다. 또한, 국제적으로 표준화된 기준이 없다는 것도 할랄식품 시장의 성장을 방해하는 요인이다. 세계 할랄 인증 기준만 200종에 달하고 수출업체는 무슬림 국가마다 별도의 인증을 받아야 한다. 전문가들은 이대로라면 할랄 인증이 무슬림 국가들의 수입장벽이 될 수 있다고 지적한다.

① 할랄식품은 무슬림만 먹어야 하는 식품이다.
② 할랄식품의 이미지 때문에 소비자들에게 인기가 좋다.
③ 할랄식품 시장의 급격한 성장으로 유통업계에서 할랄식품을 위한 생산라인을 설치 중이다.
④ 표준화된 할랄 인증 기준을 통과하면 무슬림 국가에 수출이 가능하다.
⑤ 할랄식품은 그 자체가 브랜드이기 때문에 큰 걸림돌 없이 지속적인 성장이 가능하다.

05 다음 문단을 논리적 순서대로 바르게 나열한 것은?

(가) 언어의 전파 과정에 대해 이와 같이 설명하는 것을 수면에 떨어진 물체로부터 파생된 물결이 주위로 퍼져 나가는 것과 같다 하여 '파문설(波紋說)'이라 한다.
(나) 일반적으로 도시나 저지대가 방사 원점이 되는데 개신파가 퍼져나가는 속도는 지리적 제약에 따라 달라진다. 넓은 평야 지대가 발달한 지역은 그 속도가 빠른 반면, 지리적 장애물로 둘러싸인 지역은 그 속도가 느리다.
(다) 언어는 정치・경제・문화 중심지로부터 그 주변 지역으로 퍼져 나간다. 전국 각 지역으로부터 사람들이 중심지로 모여들고 이들이 다시 각 지역으로 흩어져 가는 과정이 되풀이되면서 중심지의 언어가 주변 지역으로 퍼져 나가게 되는 것이다.
(라) 이때 중심지로부터 주변 지역으로 퍼져 나가는 언어 세력을 '개신파(改新波)'라고 하고 세력의 중심지를 '방사원점(放射原點)'이라고 한다.

① (가) – (라) – (나) – (다)
② (가) – (라) – (다) – (나)
③ (나) – (라) – (가) – (다)
④ (다) – (가) – (나) – (라)
⑤ (다) – (가) – (라) – (나)

06 다음 글의 내용으로 가장 적절한 것은?

우리는 재활용이라고 하면 생활 속에서 자주 접하는 종이, 플라스틱, 유리 등을 다시 활용하는 것만을 생각한다. 하지만 에너지도 재활용이 가능하다고 한다.

에너지는 우리가 인지하지 못하는 일상생활 속 움직임을 통해 매 순간 만들어지고 사라진다. 문제는 이렇게 생산되고 사라지는 에너지의 양이 적지 않다는 것이다. 이처럼 버려지는 에너지를 수집해 우리가 사용할 수 있도록 하는 기술이 에너지 하베스팅이다.

에너지 하베스팅은 열, 빛, 운동, 바람, 진동, 전자기 등 주변에서 버려지는 에너지를 모아 전기를 얻는 기술을 의미한다. 이처럼 우리 주위 자연에 존재하는 청정 에너지를 반영구적으로 사용하기 때문에 공급의 안정성, 보안성 및 지속 가능성이 높고, 이산화탄소를 배출하는 화석연료를 사용하지 않기 때문에 환경공해를 줄일 수 있어 친환경 에너지 활용 기술로도 각광받고 있다.

이처럼 에너지원의 종류가 많은 만큼, 에너지 하베스팅의 유형도 매우 다양하다. 체온, 정전기 등 신체의 움직임을 이용하는 신체 에너지 하베스팅, 태양광을 이용하는 광 에너지 하베스팅, 진동이나 압력을 가해 이용하는 진동 에너지 하베스팅, 산업 현장에서 발생하는 수많은 폐열을 이용하는 열에너지 하베스팅, 방송전파나 휴대전화 전파 등의 전자파 에너지를 이용하는 전자파 에너지 하베스팅 등이 폭넓게 개발되고 있다.

영국의 어느 에너지 기업은 사람의 운동 에너지를 전기 에너지로 바꾸는 기술을 개발했다. 사람이 많이 다니는 인도 위에 버튼식 패드를 설치하여 사람이 밟을 때마다 전기가 생신되도록 하는 것이다. 이 장치는 2012년 런던올림픽에서 테스트를 한 이후 현재 영국의 12개 학교 및 미국 뉴욕의 일부 학교에서 설치하여 활용 중이다.

이처럼 전 세계적으로 화석 연료에서 신재생 에너지로 전환하려는 노력이 계속되고 있는 만큼, 에너지 전환 기술인 에너지 하베스팅에 대한 관심은 계속될 것이며 다양한 분야에 적용될 것으로 예상되고 있다.

① 재활용은 유체물만 가능하다.

② 에너지 하베스팅은 버려진 에너지를 또 다른 에너지로 만드는 것이다.

③ 에너지 하베스팅을 통해 열, 빛, 전기 등 여러 에너지를 얻을 수 있다.

④ 태양광과 폐열은 같은 에너지원에 속한다.

⑤ 사람의 운동 에너지를 전기 에너지로 바꾸는 기술은 사람의 체온을 이용한 신체 에너지 하베스팅 기술이다.

07 다음 글의 주장에 대한 비판으로 가장 적절한 것은?

> 저작권은 저자의 권익을 보호함으로써 활발한 저작 활동을 촉진하여 인류의 문화 발전에 기여하기 위한 것이다. 그러나 이렇게 공적 이익을 추구하기 위한 저작권이 현실에서는 일반적으로 지나치게 사적 재산권을 행사하는 도구로 인식되고 있다. 저작물 이용자들의 권리를 보호하기 위해 마련한 공익적 성격의 법조항도 법적 분쟁에서는 항상 사적 재산권의 논리에 밀려 왔다.
> 저작권 소유자 중심의 저작권 논리는 실제로 저작권이 담당해야 할 사회적 공유를 통한 문화 발전을 방해한다. 몇 해 전의 '애국가 저작권'에 대한 논란은 이러한 문제를 단적으로 보여준다. 저자 사후 50년 동안 적용되는 국내 저작권법에 따라 애국가가 포함된 〈한국 환상곡〉의 저작권이 작곡가 안익태의 유족들에게 2015년까지 주어진다는 사실이 언론을 통해 알려진 것이다. 누구나 자유롭게 이용할 수 있는 국가(國歌)마저 공공재가 아닌 개인 소유라는 사실에 많은 사람들이 놀랐다.
> 창작은 백지 상태에서 완전히 새로운 것을 만드는 것이 아니라 저작자와 인류가 쌓은 지식 간의 상호 작용을 통해 이루어진다. "내가 남들보다 조금 더 멀리 보고 있다면, 이는 내가 거인의 어깨 위에 올라서 있는 난쟁이이기 때문"이라는 뉴턴의 겸손은 바로 이를 말한다. 이렇듯 창작자의 저작물은 인류의 지적 자원에서 영감을 얻은 결과이다. 그러한 저작물을 다시 인류에게 되돌려 주는 데 저작권의 의의가 있다. 이러한 생각은 이미 1960년대 프랑스 철학자들에 의해 형성되었다. 예컨대 기호학자인 바르트는 '저자의 죽음'을 거론하면서 저자가 만들어 내는 텍스트는 단지 인용의 조합일 뿐 어디에도 '오리지널'은 존재하지 않는다고 단언한다.
> 전자 복제 기술의 발전과 디지털 혁명은 정보나 자료의 공유가 지니는 의의를 잘 보여주고 있다. 인터넷과 같은 매체 환경의 변화는 원본을 무한히 복제하고 자유롭게 이용함으로써 누구나 창작의 주체로서 새로운 문화 창조에 기여할 수 있도록 돕는다. 인터넷 환경에서 이용자는 저작물을 자유롭게 교환할 뿐 아니라 수많은 사람들과 생각을 나눔으로써 새로운 창작물을 생산하고 있다. 이러한 상황은 저작권을 사적 재산권의 측면에서보다는 공익적 측면에서 바라볼 필요가 있음을 보여준다.

① 저작권의 사회적 공유에 대해 일관성 없는 주장을 하고 있다.
② 저작물이 개인의 지적·정신적 창조물임을 과소평가하고 있다.
③ 저작권의 사적 보호가 초래한 사회적 문제의 사례가 적절하지 않다.
④ 인터넷이 저작권의 사회적 공유에 미치는 영향을 드러내지 못하고 있다.
⑤ 객관적인 사실을 제시하지 않고 추측에 근거하여 논리를 전개하고 있다.

08 다음 제시된 문장 뒤에 이어질 내용을 논리적 순서대로 바르게 나열한 것은?

> 전 세계적으로 온난화 기체 저감을 위한 습지 건설 기술은 아직 보고된 바가 없으며 관련 특허도 없다.

> (가) 동남아시아 등에서 습지를 보존하고 복원하는 데 국내 개발 기술을 활용하면
> (나) 이산화탄소를 고정하고 메탄을 배출하지 않는 인공 습지를 개발하면
> (다) 기존의 목적에 더해 온실가스를 제거하는 새로운 녹색 성장 기술로 사용할 수 있으며
> (라) 기술 이전에 따른 별도 효과도 기대할 수 있을 것이다.

① (가) – (나) – (다) – (라)
② (가) – (다) – (나) – (라)
③ (나) – (가) – (다) – (라)
④ (나) – (다) – (가) – (라)
⑤ (다) – (나) – (가) – (라)

09 다음 중 밑줄 친 부분의 맞춤법이 옳지 않은 것은?

① 쉬이 넘어갈 문제가 아니다.
② 가정을 소홀히 해서는 안 된다.
③ 소파에 깊숙이 기대어 앉았다.
④ 헛기침이 간간히 섞여 나왔다.
⑤ 일을 하는 틈틈이 공부를 했다.

10 다음 글을 읽고 밑줄 친 ㉠과 같은 현상이 나타나게 된 이유로 적절하지 않은 것은?

> 고려와 조선은 국가적으로 금속화폐의 통용을 추진한 적이 있다. 화폐 주조권을 장악하여 세금을 효과적으로 징수하고 효율적으로 저장하려는 것이 그 목적이었다. 그러나 물품화폐에 익숙한 농민들은 금속화폐를 불편하게 여겼으므로 금속화폐의 유통 범위는 한정되고 끝내는 삼베를 비롯한 물품화폐에 압도당하고 말았다. ㉠ <u>조선 태종 때와 세종 때에도 동전의 유통을 시도했지만 실패하였다.</u>
> 조선 전기 은화(銀貨)는 한양을 중심으로 유통되었는데, 주로 왕실과 관청, 지배층과 상인, 역관(譯官) 등이 이용한 '돈'이었다. 그러나 은화(銀貨)는 고액 화폐였다. 그 때문에 서민의 경제생활에서는 여전히 무명 옷감이 화폐의 기능을 담당하였다.
> 그러한 가운데서도 농업생산력의 발전과 인구의 증가, 17세기 이후 지방시장의 성장은 금속화폐 통용을 위한 여건이 마련되었음을 뜻하였다. 17세기 전반 이미 개성에서는 모든 거래가 동전으로 이루어지고 있었다. 이러한 여건 아래에서 1678년(숙종 4년)부터 강력한 통용책이 추진되면서 금속화폐가 널리 보급될 수 있었다. 동전인 상평통보 1개는 1푼(分)이었다. 10푼이 1전(錢), 10전이 1냥(兩), 10냥이 1관(貫)이다. 대원군이 집권할 때 주조된 당백전(當百錢)과 1883년 주조된 당오전(當五錢)은 1개가 각각 100푼과 5푼의 가치를 가지는 동전이었다. 동전 주조가 늘면서 그 유통 범위가 경기, 충청지방으로부터 점차 확산되었고, 18세기 초에는 전국에 미칠 정도였다. 동전을 시전(市廛)에 무이자로 대출하고, 관리의 녹봉을 동전으로 지급하고, 일부 세금을 동전으로 거두어들이는 등의 국가 정책도 동전의 통용을 촉진하였다. 화폐경제의 성장은 상업적 동기를 촉진시키고 경제생활, 나아가 사회생활에 변화를 주었다.
> 이러한 가운데 일부 위정자들은 화폐경제로 인한 부작용을 우려했는데 특히 농촌 고리대금업(高利貸金業)의 성행을 가장 심각한 문제로 생각했다. 그래서 동전의 폐지를 주장하는 이도 있었다. 1724년 즉위한 영조는 이 주장을 받아들여 동전 주조를 정지하였다. 그런데 당시에 동전은 이미 일상생활로 퍼졌기 때문에 동전의 수요에 비해 공급이 부족한 현상이 일어나 동전주조의 정지는 화폐 유통질서와 상품경제에 타격을 가하였다. 돈이 매우 귀하여 농민과 상인의 교역에 불편을 가져다준 것이다. 또한 소수의 부유한 상인이 동전을 집중적으로 소유하여 고리대금업(高利貸金業) 활동을 강화함에 따라서 오히려 농민 몰락이 조장되었다. 결국 영조 7년 이후 동전은 다시 주조되기 시작했다.

① 화폐가 통용될 시장이 발달하지 않았다.
② 화폐가 주로 일부계층 위주로 통용되었다.
③ 백성들이 화폐보다 물품화폐를 선호하였다.
④ 국가가 화폐수요량에 맞추어 원활하게 공급하지 못했다.
⑤ 화폐가 필요할 만큼 농업생산력이 발전하지 못했다.

11 다음과 같이 일정한 규칙으로 수를 나열할 때 빈칸에 들어갈 수로 옳은 것은?

2 3 5 9 17 33 ( )

① 50
② 55
③ 60
④ 65
⑤ 70

PART 2

12 다음은 2020 ~ 2024년 K사의 경제 분야 투자규모에 대한 자료이다. 이에 대한 설명으로 옳지 않은 것은?

〈K사의 경제 분야 투자규모〉

(단위 : 억 원, %)

구분	2020년	2021년	2022년	2023년	2024년
경제 분야 투자규모	20	24	23	22	21
총지출 대비 경제 분야 투자규모 비중	6.5	7.5	8	7	6

① 2024년 총지출은 320억 원 이상이다.
② 2021년 경제 분야 투자규모의 전년 대비 증가율은 25% 이하이다.
③ 2022년이 2023년보다 경제 분야 투자규모가 전년에 비해 큰 비율로 감소하였다.
④ 2020 ~ 2024년 동안 경제 분야에 투자한 금액은 110억 원이다.
⑤ 2021 ~ 2024년 동안 경제 분야 투자규모와 총지출 대비 경제 분야 투자규모 비중의 전년 대비 증감추이는 동일하지 않다.

13 K프로젝트는 A가 혼자 일하면 10일, B가 혼자 일하면 20일, C가 혼자 일하면 40일이 걸린다. 이 프로젝트를 4일간 A와 B가 먼저 일하고, 남은 양을 C 혼자서 마무리한다고 할 때, C는 며칠간 일해야 하는가?

① 12일
② 14일
③ 16일
④ 18일
⑤ 20일

14 희경이의 회사는 본사에서 지점까지의 거리가 총 50km이다. 본사에서 근무하는 희경이가 지점에서의 미팅을 위해 버스를 타고 60km/h의 속력으로 20km를 갔더니 시간이 얼마 남지 않아서, 택시로 바꿔 타고 90km/h의 속력으로 가서 오후 3시에 도착할 수 있었다. 희경이가 본사에서 나온 시각은 언제인가?(단, 본사에서 나와 버스를 기다린 시간과 버스에서 택시로 바꿔 탄 시간은 생각하지 않는다)

① 오후 1시 40분
② 오후 2시
③ 오후 2시 20분
④ 오후 2시 40분
⑤ 오후 3시

15 다음과 같이 일정한 규칙으로 수를 나열할 때, A+B의 값은?

9	54	18	108	36	A	B

① 288
② 289
③ 290
④ 291
⑤ 292

16 다음은 A국과 B국의 축구 대결을 앞두고 양국의 골키퍼, 수비(중앙 수비, 측면 수비), 미드필드, 공격(중앙 공격, 측면 공격) 능력을 영역별로 평가한 결과이다. 이에 대한 설명으로 옳지 않은 것은?(단, 원 중심에서 멀어질수록 점수가 높아진다)

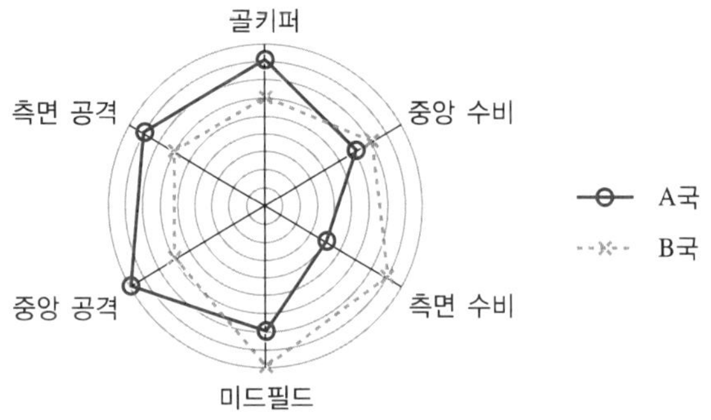

① A국은 공격보다 수비에 약점이 있다.
② B국은 미드필드보다 수비에서의 능력이 뛰어나다.
③ A국과 B국은 측면 수비 능력에서 가장 큰 차이가 난다.
④ A국과 B국 사이에 가장 작은 차이를 보이는 영역은 중앙 수비이다.
⑤ 골키퍼의 역량이 보다 뛰어난 국가는 A국이다.

PART 2

17 다음은 주중과 주말 교통상황에 대한 자료이다. 이에 대한 설명으로 옳은 것을 〈보기〉에서 모두 고르면?

〈주중 · 주말 예상 교통량〉

(단위 : 만 대)

구분	전국	수도권 → 지방	지방 → 수도권
주말 교통량	490	50	51
주중 교통량	380	42	35

〈대도시 간 예상 최대 소요시간〉

구분	서울 – 대전	서울 – 부산	서울 – 광주	서울 – 강릉	남양주 – 양양
주말	2시간 40분	5시간 40분	4시간 20분	3시간 20분	2시간 20분
주중	1시간 40분	4시간 30분	3시간 20분	2시간 40분	1시간 50분

보기

ㄱ. 대도시 간 예상 최대 소요시간은 모든 구간에서 주중이 주말보다 적게 걸린다.
ㄴ. 주중 전국 교통량 중 수도권에서 지방으로 가는 교통량의 비율은 10% 이상이다.
ㄷ. 지방에서 수도권으로 가는 주말 예상 교통량은 주중 예상 교통량보다 30% 미만으로 많다.
ㄹ. 서울 – 광주 구간 주중 소요시간은 서울 – 강릉 구간 주말 소요시간과 같다.

① ㄱ, ㄴ
② ㄱ, ㄷ
③ ㄴ, ㄷ
④ ㄱ, ㄴ, ㄹ
⑤ ㄴ, ㄷ, ㄹ

18 K공사는 2005년부터 지속 가능 경영을 체계적으로 수행하기 위해 CSM(Corporate Sustainability Management) 담당조직을 운영하고 있으며, 기획처 전략기획부에서 지속 가능 경영 업무를 총괄하고 있다. 전략기획부의 A사원은 2019년 지속 가능 경영 성과지표의 달성률을 구하는 업무를 수행하고 있다. 다음 자료의 빈칸 (가)에 들어갈 값은?

성과지표	2019년 목표	2019년 성과	달성률(%)	2020년 목표	중장기 목표 (2030년)
부하율(%)	75.8	76.5	101	75.9	76.1
피크 감축량(만kW)	70	미시행	–	100	100
해외 매출액(조원)	4.8	4.9	102	4.7	20(2035년)
핵심전략기술 확보 (건, 누계)	43	43	100	54	105
글로벌 미래인재 Pool(명)	2,100	2,203	105	전 직원 10% 이상	전 직원 10% 이상
배전 지중화율	16.4	16.69	102	16.9	
송배전 손실률(%)	3.7 이하	3.6	103	3.7이하	3.7이하
환경투자비용(억 원)	40,000	38,391	96	40,500	45,000
온실가스 배출량 (천 톤CO^2eq)	1,590	1,309	(가)	1,610	1,610
고객만족도(점)	98.8	90.6	94	91.5	94.4
정전 시간(분)	10.53	10.26	103	9.9	7.91

※ 달성률 : 소수점 첫째 자리에서 반올림함

① 82
② 88
③ 94
④ 92
⑤ 118

PART 2

19 다음 글과 상황을 토대로 판단할 때, 갑이 납부해야 할 수수료를 바르게 연결한 것은?

특허에 관한 절차를 밟는 사람은 다음 각 호의 수수료를 내야 한다.

1. 특허출원료
   가. 특허출원을 국어로 작성된 전자문서로 제출하는 경우 : 매건 46,000원. 다만 전자문서를 특허청에서 제공하지 아니한 소프트웨어로 작성하여 제출한 경우에는 매건 56,000원으로 한다.
   나. 특허출원을 국어로 작성된 서면으로 제출하는 경우 : 매건 66,000원에 서면이 20면을 초과하는 경우 초과하는 1면마다 1,000원을 가산한 금액
   다. 특허출원을 외국어로 작성된 전자문서로 제출하는 경우 : 매건 73,000원
   라. 특허출원을 외국어로 작성된 서면으로 제출하는 경우 : 매건 93,000원에 서면이 20면을 초과하는 경우 초과하는 1면마다 1,000원을 가산한 금액
2. 특허심사청구료 : 매건 143,000원에 청구범위의 1항마다 44,000원을 가산한 금액

〈상황〉

갑은 청구범위가 3개 항으로 구성된 총 27면의 서면을 작성하여 1건의 특허출원을 하면서, 이에 대한 특허심사도 함께 청구한다.

	국어로 작성한 경우	외국어로 작성한 경우
①	66,000원	275,000원
②	73,000원	343,000원
③	348,000원	343,000원
④	348,000원	375,000원
⑤	349,000원	375,000원

20 K카드사는 카드 이용 시 제공되는 할인 서비스에 대한 기존 고객의 선호도를 조사하여 신규 상품에 적용하고자 한다. K카드사 이용 고객 2,000명을 대상으로 실시한 선호도 조사 결과가 다음과 같을 때, 〈보기〉 중 옳은 것을 모두 고르면?

〈할인 서비스 선호도 조사 결과〉

(단위 : %)

할인 서비스	남성	여성	전체
주유	18	22	20
온라인 쇼핑	10	18	14
영화관	24	23	23.5
카페	8	13	10.5
제과점	22	17	19.5
편의점	18	7	12.5

※ 응답자들은 가장 선호하는 할인 서비스 항목 1개를 선택하였음

보기

ㄱ. 선호도 조사 응답자 2,000명의 남녀 비율은 동일하다.
ㄴ. 편의점 할인 서비스는 남성보다 여성 응답자가 더 선호한다.
ㄷ. 온라인 쇼핑 할인 서비스를 선택한 남성은 모두 130명이다.
ㄹ. 남성과 여성 응답자는 모두 영화관 할인 서비스를 가장 선호한다.

① ㄱ, ㄴ
② ㄱ, ㄹ
③ ㄴ, ㄷ
④ ㄴ, ㄹ
⑤ ㄷ, ㄹ

PART 2

21 K사 재무팀 직원들은 회의를 위해 회의실에 모였다. 회의실의 테이블은 원형이고, 다음 〈조건〉에 따라 자리배치를 하려고 할 때, 김팀장을 기준으로 시계방향으로 앉은 사람을 순서대로 나열한 것은?

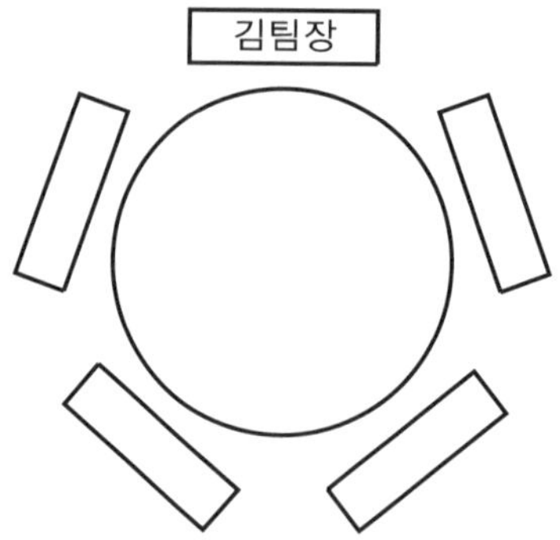

조건

- 정차장과 오과장은 서로 사이가 좋지 않아서 나란히 앉지 않는다.
- 김팀장은 정차장이 바로 오른쪽에 앉기를 바란다.
- 한대리는 오른쪽 귀가 좋지 않아서 양사원이 왼쪽에 앉기를 바란다.

① 정차장 – 양사원 – 한대리 – 오과장
② 한대리 – 오과장 – 정차장 – 양사원
③ 양사원 – 정차장 – 오과장 – 한대리
④ 오과장 – 양사원 – 한대리 – 정차장
⑤ 오과장 – 한대리 – 양사원 – 정차장

22 미국, 영국, 중국, 프랑스에 파견된 4명의 외교관 A ~ D는 1년의 파견기간이 지나면 다시 새로운 국가로 파견된다. 다음 〈조건〉을 참고할 때, 항상 참인 것은?

조건

- 두 번 연속 같은 국가에 파견될 수는 없다.
- A는 작년에 영국에 파견되어 있었다.
- C와 D는 올해 프랑스에 파견되지 않는다.
- D는 작년에 중국에 파견되어 있었다.
- C가 작년에 파견된 국가는 미국이다.
- B가 올해 파견된 국가는 중국이다.

① A가 올해 파견된 국가는 영국이다.
② C가 올해 파견된 국가는 미국이다.
③ D가 올해 파견된 국가는 프랑스다.
④ B가 작년에 파견된 국가는 프랑스다.
⑤ A는 올해 영국 또는 미국에 파견되었을 것이다.

23 어느 회사는 일정한 규칙에 따라 만든 암호를 팀별 보안키로 활용한다. 이때 x와 y의 합은?

A팀	B팀	C팀	D팀	E팀	F팀
1938	2649	3576	6537	9642	2766
G팀	H팀	I팀	J팀	K팀	L팀
19344	21864	53193	84522	$9023x$	$7y352$

① 11　② 13
③ 15　④ 17
⑤ 19

PART 2

24 경순, 민경, 정주는 여름 휴가를 맞이하여 대만, 제주도, 일본 중 각각 한 곳으로 여행을 가는데, 게스트하우스 혹은 호텔에서 숙박할 수 있다. 다음 〈조건〉을 토대로 민경이의 여름 휴가 장소와 숙박 장소를 바르게 연결한 것은?(단, 세 사람 모두 이미 다녀온 곳으로는 휴가를 가지 않는다)

조건

- 제주도의 호텔은 예약이 불가하여, 게스트하우스에서만 숙박할 수 있다.
- 호텔이 아니면 잠을 못 자는 경순이는 호텔을 가장 먼저 예약했다.
- 여행 갈 때마다 호텔에 숙박했던 정주는 이번 여행은 게스트하우스를 예약했다.
- 대만으로 여행 가는 사람은 앱 할인으로 호텔에 숙박한다.
- 작년에 정주는 제주도와 대만을 다녀왔다.

① 제주도 – 호텔
② 대만 – 게스트하우스
③ 제주도 – 게스트하우스
④ 일본 – 호텔
⑤ 대만 – 호텔

25 게임 동호회 회장인 K씨는 주말에 진행되는 게임 행사에 동호회 회원인 A ~ E의 행사 참여 여부를 조사하려고 한다. 다음 〈조건〉을 토대로 할 때, E가 행사에 참여하지 않을 경우 행사에 참여하는 사람은 모두 몇 명인가?

조건

- A가 행사에 참여하지 않으면, B가 행사에 참여한다.
- A가 행사에 참여하면, C는 행사에 참여하지 않는다.
- B가 행사에 참여하면, D는 행사에 참여하지 않는다.
- D가 행사에 참여하지 않으면, E가 행사에 참여한다.

① 1명
② 2명
③ 3명
④ 4명
⑤ 5명

26 다음 글과 〈조건〉을 토대로 판단할 때, A가 구매해야 할 재료와 그 양으로 가장 적절한 것은?

A는 아내, 아들과 함께 짬뽕을 만들어 먹기로 했다. 짬뽕요리에 필요한 재료를 사기 위해 근처 전통 시장에 들른 A는 아래 〈조건〉을 만족하도록 재료를 모두 구매한다. 다만 짬뽕요리에 필요한 각 재료의 절반 이상이 냉장고에 있으면 그 재료는 구매하지 않는다.

〈조건〉

- A와 아내는 각각 성인 1인분, 아들은 성인 0.5인분을 먹는다.
- 매운 음식을 잘 먹지 못하는 아내를 고려하여 '고추'라는 단어가 들어간 재료는 모두 절반만 넣는다.
- 아들은 성인 1인분의 새우를 먹는다.

〈냉장고에 있는 재료〉

면 200g, 오징어 240g, 돼지고기 100g, 양파 100g, 청양고추 15g, 고추기름 100mL, 대파 10cm, 간장 80mL, 마늘 5g

〈짬뽕요리 재료(성인 1인분 기준)〉

면 200g, 해삼 40g, 소라 30g, 오징어 60g, 돼지고기 90g, 새우 40g, 양파 60g, 양송이버섯 50g, 죽순 40g, 고추기름 20mL, 건고추 8g, 청양고추 10g, 대파 10cm, 마늘 10g, 청주 15mL

① 면 200g
② 양파 50g
③ 새우 100g
④ 건고추 7g
⑤ 돼지고기 125g

PART 2

27 S사원은 점심식사 중 식당에 있는 TV에서 정부의 정책에 대한 뉴스가 나오는 것을 보았다. 함께 점심을 먹는 동료들과 뉴스를 보고 나눈 대화의 내용으로 적절하지 않은 것은?

〈뉴스〉

앵커 : 저소득층에게 법률서비스를 제공하는 정책을 구상 중입니다. 정부는 무료로 법률자문을 하겠다고 자원하는 변호사를 활용하는 자원봉사제도, 정부에서 법률 구조공단 등의 기관을 신설하고 변호사를 유급으로 고용하여 법률서비스를 제공하는 유급법률구조제도, 정부가 법률서비스의 비용을 대신 지불하는 법률보호제도 등의 세 가지 정책대안 중 하나를 선택할 계획입니다.

이 정책대안을 비교하는 데 고려해야 할 정책목표는 비용저렴성, 접근용이성, 정치적 실현가능성, 법률서비스의 전문성입니다. 정책대안과 정책목표의 관계는 화면으로 보여드립니다. 각 대안이 정책목표를 달성하는 데 유리한 경우는 (+)로, 불리한 경우는 (−)로 표시하였으며, 유·불리 정도는 같습니다. 정책목표에 대한 가중치의 경우, '0'은 해당 정책목표를 무시하는 것을, '1'은 해당 정책목표를 고려하는 것을 의미합니다.

〈정책대안과 정책목표의 상관관계〉

정책목표	가중치		정책대안		
	A안	B안	자원봉사제도	유급법률구조제도	법률보호제도
비용저렴성	0	0	+	−	−
접근용이성	1	0	−	+	−
정치적 실현가능성	0	0	+	−	+
전문성	1	1	−	+	−

① 아마도 전문성 면에서는 유급법률구조제도가 자원봉사제도보다 더 좋은 정책 대안으로 평가받게 되겠군.

② A안에 가중치를 적용할 경우 유급법률구조제도가 가장 적절한 정책대안으로 평가받게 되지 않을까?

③ 반대로 B안에 가중치를 적용할 경우 자원봉사제도가 가장 적절한 정책대안으로 평가받게 될 것 같아.

④ A안과 B안 중 어떤 것을 적용하더라도 정책대안 비교의 결과는 달라지지 않을 것으로 보여.

⑤ 비용저렴성을 달성하기에 가장 유리한 정책대안은 자원봉사제도로군.

28 K공사에 근무하는 S사원은 부서 워크숍을 진행하기 위하여 워크숍 장소 후보를 선정하였다. 다음 〈조건〉을 참고할 때, 워크숍 장소로 가장 적절한 곳은?

〈K공사 워크숍 장소 후보〉

후보	거리(공사 기준)	수용 가능 인원	대관료	이동 시간(편도)
A호텔	40km	100명	40만 원/일	1시간 30분
B연수원	40km	80명	50만 원/일	2시간
C세미나	20km	40명	30만 원/일	1시간
D리조트	60km	80명	80만 원/일	2시간 30분
E호텔	100km	120명	100만 원/일	3시간 30분

조건

- 워크숍은 1박 2일로 진행한다.
- S사원이 속한 부서의 직원은 모두 80명이며 전원 참석한다.
- 거리는 공사 기준 60km 이하인 곳으로 선정한다.
- 대관료는 총 100만 원 이하인 곳으로 선정한다.
- 이동 시간은 왕복 3시간 이하인 곳으로 선정한다.

① A호텔
② B연수원
③ C세미나
④ D리조트
⑤ E호텔

29 K사는 신제품의 품번을 다음과 같은 규칙에 따라 정한다. 제품에 설정된 임의의 영단어가 'INTELLECTUAL'이라면 이 제품의 품번으로 옳은 것은?

〈규칙〉

- 1단계 : 알파벳 A～Z를 숫자 1, 2, 3, …으로 변환하여 계산한다.
- 2단계 : 제품에 설정된 임의의 영단어를 숫자로 변환한 값의 합을 구한다.
- 3단계 : 임의의 영단어 속 자음의 합에서 모음의 합을 뺀 값의 절댓값을 구한다.
- 4단계 : 2단계와 3단계의 값을 더한 다음 4로 나누어 2단계의 값에 더한다.
- 5단계 : 4단계의 값이 정수가 아닐 경우에는 소수점 첫째 자리에서 버림한다.

① 120
② 140
③ 160
④ 180
⑤ 200

30 K사 총무팀에 재직 중인 M사원은 영업팀에서 업무용 컴퓨터가 필요하다는 요청을 받아 시장조사를 했고, A～E컴퓨터 중에서 한 대를 구입할 생각이다. 다음 컴퓨터 정보와 〈조건〉을 참고할 때 구입할 컴퓨터는 무엇인가?

〈컴퓨터 정보〉

항목 / 컴퓨터	램 메모리 용량 (Giga Bytes)	하드 디스크 용량 (Tera Bytes)	가격 (천 원)
A	4	2	500
B	16	1	1,500
C	4	3	2,500
D	16	2	2,500
E	8	1	1,500

조건

- 컴퓨터를 구입할 때, 램 메모리 용량, 하드 디스크 용량, 가격을 모두 고려한다.
- 램 메모리와 하드 디스크 용량이 크면 클수록, 가격은 저렴하면 저렴할수록 선호한다.
- 항목별로 가장 선호하는 경우 100점, 가장 선호하지 않는 경우 0점, 그 외의 경우 50점을 각각 부여한다. 단, 가격은 다른 항목보다 중요하다고 생각하여 2배의 점수를 부여한다.
- 항목별 점수의 합이 가장 큰 컴퓨터를 구입한다.

① A ② B

③ C ④ D

⑤ E

31 R부장은 모스크바 현지 영업소로 출장을 갈 계획이다. 4일 오후 2시 회의가 예정되어 있어 모스크바 공항에 적어도 오전 11시 이전에는 도착하고자 한다. 인천에서 모스크바까지는 8시간이 걸리며, 시차는 인천이 모스크바보다 6시간이 더 빠르다. R부장은 인천에서 늦어도 몇 시에 출발하는 비행기를 예약해야 하는가?

① 3일 오전 9시
② 3일 오후 7시
③ 4일 오전 9시
④ 4일 오전 11시
⑤ 5일 오전 2시

32 다음 〈조건〉을 참고할 때 점포 A～E의 일일매출액 총합은 얼마인가?

조건

- A점포의 일일매출액은 B점포의 일일매출액보다 30만 원 적다.
- B점포의 일일매출액은 D점포 일일매출액의 20% 수준이다.
- D점포와 E점포의 일일매출액을 합한 것은 C점포의 매출액보다 2,450만 원이 모자라다.
- C점포가 이틀 동안 일한 매출액에서 D점포가 12일 동안 일한 매출액을 빼면 3,500만 원이다.
- E점포가 30일 동안 일한 매출액은 9,000만 원이다.

① 3,400만 원
② 3,500만 원
③ 5,500만 원
④ 6,000만 원
⑤ 7,500만 원

33 K공사에서는 신입사원 2명을 채용하기 위하여 서류와 필기전형을 통과한 갑 ~ 정 네 명의 최종 면접을 실시하려고 한다. 다음 자료와 같이 네 개 부서의 팀장이 각각 네 명을 모두 면접하여 채용 우선순위를 결정하였다. 〈보기〉 중 채용 결과에 대한 설명으로 옳은 것을 모두 고르면?

〈면접 결과〉

순위 \ 면접관	인사팀장	경영관리팀장	복지사업팀장	회계팀장
1순위	을	갑	을	병
2순위	정	을	병	정
3순위	갑	정	정	갑
4순위	병	병	갑	을

※ 우선순위가 높은 사람순으로 2명을 채용함
※ 동점자는 인사, 경영관리, 복지사업, 회계팀장 순서로 부여한 고순위자로 결정함
※ 각 팀장이 매긴 순위에 대한 가중치는 모두 동일함

보기

㉠ 을 또는 정 중 한 명이 입사를 포기하면 갑이 채용된다.
㉡ 인사팀장이 을과 정의 순위를 바꿨다면 갑이 채용된다.
㉢ 경영관리팀장이 갑과 병의 순위를 바꿨다면 정은 채용되지 못한다.

① ㉠
② ㉠, ㉡
③ ㉠, ㉢
④ ㉡, ㉢
⑤ ㉠, ㉡, ㉢

34 甲은 개인사유로 인해 5년간 재직했던 회사를 그만두게 되었다. 甲에게 지급된 퇴직금이 1,900만 원일 때, 甲의 평균 연봉을 바르게 계산한 것은?(단, 1일 평균임금 계산 시 천의 자리에서 올림하고, 윤년은 계산하지 않는다)

〈퇴직금 산정방법〉

▶ 고용주는 퇴직하는 근로자에게 계속근로기간 1년에 대해 30일분 이상의 평균임금을 퇴직금으로 지급해야 합니다.
 – '평균임금'이란 이를 산정해야 할 사유가 발생한 날 이전 3개월 동안에 해당 근로자에게 지급된 임금의 총액을 그 기간의 총일수로 나눈 금액을 말합니다.
 – 평균임금이 근로자의 통상임금보다 적으면 그 통상임금을 평균임금으로 합니다.

▶ 퇴직금 산정공식
(퇴직금)=[(1일 평균임금)×30×(총 계속근로기간)]÷365

① 4,110만 원
② 4,452만 원
③ 4,650만 원
④ 4,745만 원
⑤ 4,800만 원

35 오전 5시 40분에 당고개에서 출발하는 4호선 오이도행 열차가 있다. 다음은 오이도역에서 출발하는 4호선 당고개행 열차의 출발 시각표이고, 오이도에서 당고개까지 총 47개의 역이 있을 때, 당고개역에서 출발하는 열차가 오이도역에서 출발하는 열차와 몇 번째 역에서 마주치게 되겠는가?(단, 다음 정차역까지 걸리는 시간은 모두 2분 간격이며, 오이도역을 1번으로 하여 순번을 매긴다)

〈당고개행 열차 오이도역 출발 시각〉

열차	출발 시각
㉮	06:00
㉯	06:24
㉰	06:48

	㉮	㉯	㉰
①	21번째 역	15번째 역	9번째 역
②	19번째 역	13번째 역	7번째 역
③	17번째 역	11번째 역	5번째 역
④	14번째 역	10번째 역	4번째 역
⑤	14번째 역	9번째 역	3번째 역

36 K회사에서 근무하는 김사원은 수출계약 건으로 한국에 방문하는 바이어를 맞이하기 위해 인천공항에 가야 한다. 미국 뉴욕에서 오는 바이어는 현지 시각으로 21일 오전 8시 30분에 한국행 비행기에 탑승할 예정이며, 비행시간은 17시간이다. K회사에서 인천공항까지는 1시간 30분이 걸리고, 바이어의 도착 예정 시각보다는 30분 일찍 도착하여 대기하려고 할 때, 김사원은 적어도 회사에서 몇 시에 출발해야 하는가?(단, 뉴욕은 한국보다 13시간이 느리다)

① 21일 10시 30분
② 21일 12시 30분
③ 22일 12시
④ 22일 12시 30분
⑤ 22일 14시 30분

37 자동차 회사에 근무하고 있는 P씨는 중국 공장에 점검차 방문하기 위해 교통편을 알아보고 있다. 내일 새벽 비행기를 타기 위한 방법 중 가장 적은 비용으로 공항에 도착하는 방법은?

〈숙박요금〉

구분	공항 근처 모텔	공항 픽업 호텔	회사 근처 모텔
요금	80,000원	100,000원	40,000원

〈대중교통 요금 및 소요시간〉

구분	버스	택시
회사 → 공항 근처 모텔	20,000원 / 3시간	40,000원 / 1시간 30분
회사 → 공항 픽업 호텔	10,000원 / 1시간	20,000원 / 30분
회사 → 회사 근처 모텔	근거리이므로 무료	
공항 픽업 호텔 → 공항	픽업으로 무료	
공항 근처 모텔 → 공항		
회사 근처 모텔 → 공항	20,000원 / 3시간	40,000원 / 1시간 30분

※ 소요시간도 금액으로 계산함(30분당 5,000원)

① 공항 근처 모텔로 버스 타고 이동 후 숙박
② 공항 픽업 호텔로 버스 타고 이동 후 숙박
③ 공항 픽업 호텔로 택시 타고 이동 후 숙박
④ 회사 근처 모텔에서 숙박 후 버스 타고 공항 이동
⑤ 회사 근처 모텔에서 숙박 후 택시 타고 공항 이동

38 K공사는 사내 요리대회를 진행하고 있다. 최종 관문인 협동심 평가는 이전 평가에서 통과한 참가자 A ~ D 4명이 한 팀이 되어 역할을 나눠 주방에서 제한시간 내에 하나의 요리를 만드는 것이다. 재료손질, 요리보조, 요리, 세팅 및 정리 4개의 역할이 있고, 협동심 평가 후 참가자별 기존 점수에 가산점을 더하여 최종 점수를 계산할 때, 〈조건〉을 토대로 역할을 바르게 선정한 것은?

〈참가자별 점수 분포〉

(단위 : 점)

구분	A참가자	B참가자	C참가자	D참가자
기존 점수	90	95	92	97

〈각 역할을 성실히 수행 시 가산점〉

(단위 : 점)

구분	재료손질	요리보조	요리	세팅 및 정리
가산점	5	3	7	9

※ 협동심 평가의 각 역할은 한 명만 수행할 수 있음

조건

- C참가자는 주부습진이 있어 재료손질 역할을 원하지 않는다.
- A참가자는 깔끔한 성격으로 세팅 및 정리 역할을 원한다.
- D참가자는 손재주가 없어 재료손질 역할을 원하지 않는다.
- B참가자는 적극적인 성격으로 어떤 역할이든지 자신 있다.
- 최종점수는 100점을 넘을 수 없다.

	재료손질	요리보조	요리	세팅 및 정리
①	A	D	C	B
②	B	C	D	A
③	B	D	C	A
④	C	A	D	B
⑤	D	C	A	B

39 K씨는 휴대전화를 구입하기 위하여 A ~ C 세 상품에 대한 만족도를 조사하였다. 다음 중 경제적 의사결정에 대한 설명으로 옳은 것은?(단, 만족도 1단위는 화폐 1만 원의 가치와 같다)

〈A ~ C 상품의 만족도 조사〉

(단위 : 점)

상품	가격 \ 만족도	광고의 호감도 (5)	디자인 (12)	카메라 기능 (8)	단말기 크기 (9)	A/S (6)
A	135만 원	5	10	6	8	5
B	128만 원	4	9	6	7	5
C	125만 원	3	7	5	6	4

※ (   ) 안은 만족도의 만점임

① 합리적으로 선택한다면 상품 B를 구입할 것이다.

② 단말기 크기보다 카메라 기능을 더 중시하고 있다.

③ 만족도가 가장 큰 대안을 선택하는 것이 가장 합리적이다.

④ 예산을 125만 원으로 제한하면 휴대전화 구입을 포기할 것이다.

⑤ 구매 선택의 기준으로 휴대전화의 성능을 지나치게 중시하고 있다.

40 다음은 R대리가 부산 출장을 갔다 올 때, 선택할 수 있는 교통편에 대한 자료이다. R대리가 교통편 하나를 선택하여 왕복티켓을 모바일로 예매하려고 할 때, 가장 저렴한 교통편의 금액은 얼마인가?

〈출장 시 이용 가능한 교통편 현황〉

교통편	종류	비용	기타
버스	일반버스	24,000원	-
	우등버스	32,000원	모바일 예매 1% 할인
기차	무궁화호	28,000원	왕복 예매 시 15% 할인
	새마을호	36,000원	왕복 예매 시 20% 할인
	KTX	58,000원	1+1 이벤트(편도 금액으로 왕복 예매 가능)

① 45,600원

② 46,600원

③ 47,600원

④ 48,600원

⑤ 49,600원

41 다음 글을 읽고 추론할 수 있는 기술혁신의 특성으로 옳은 것은?

> 인간의 개별적인 지능과 창의성, 상호학습을 통해 발생하는 새로운 지식과 경험은 빠른 속도로 축적되고 학습되지만, 이러한 지식은 문서화되기 어렵기 때문에 다른 사람들에게 쉽게 전파될 수 없다. 따라서 연구개발에 참가한 연구원과 엔지니어들이 그 기업을 떠나는 경우 기술과 지식의 손실이 크게 발생하여 기술 개발을 지속할 수 없는 경우가 종종 발생한다.

① 기술혁신은 그 과정 자체가 매우 불확실하다.
② 기술혁신은 장기간의 시간을 필요로 한다.
③ 기술혁신은 지식 집약적인 활동이다.
④ 기술혁신 과정의 불확실성과 모호함은 기업 내에서 많은 갈등을 유발할 수 있다.
⑤ 기술혁신은 조직의 경계를 넘나든다.

PART 2

42 다음 글에서 설명하고 있는 것은?

> 농부는 농기계와 화학비료를 써서 밀을 재배하고 수확한다. 이렇게 생산된 밀은 보관업자, 운송업자, 제분회사, 제빵 공장을 거쳐 시장으로 판매된다. 보다 높은 생산성을 위해 화학비료를 연구하고, 공장을 가동하기 위해 공작기계와 전기를 생산한다. 보다 빠른 운송을 위해서 트럭이나, 기차, 배가 개발되었고, 보다 효과적인 운송수단과 농기계를 운용하기 위해 증기기관에서 석유에너지로 발전하였다. 이렇듯 우리의 식탁에 올라오는 빵은 여러 기술이 네트워크로 결합하여 시너지를 내고 있다.

① 기술시스템
② 기술혁신
③ 기술경영
④ 기술이전
⑤ 기술경쟁

※ K공사는 6월 농번기를 앞두고 5월 한 달 동안 H군 농민들을 대상으로 트랙터 안전 사용법 및 주의사항에 대한 교육을 실시할 예정이다. 이어지는 질문에 답하시오. **[43~44]**

〈5월 트랙터 안전 사용법 및 주의사항 교육〉

◆ 사용방법

① 시동 전에 윤활유, 연료, 냉각수량을 필히 점검하고 트랙터에 승차한다.

② 주차브레이크와 변속레버의 중립을 먼저 확인한다. 그 후 클러치 페달을 완전히 밟은 채로 시동키를 돌린다(클러치 페달을 완전히 밟지 않은 경우 시동모터 작동이 되지 않음).

③ 추운 날씨에는 시동키를 왼쪽으로 돌려 30 ~ 40초 정도 예열시킨 후 시동한다.

④ 작업기 연결에 앞서 작업기와 상부링크, 링크볼의 일치 여부, 체크체인을 점검한다.

⑤ 트랙터 후진 후 하부링크를 내리고 작업기와 트랙터가 수직이 되도록 트랙터를 정지하고 시동을 끈다(이때 주차 브레이크는 풀어둔다).

⑥ 뒷바퀴를 움직여가며 하부링크를 들어올려 왼쪽 – 오른쪽 순서로 작업기의 마운팅 핀에 끼운다.

⑦ 유니버셜조인트를 연결하고 반드시 커버를 씌운다.

⑧ 상부링크 연결 후 작업기의 전후, 좌우 수평을 조절한다.

◆ 주의사항

① 운전자 외에는 절대 탑승하지 않는다(별도의 좌석이 있는 경우는 제외).

② 시동이 걸린 상태에서는 절대 하차해서는 안 된다.

③ 경사지에 주차할 때는 반드시 시동을 끄고 주차브레이크를 채운 후 받침목을 한다.

④ 포장에 드나들 때는 트랙터를 똑바로 진입시킨다.

◆ 오작동 시 확인 사항 및 조치방법

현상	원인	조치방법
트랙터 엔진이 시동되지 않음	① 연료가 없음 ② 연료계통에 공기가 들어있음 ③ 연료필터 막힘 ④ 에어클리너 엘리먼트 막힘 ⑤ 예열플러그의 단선	① 경유를 보충함 ② 연료탱크에서 분사펌프까지 연료파이프 점검 ③ 연료필터 세척 및 교환 ④ 에어클리너 엘리먼트 청소 및 교환 ⑤ 예열플러그 교환
트랙터 시동모터가 회전하지 않음	① 배터리 방전 ② 안전스위치 조정 불량 ③ 시동모터 불량 ④ 키 스위치 불량	① 배터리 충전 ② 안전스위치 조정 ③ 시동모터 수리 또는 교환 ④ 배선점검, 수리 후 새로운 퓨즈링 교환
트랙터 소음기에서 흰 연기가 나옴	① 엔진 오일량의 과다 ② 엔진 오일 점도가 낮음	① 엔진 오일을 규정량까지 뺌 ② 점도가 높은 오일로 교환
충전경고등이 소등되지 않음	① 퓨즈가 끊어짐 ② 팬벨트의 늘어남 ③ 팬벨트 끊어짐	① 배선점검, 수리 후 새 퓨즈로 교환 ② 장력을 조정 ③ 팬벨트 교환
소음기에서 검은 연기가 나옴	① 에어클리너 엘리먼트 막힘 ② 과부하 운전을 함 ③ 경유 이외의 연료를 사용	① 세척 또는 교환 ② 부하를 가볍게 함 ③ 경유로 교환

※ 안내한 조치방법으로 해결되지 않을 경우 담당자에게 연락해야 함

43 **교육을 받고 돌아온 농업인 P씨는 트랙터 엔진이 시동되지 않는 원인을 파악한 후 조치를 취하고자 한다. 다음 중 문제의 원인을 파악하기 위해 반드시 확인해야 할 사항과 그에 따른 조치방법으로 옳지 않은 것은?**

① 연료의 유무를 확인한 후, 연료가 없다면 경유를 보충한다.
② 예열플러그의 단선일 경우, 예열플러그를 교환한다.
③ 배터리의 방전 유무를 확인한 후, 배터리를 충전한다.
④ 연료필터가 막혔는지 확인한 후, 연료필터를 세척하거나 교환한다.
⑤ 연료계통에 공기가 들어있는지 확인하고, 만일 공기가 들어있다면 연료탱크에서 분사펌프까지 연료파이프를 점검한다.

44 **Y사원은 트랙터 안전 사용법 및 주의사항 교육의 담당자이다. 교육을 마친 후 농민들이 한 질문에 답변한 내용으로 옳지 않은 것은?**

① Q : 추운 날씨에는 트랙터 시동을 어떻게 해야 하나요?
A : 추운 날씨에는 시동키를 왼쪽으로 돌려 30～40초 정도 예열시킨 후, 시동하면 됩니다.
② Q : 저번에 주차 브레이크와 변속레버의 중립을 확인한 후 클러치 페달을 밟은 채로 시동키를 돌렸는데도 시동이 켜지지 않던데 그건 왜 그런가요?
A : 클러치 페달을 완전히 밟지 않았기 때문입니다. 반드시 클러치 페달을 완전히 밟아야 시동이 켜집니다.
③ Q : 트랙터 후진 후 하부링크를 내릴 때, 트랙터가 수직이 되도록 트랙터를 정지하고 시동을 끌 때 특별히 주의해야 할 사항들이 있나요?
A : 주차 브레이크는 반드시 풀어주셔야 합니다.
④ Q : 트랙터에 승차하기 전 확인해야 할 사항들은 무엇이 있나요?
A : 반드시 상부링크, 체크체인 확인, 그리고 링크볼의 일치 여부를 점검한 후 승차해야 합니다.
⑤ Q : 이번 주에 손주들이 놀러 와서 제 옆에 앉힌 후 트랙터를 운전하게 하고 싶은데 특별한 주의사항이 있을까요?
A : 트랙터는 별도의 좌석이 있는 경우를 제외하고는 운전자 외에는 절대 탑승해서는 안 됩니다.

※ 사내 의무실 체온계의 고장으로 새로운 체온계를 구입하였다. 다음 설명서를 읽고 이어지는 질문에 답하시오. **[45~46]**

〈설명서〉

■ 사용방법

1) 체온을 측정하기 전 새 렌즈필터를 부착하여 주세요.
2) 〈ON〉 버튼을 눌러 액정화면이 켜지면 귓속에 체온계를 삽입합니다.
3) 〈START〉 버튼을 눌러 체온을 측정합니다.
4) 측정이 잘 이루어졌으면 '삐' 소리와 함께 측정 결과가 액정화면에 표시됩니다.
5) 60초 이상 사용하지 않으면 자동으로 전원이 꺼집니다.

■ 체온 측정을 위한 주의사항

- 오른쪽 귀에서 측정한 체온은 왼쪽 귀에서 측정한 체온과 다를 수 있습니다. 그러므로 항상 같은 귀에서 체온을 측정하십시오.
- 체온을 측정할 때는 정확한 측정을 위해 과다한 귀지가 없도록 하십시오.
- 한쪽 귀를 바닥에 대고 누워 있었을 때, 매우 춥거나 더운 곳에 노출되어 있는 경우, 목욕을 한 직후 등은 외부적 요인에 의해 귀 체온 측정에 영향을 미칠 수 있으므로 이런 경우에는 30분 정도 기다리신 후 측정하십시오.

■ 문제해결방법

상태	해결방법	에러 메시지
렌즈필터가 부착되어 있지 않음	렌즈필터를 끼우세요.	— —
체온계가 렌즈의 정확한 위치를 감지할 수 없어 정확한 측정이 어려움	〈ON〉 버튼을 3초간 길게 눌러 화면을 지운 다음 정확한 위치에 체온계를 넣어 측정합니다.	POE
측정체온이 정상범위(34 ~ 42.2℃)를 벗어난 경우 - HI : 매우 높음 - LO : 매우 낮음	온도가 10℃와 40℃ 사이인 장소에서 체온계를 30분간 보관한 다음 다시 측정하세요.	HI°C LO°C
건전지 수명이 다하여 체온 측정이 불가능한 상태	새로운 건전지(1.5V AA타입 2개)로 교체하세요.	— — —

45 **근무 중 몸이 좋지 않아 의무실을 방문한 A사원은 설명서를 토대로 체온을 측정하려고 한다. 다음 중 체온 측정 과정으로 옳은 것은?**

① 렌즈필터가 깨끗해 새 것으로 교체하지 않고 체온을 측정하였다.
② 오른쪽 귀의 체온이 38°C로 측정되어 다시 왼쪽 귀의 체온을 측정하였다.
③ 정확한 측정을 위해 귓속의 귀지를 제거한 다음 체온을 측정하였다.
④ 정확한 측정을 위해 영점 조정을 맞춘 뒤 체온을 측정하였다.
⑤ 구비되어 있는 렌즈필터가 없어 렌즈를 알코올 솜으로 닦은 후 측정하였다.

PART 2

46 **체온계 사용 중 'POE'의 에러 메시지가 떴다. 에러 메시지 확인 후 해결방법으로 옳은 것은?**

① 〈ON〉 버튼을 3초간 길게 눌러 화면을 지운 다음 정확한 위치에서 다시 측정한다.
② 렌즈필터가 부착되어 있지 않으므로 깨끗한 새 렌즈필터를 끼운다.
③ 1분간 그대로 둬서 전원을 끈 다음 〈ON〉 버튼을 눌러 다시 액정화면을 켠다.
④ 건전지 삽입구를 열어 1.5V AA타입 2개의 새 건전지로 교체한다.
⑤ 온도가 10°C와 40°C 사이인 장소에서 체온계를 30분간 보관한 다음 다시 측정한다.

47 다음 중 지속 가능한 기술의 사례로 옳은 것을 〈보기〉에서 모두 고르면?

보기

㉠ A사는 카메라를 들고 다니지 않으면서도 사진을 찍고 싶어 하는 소비자들을 위해 일회용 카메라 대신 재활용이 쉽고, 재사용도 가능한 카메라를 만들어내는 데 성공했다.

㉡ 잉크, 도료, 코팅에 쓰이던 유기 용제 대신에 물로 대체한 수용성 수지를 개발한 B사는 휘발성 유기화합물의 배출이 줄어듦과 동시에 대기오염 물질을 줄임으로써 소비자들로부터 찬사를 받고 있다.

㉢ C사는 가구처럼 맞춤 제작하는 냉장고를 선보였다. 맞춤 양복처럼 가족 수와 식습관, 라이프스타일, 주방 형태 등을 고려해 1도어부터 4도어까지 여덟 가지 타입의 모듈을 자유롭게 조합하고, 세 가지 소재와 아홉 가지 색상을 매치해 공간에 어울리는 나만의 냉장고를 꾸밀 수 있게 된 것이다.

㉣ D사는 기존에 소각처리해야 했던 석유화학 옥탄올 공정을 변경하여 폐수처리로 전환하고, 공정 최적화를 통해 화약 제조 공정에 발생하는 질소의 양을 원천적으로 감소시키는 공정 혁신을 이루었다. 이로 인해 연간 4천 톤의 오염 물질 발생량을 줄였으며, 약 60억 원의 원가도 절감했다.

㉤ 등산 중 갑작스러운 산사태를 만나거나 길을 잃어서 조난 상황이 발생한 경우 골든타임 확보가 무척 중요하다. 이를 위해 E사는 조난객의 상황 파악을 위한 5G 통신 모듈이 장착된 비행선을 선보였다. 이 비행선은 현재 비행거리와 시간이 짧은 드론과 비용과 인력 소모가 많이 드는 헬기에 비해 매우 효과적일 것으로 기대하고 있다.

① ㉠, ㉡, ㉢
② ㉠, ㉡, ㉣
③ ㉠, ㉢, ㉣
④ ㉡, ㉢, ㉣
⑤ ㉡, ㉢, ㉤

48 다음 글의 빈칸에 들어갈 내용으로 옳지 않은 것은?

> 기술능력은 직업에 종사하기 위해 모든 사람들이 필요로 하는 능력이며, 이것을 넓은 의미로 확대해 보면 기술교양(Technical Literacy)이라는 개념으로 사용될 수 있다. 즉, 기술능력은 기술교양을 보다 구체화시킨 개념으로 볼 수 있다. 일반적으로 기술교양을 지닌 사람들은 ______________________

① 기술학의 특성과 역할을 이해한다.
② 기술과 관련된 위험을 평가할 수 있다.
③ 기술에 의한 윤리적 딜레마에 대해 합리적으로 반응할 수 있다.
④ 기술체계가 설계되고, 사용되고, 통제되는 방법을 이해한다.
⑤ 기술과 관련된 이익을 가치화하지 않는다.

PART 2

49 다음 글에서 설명하는 기술교육으로 옳은 것은?

> 일반적으로 다음과 같은 장점이 있다. 첫째, 정해진 시간, 장소에 모여서 학습을 할 필요가 없고, 원하는 시간과 장소에서 컴퓨터만 연결되어 있다면 학습이 가능하기 때문에 시간적 · 공간적으로 독립적이다. 둘째, 원하는 내용을 원하는 순서에 맞게 원하는 시간만큼 학습이 가능하며, 개개인의 요구에 맞게 개별화 · 맞춤화가 가능하기 때문에 학습자 스스로가 학습을 조절 및 통제할 수 있다. 셋째, 칠판 판서 및 책이 아니라 비디오, 사진, 텍스트, 소리, 동영상 등 멀티미디어를 이용한 학습이 가능하다. 넷째, 이메일, 토론방, 자료실 등을 통해 의사교환과 상호작용이 자유롭게 이루어질 수 있다. 다섯째, 한번 출판되면 새로운 내용을 반영하기 어려운 책에 비해 업데이트를 통해 새로운 내용을 반영하기 쉽기 때문에 새로운 교육의 요구나 내용을 신속하게 반영할 수 있어 교육에 소요되는 비용을 절감할 수 있다. 반면에 직접적으로 교수자와 동료들 간의 인간적인 접촉이 상대적으로 적고, 중도탈락율이 높으며, 기술교육의 특성상 현장 중심의 실무 교육이 중요함에도 불구하고 현장 중심의 교육이 힘든 단점이 있다.

① E-Learning을 활용한 기술교육
② 상급학교 진학을 통한 기술교육
③ 전문 연수원을 통한 기술교육
④ OJT를 활용한 기술교육
⑤ 전문가 초청 연수를 통한 기술교육

50 다음은 기술의 특징을 설명하는 글이다. 이를 이해한 내용으로 옳지 않은 것은?

> 일반적으로 기술에 대한 특징은 다음과 같이 정의될 수 있다.
> 첫째, 하드웨어나 인간에 의해 만들어진 비자연적인 대상, 혹은 그 이상을 의미한다.
> 둘째, 기술은 '노하우(Know-how)'를 포함한다. 즉, 기술을 설계하고, 생산하고, 사용하기 위해 필요한 정보, 기술, 절차를 갖는 데 노하우가 필요한 것이다.
> 셋째, 기술은 하드웨어를 생산하는 과정이다.
> 넷째, 기술은 인간의 능력을 확장시키기 위한 하드웨어와 그것의 활용을 뜻한다.
> 다섯째, 기술은 정의 가능한 문제를 해결하기 위해 순서화되고 이해 가능한 노력이다.
> 이와 같은 기술이 어떻게 형성되는가를 이해하는 것과 사회에 의해 형성되는 방법을 이해하는 것은 두 가지 원칙에 근거한다. 먼저 기술은 사회적 변화의 요인이다. 기술체계는 의사소통의 속도를 증가시켰으며, 이는 개인으로 하여금 현명한 의사결정을 할 수 있도록 도와준다. 또한, 사회는 기술개발에 영향을 준다. 사회적, 역사적, 문화적 요인은 기술이 어떻게 활용되는가를 결정하는 것이다.
> 기술은 두 개의 개념으로 구분될 수 있다. 하나는 모든 직업 세계에서 필요로 하는 기술적 요소들로 이루어지는 광의의 개념이고, 다른 하나는 구체적 직무수행능력 형태를 의미하는 협의의 개념이다.

① 영국에서 시작된 산업혁명 역시 기술개발에 영향을 주었다고 볼 수 있다.
② 미래 산업을 위해 인간의 노동을 대체할 로봇을 활용하는 것 역시 기술이라고 볼 수 있다.
③ 컴퓨터의 발전은 기술체계가 개인으로 하여금 현명한 의사결정을 할 수 있는 사례로 볼 수 있다.
④ 기술은 건물, 도로, 교량, 전자장비 등 인간이 만들어 낸 모든 물질적 창조물을 생산하는 과정으로 볼 수 있다.
⑤ 전기산업기사, 건축산업기사, 정보처리산업기사 등의 자격 기술은 기술의 광의의 개념으로 볼 수 있다.

시대에듀

M E M O

제2회
최종점검 모의고사

※ 한전MCS 최종점검 모의고사는 2025년 채용공고와 필기후기를 기준으로 구성한 것으로 실제 시험과 다를 수 있습니다.

취약영역 분석

번호	O/×	영역	번호	O/×	영역	번호	O/×	영역
01		의사소통능력	21		문제해결능력	41		기술능력
02			22			42		
03			23			43		
04			24			44		
05			25			45		
06			26			46		
07			27			47		
08			28			48		
09			29			49		
10			30			50		
11		수리능력	31		자원관리능력			
12			32					
13			33					
14			34					
15			35					
16			36					
17			37					
18			38					
19			39					
20			40					

평가문항	50문항	평가시간	50분
시작시간	:	종료시간	:
취약영역			

제2회 최종점검 모의고사

모바일 OMR

문항 수 : 50문항 응시시간 : 50분

정답 및 해설 p.047

01 다음 ㉠～㉥ 중 밑줄 친 단어의 의미가 서로 비슷한 것을 모두 고르면?

> ㉠ 공원 한 편에서 그림을 그리는 화가의 얼굴이 무척 고독해 보인다.
> ㉡ 그 영화 촬영지는 후미진 곳에 있다.
> ㉢ 옆집 할아버지는 고혈히 지내고 있어, 늘 마음이 쓰인다.
> ㉣ 계속되는 시험 일정 변경에 지원자들은 혼란스럽다.
> ㉤ 삼삼오오 짝을 지어 벚꽃 놀이를 즐기는 사람들을 보니 오늘따라 더 외롭다.
> ㉥ 오늘따라 영 기분이 뒤숭숭하고 일도 잘 안 풀리는 느낌이다.

① ㉠, ㉡, ㉤
② ㉠, ㉢, ㉤
③ ㉠, ㉣, ㉤
④ ㉡, ㉢, ㉥
⑤ ㉢, ㉤, ㉥

02 다음 밑줄 친 단어 중 맞춤법이 옳은 것은?

① 나는 보약을 먹어서 기운이 뻗쳤다.
② 한약을 다릴 때는 불 조절이 중요하다.
③ 가을이 되어 찬바람이 부니 몸이 으시시 추워진다.
④ 밤을 새우다시피 하며 시험을 치루고 나니 몸살이 났다.
⑤ 그는 항상 퇴근하기 전에는 자물쇠로 서랍을 단단히 잠궜다.

03 다음 문단을 논리적 순서대로 바르게 나열한 것은?

(가) '단어 연상법'은 프랜시스 갤턴이 개발한 실험법으로 지능의 종류를 구분하기 위한 것이었다. 이것은 피실험자에게 일련의 단어들을 또박또박 읽어주면서 각각의 단어를 듣는 순간 제일 먼저 떠오르는 단어를 말하게 하고, 실험자는 계시기를 들고 응답 시간, 즉 피실험자가 응답하는 데 걸리는 시간을 측정하여 차트에 기록하는 방법으로 진행된다. 실험은 대개 1백 개가량의 단어들로 이루어졌다. 갤턴은 응답 시간을 정확히 재기 위해 온갖 수단을 동원했지만, 그렇게 해서 얻은 정보의 양은 거의 없거나 지능의 수준을 평가하는 데 별로 중요하지 않은 경우가 많았다.

(나) 융이 그린 그래프들은 특정한 단어에 따르는 응답자의 심리 상태를 보여주었다. 이 결과를 통해 다음과 같은 두 가지 결론을 얻어낼 수 있었다. 첫째, 대답 과정에서 감정이 생겨난다. 둘째, 응답의 지연은 모종의 인식하지 못한 과정에 의해 자연 발생적으로 생겨난다. 하지만 이 기록을 토대로 결론을 내리거나 중요성을 따지기에는 너무 일렀다. 피실험자의 의식적 의도와는 별개로 작동하는 뭔가 알지 못하는 지연 행위가 있음이 분명했다.

(다) 당시에 성행했던 심리학 연구나 심리학을 정신의학에 응용하는 연구는 주로 의식에 초점이 맞춰져 있었다. 따라서 단어 연상법의 심리학에 대한 실험 연구도 의식을 바탕으로 해서 진행되었다. 하지만 융은 의식 또는 의지의 작용을 넘어서는 무엇인가가 있을 것이라고 생각했다. 여기서 그는 콤플렉스라는 개념을 끌어들인다. 융의 정의에 따르면 그것은 특수한 종류의 감정으로 이루어진 무의식 속의 관념 덩어리인데, 이것이 응답 시간을 지연시켰다는 것이다. 이후 여러 차례 실험을 거듭한 결과 그 결론은 사실임이 밝혀졌으며, 콤플렉스와 개인적 속성은 융의 사상 체계에서 핵심적인 요소가 되었다.

(라) 융의 연구 결과 단어 연상의 응답 시간은 피실험자의 정서에 큰 영향을 받으며, 그 실험법은 감춰진 정서를 찾아내는 데 더 유용하다는 점이 입증되었다. 정신적 연상의 연구를 통해 지능의 종류를 판단하고자 했던 단어 연상 실험이 오히려 그와는 다른 방향, 즉 무의식적인 감정이 빚어내는 효과를 드러내는 데 더 유용하다는 사실이 증명된 것이다. 그동안 갤턴을 비롯하여 그 실험법을 수천 명의 사람들에게 실시했던 연구자들은 지연된 응답의 배후에 있는 피실험자의 정서에 주목하지 않았으며, 단지 응답의 지연을 피실험자가 반응하지 못한 것으로만 기록했던 것이었다.

(마) 그런데 융은 이 실험에서 응답 시간이 늦어질 경우 피실험자에게 왜 응답을 망설이는지 물어보는 과정을 추가하였다. 그러자 놀랍게도 피실험자는 자신의 응답 시간이 늦어지는 것도 알지 못했을 뿐만 아니라, 그에 대해 아무런 설명도 하지 못했다. 융은 거기에 틀림없이 어떤 이유가 있으리라고 생각하고 구체적으로 파고들어갔다. 한번은 말(馬)이라는 단어가 나왔는데 어떤 피실험자의 응답 시간이 무려 1분이 넘었다. 자세히 조사해 보니 그 피실험자는 과거에 사고로 말을 잃었던 아픈 기억을 지니고 있었다. 실험이 있기 전까지는 잊고 있었던 그 기억이 실험 과정에서 되살아난 것이다.

① (가) – (마) – (라) – (나) – (다)
② (가) – (마) – (라) – (다) – (나)
③ (나) – (마) – (라) – (가) – (다)
④ (다) – (가) – (마) – (라) – (나)
⑤ (다) – (나) – (가) – (마) – (라)

04 다음 글의 서론과 결론을 읽고 본론에 해당하는 문장을 논리적 순서대로 바르게 나열한 것은?

> 세상에서는 흔히 학문밖에 모르는 상아탑 속의 연구 생활을 현실을 도피한 짓이라고 비난하기 일쑤지만, 상아탑의 덕택이 큰 것임을 알아야 한다. 모든 점에서 편리해진 생활을 향락하고 있는 현대인이 있기 전에 그런 것이 가능하기 위해서도 오히려 그런 향락과는 담을 쌓고 진리 탐구에 몰두한 학자들의 상아탑 속에서의 노고가 앞서 있었던 것이다. 그렇다고 남의 향락을 위하여 스스로는 고난의 길을 일부러 걷는 것이 학자는 아니다.
>
> (가) 상아탑이 나쁜 것이 아니라, 진리를 탐구해야 할 상아탑이 제구실을 옳게 다 하지 못하는 것이 탈이다.
> (나) 학자는 그저 진리를 탐구하기 위하여 학문을 하는 것뿐이다.
> (다) 학문에 진리 탐구 이외의 다른 목적이 섣불리 앞장 설 때, 그 학문은 자유를 잃고 왜곡될 염려가 있다.
> (라) 진리 이외의 것을 목적으로 할 때, 그 학문은 한때의 신기루와도 같아 우선은 찬연함을 자랑할 수 있을지 모르나, 과연 학문이라고 할 수 있을까부터가 문제다.
> (마) 학문을 악용하기 때문에 오히려 좋지 못한 일을 하는 경우가 얼마나 많은가?
>
> 진리의 탐구가 학문의 유일한 목적일 때, 그리고 그 길로 매진할 때, 그 무엇에도 속박됨이 없는 숭고한 학적인 정신이 만난을 극복하는 기백을 길러 줄 것이요, 또한 그것대로 우리의 인격 완성의 길로 통하게도 되는 것이다.

① (가) – (나) – (다) – (라) – (마)
② (가) – (다) – (나) – (마) – (라)
③ (나) – (가) – (다) – (마) – (라)
④ (나) – (마) – (가) – (다) – (라)
⑤ (나) – (마) – (다) – (가) – (라)

05 다음 글의 내용으로 가장 적절한 것은?

> 예술과 도덕의 관계, 더 구체적으로는 예술작품의 미적 가치와 도덕적 가치의 관계는 동서양을 막론하고 사상사의 중요한 주제들 중 하나이다. 그 관계에 대한 입장들로는 '극단적 도덕주의', '온건한 도덕주의', '자율성주의'가 있다. 이 입장들은 예술작품이 도덕적 가치판단의 대상이 될 수 있느냐는 물음에 각기 다른 대답을 한다.
>
> 극단적 도덕주의 입장은 모든 예술작품을 도덕적 가치판단의 대상으로 본다. 이 입장은 도덕적 가치를 가장 우선적인 가치이자 가장 포괄적인 가치로 본다. 따라서 모든 예술작품은 도덕적 가치에 의해서 긍정적으로, 또는 부정적으로 평가된다. 또한 도덕적 가치는 미적 가치를 비롯한 다른 가치들보다 우선한다. 이러한 입장을 대표하는 사람이 바로 톨스토이이다. 그는 인간의 형제애에 관한 정서를 전달함으로써 인류의 심정적 통합을 이루는 것이 예술의 핵심적 가치라고 보았다.
>
> 온건한 도덕주의는 오직 일부 예술작품만이 도덕적 판단의 대상이 된다고 보는 입장이다. 따라서 일부의 예술작품들에 대해서만 긍정적인, 또는 부정적인 도덕적 가치판단이 가능하다고 본다. 이 입장에 따르면, 도덕적 판단의 대상이 되는 예술작품의 도덕적 가치와 미적 가치는 서로 독립적으로 성립하는 것이 아니다. 그것들은 서로 내적으로 연결되어 있기 때문에 어떤 예술작품이 가지는 도덕적 장점이 그 예술작품의 미적 강점이 된다. 또한 어떤 예술작품의 도덕적 결함은 그 예술작품의 미적 결함이 된다.
>
> 자율성주의는 어떠한 예술작품도 도덕적 가치판단의 대상이 될 수 없다고 보는 입장이다. 이 입장에 따르면, 도덕적 가치와 미적 가치는 서로 자율성을 유지한다. 즉, 도덕적 가치와 미적 가치는 각각 독립적인 영역에서 구현되고 서로 다른 기준에 의해 평가된다는 것이다. 결국 자율성주의는 예술작품에 대한 도덕적 가치판단을 범주착오에 해당하는 것으로 본다.

① 자율성주의는 예술작품의 미적 가치를 도덕적 가치보다 우월한 것으로 본다.

② 온건한 도덕주의에서는 미적 가치와 도덕적 가치의 독립적인 지위를 인정해야 한다고 본다.

③ 자율성주의는 도덕적 가치판단을 작품을 감상하는 각자에게 맡겨야 한다고 주장한다.

④ 온건한 도덕주의에서 도덕적 판단의 대상이 되는 예술작품은 극단적 도덕주의에서도 도덕적 판단의 대상이 된다.

⑤ 톨스토이는 극단적 도덕주의를 비판하면서 예술작품은 인류의 심정적 통합 정도에만 기여해야 한다고 주장했다.

06 다음 중 빈칸 (가)~(마)에 들어갈 내용으로 적절하지 않은 것은?

> '방언(方言)'이라는 용어는 표준어와 대립되는 개념으로 사용될 수 있다. 이때 방언이란 '교양 있는 사람들이 두루 쓰는 현대 서울말'로서의 표준어가 아닌 말, 즉 비표준어라는 뜻을 갖는다. 가령 '________(가)________'라는 생각에는 방언을 비표준어로서 낮잡아 보는 인식이 담겨 있다. 이러한 개념으로서의 방언은 '사투리'라는 용어로 바뀌어 쓰이는 수가 많다. '충청도 사투리', '평안도 사투리'라고 할 때의 사투리는 대개 이러한 개념으로 쓰이는 경우이다. 이때의 방언이나 사투리는 말하자면 표준어인 서울말이 아닌 어느 지역의 말을 가리키거나, 더 나아가서 ________(나)________을 일컫는다. 이러한 용법에는 방언이 표준어보다 열등하다는 오해와 편견이 포함되어 있다. 여기에는 표준어보다 못하다거나 세련되지 못하고 규칙에 엄격하지 않다는 것과 같은 부정적 평가가 담겨 있는 것이다. 그런가 하면 사투리는 한 지역의 언어 체계 전반을 뜻하기보다 그 지역의 말 가운데 표준어에는 없는 그 지역 특유의 언어 요소만을 일컫기도 한다. '________(다)________'라고 할 때의 사투리가 그러한 경우에 해당된다.
> 언어학에서의 방언은 한 언어를 형성하고 있는 하위 단위로서의 언어 체계 전부를 일컫는 말로 사용된다. 가령 한국어를 예로 들면, 한국어를 이루고 있는 각 지역의 말 하나하나, 즉 그 지역의 언어 체계 전부를 방언이라 한다. 서울말은 이 경우 표준어이면서 한국어의 한 방언이다. 그리고 나머지 지역의 방언들은 ________(라)________. 이러한 의미에서의 '충청도 방언'은, 충청도에서만 쓰이는, 표준어에도 없고 다른 도의 말에도 없는 충청도 특유의 언어 요소만을 가리키는 것이 아니다. 충청도 방언은 충청도의 토박이들이 전래적으로 써 온 한국어 전부를 가리킨다. 이 점에서 한국어는 ________(마)________.

① (가) : 바른말을 써야 하는 아나운서가 방언을 써서는 안 된다
② (나) : 표준어가 아닌, 세련되지 못하고 격을 갖추지 못한 말
③ (다) : 사투리를 많이 쓰는 사람과는 의사소통이 어렵다
④ (라) : 한국어라는 한 언어의 하위 단위이기 때문에 방언이다
⑤ (마) : 표준어와 지역 방언의 공통부분을 지칭하는 개념이다

07 다음 중 글의 내용을 가장 적절하게 이해한 것은?

> 무시무시한 자연재해가 자연을 정복하려는 인간에 대한 자연의 보복이라고 자책할 필요는 없다. 자연이 만물의 영장인 우리에게 특별한 관심을 보여 주기를 바라는 것은 우리의 소박한 희망일 뿐이다. 자연은 누구에게도 그런 너그러움을 보여줄 뜻이 없다. 위험한 자연에서 스스로 생존을 지켜내는 것은 우리의 가장 중요한 책무이다. 따라서 과학을 이용해 자연재해의 피해를 줄이고, 더욱 안전하고 안락한 삶을 추구하려는 우리의 노력은 계속되어야 한다.

① 과욕을 버리면 질병이 치유될 수 있다. 왜냐하면 질병은 인간의 과욕이 부른 결과이기 때문이다.
② 과학의 발달로 인해 인간보다 자연이 더 큰 피해를 입었다.
③ 의약품이 인간의 질병을 치유한 경우도 많다. 그러나 의약품 때문에 발생하는 질병도 많다.
④ 의학은 인간의 자연 치유력을 감소시킨 측면이 있다. 하지만 질병을 극복하기 위해서는 의학이 필요하다.
⑤ 인간의 몸은 스스로 치유의 능력이 있다. 예전에 아무런 의학 처방 없이 많은 질병이 치유된 것도 이 때문이다.

08 다음 중 밑줄 친 ㉠에 대한 설명으로 가장 적절한 것은?

> 오늘날 유전 과학자들은 유전자의 발현에 대한 ㉠ <u>물음</u>에 관심을 갖고 있다. 맥길 대학의 연구팀은 이 물음에 답하려고 연구를 수행하였다. 어미 쥐가 새끼를 핥아주는 성향에는 편차가 있다. 어떤 어미는 다른 어미보다 더 많이 핥아주었다. 많이 핥아주는 어미가 돌본 새끼들은 인색하게 핥아주는 어미가 돌본 새끼들보다 외부 스트레스에 무디게 반응했다. 게다가 인색하게 핥아주는 친어미에게서 새끼를 떼어내어 많이 핥아주는 양어미에게 두어 핥게 하면, 새끼의 스트레스 반응 정도는 양어미의 새끼 수준과 비슷해졌다.
> 연구팀은 어미가 누구든 많이 핥인 새끼는 그렇지 않은 새끼보다 뇌의 특정 부분, 특히 해마에서 글루코코르티코이드 수용체들, 즉 GR들이 더 많이 생겨났다는 것을 발견했다. 이렇게 생긴 GR의 수는 성체가 되어도 크게 바뀌지 않았다. GR의 수는 GR 유전자의 발현에 달려있다. 이 쥐들의 GR 유전자는 차이는 없지만 그 발현 정도에는 차이가 있을 수 있다. 이 발현을 촉진하는 인자 중 하나가 NGF 단백질인데, 많이 핥인 새끼는 그렇지 못한 새끼에 비해 NGF 수치가 더 높다.
> 스트레스 반응 정도는 코르티솔 민감성에 따라 결정되는데 GR이 많으면 코르티솔 민감성이 낮아지게 하는 되먹임 회로가 강화된다. 이 때문에 똑같은 스트레스를 받아도 많이 핥인 새끼는 그렇지 않은 새끼보다 더 무디게 반응한다.

① 코르티솔 유전자는 어떻게 발현되는가?
② 유전자는 어떻게 발현하여 단백질을 만드는가?
③ 핥아주는 성향의 유전자는 어떻게 발현되는가?
④ 후천 요소가 유전자의 발현에 영향을 미칠 수 있는가?
⑤ 유전자 발현에 영향을 미치는 유전 요인에는 무엇이 있는가?

09 **다음은 보행자도로의 발전방안에 대해 설명하는 기사의 일부이다. 기사의 내용으로 적절하지 않은 것은?**

> 보행자도로에서 횡단경사를 기존 1/25 이하에서 1/50 이하로 완화하면 통행 시 한쪽 쏠림현상, 휠체어 이용자 방향 조절 불편함 등을 줄여서 보행자 및 교통약자의 통행 안전을 향상할 수 있다. 또한 보행자 통행에만 이용되는 보도의 유효 폭 최소 기준도 기존 1.2m에서 1.5m로 확대하면 보행자는 더욱 넓은 공간에서 통행할 수 있게 되고, 휠체어나 유모차 이용자도 통행할 수 있는 최소한의 보도 폭을 확보하게 된다.
> 그리고 보도 포장 등에 대한 구체적인 시공과 유지관리 방법으로 보행자 안전성에 문제가 있거나 현재 사용하지 않는 포장 재료를 삭제해야 하며, 포장공법별 시공 및 품질관리 기준을 마련해 보행자도로 특성에 맞는 시공과 관리를 할 수 있도록 해야 한다.
> 다음으로 도로관리청별로 다르게 관리하던 보행자도로에 대한 관리 기준을 포장상태 서비스 수준별로 등급(A ~ E)을 마련하여 관리하는 한편, 보행자도로의 경우는 일정 수준(C등급) 이상의 관리가 필요하다.
> 마지막으로 기존 '험프형 횡단보도'를 도로교통법에서 사용하는 '고원식 횡단보도'로 용어를 변경하고, 고원식 횡단보도의 정의, 설치 위치, 형식, 구조 등을 제시하여 일관성 있는 설치를 통해 자동차 운전자와 보행자의 통행 안전성을 확보할 수 있도록 해야 할 것이다.

① 보행자도로의 보도 유효 폭을 1.5m로 확대하면 휠체어 이용자도 통행할 수 있게 된다.

② 보행자도로에서 횡단경사가 완화되면 한쪽 쏠림현상을 줄일 수 있다.

③ 보행자도로에 대한 관리 기준을 포장상태 서비스 수준별로 등급을 마련해 관리해야 한다.

④ 넓은 공간 통행을 위해 가로수를 포함한 보도의 유효 폭 최소 기준을 확대해야 한다.

⑤ 보행자도로의 포장상태 서비스 수준은 C등급 이상이 되도록 관리되어야 한다.

10 다음 글에 나타난 '라이헨바흐의 논증'을 평가·비판한 내용으로 적절하지 않은 것은?

> 귀납은 현대 논리학에서 연역이 아닌 모든 추론, 즉 전제가 결론을 개연적으로 뒷받침하는 모든 추론을 가리킨다. 귀납은 기존의 정보나 관찰 증거 등을 근거로 새로운 사실을 추가하는 지식 확장적 특성을 지닌다. 이 특성으로 인해 귀납은 근대 과학 발전의 방법적 토대가 되었지만, 한편으로 귀납 자체의 논리적 한계를 지적하는 문제들에 부딪히기도 한다.
> 먼저 흄은 과거의 경험을 근거로 미래를 예측하는 귀납이 정당한 추론이 되려면 미래의 세계가 과거에 우리가 경험해 온 세계와 동일하다는 자연의 일양성(一樣性), 곧 한결같음이 가정되어야 한다고 보았다. 그런데 자연의 일양성은 선험적으로 알 수 있는 것이 아니라 경험에 기대어야 알 수 있는 것이다. 즉, "귀납이 정당한 추론이다."라는 주장은 "자연은 일양적이다."라는 다른 지식을 전제로 하는데, 그 지식은 다시 귀납에 의해 정당화되어야 하는 경험적 지식이므로 귀납의 정당화는 순환 논리에 빠져 버린다는 것이다. 이것이 귀납의 정당화 문제이다.
> 귀납의 정당화 문제로부터 과학의 방법인 귀납을 옹호하기 위해 라이헨바흐는 이 문제에 대해 현실적 구제책을 제시한다. 라이헨바흐는 자연이 일양적일 수도 있고 그렇지 않을 수도 있음을 전제한다. 먼저 자연이 일양적일 경우, 그는 지금까지의 우리의 경험에 따라 귀납이 점성술이나 예언 등의 다른 방법보다 성공적인 방법이라고 판단한다. 자연이 일양적이지 않다면, 어떤 방법도 체계적으로 미래 예측에 계속해서 성공할 수 없다는 논리적 판단을 통해 귀납은 최소한 다른 방법보다 나쁘지 않은 추론이라고 확언한다. 결국 자연이 일양적인지 그렇지 않은지 알 수 없는 상황에서는 귀납을 사용하는 것이 옳은 선택이라는 라이헨바흐의 논증은 귀납의 정당화 문제를 현실적 차원에서 해소하려는 시도로 볼 수 있다.

① 귀납이 지닌 논리적 허점을 완전히 극복한 것은 아니라는 비판의 여지가 있다.
② 귀납을 과학의 방법으로 사용할 수 있음을 지지하려는 목적에서 시도하였다는 데 의미가 있다.
③ 귀납과 다른 방법을 비교하기 위해 경험적 판단과 논리적 판단을 모두 활용한 것이 특징이다.
④ 귀납과 견주어 미래 예측에 더 성공적인 방법이 없다는 판단을 근거로 귀납의 가치를 보여 주고 있다.
⑤ 귀납이 현실적으로 옳은 추론 방법임을 밝히기 위해 자연의 일양성이 선험적 지식임을 증명한 데 의의가 있다.

PART 2

11 영채는 배를 타고 길이가 30km인 강을 이동하고자 한다. 강을 거슬러 올라가는 데 걸린 시간이 5시간이고 강물의 흐르는 방향과 같은 방향으로 내려가는 데 걸린 시간이 3시간일 때, 흐르지 않는 물에서의 배의 속력은?(단, 배와 강물의 속력은 일정하다)

① 4km/h
② 6km/h
③ 8km/h
④ 10km/h
⑤ 12km/h

12 다음은 2019년부터 2024년까지 A국의 인구성장률과 합계출산율에 대한 자료이다. 이에 대한 설명으로 옳지 않은 것은?

〈인구성장률〉

(단위 : %)

구분	2019년	2020년	2021년	2022년	2023년	2024년
인구성장률	0.53	0.46	0.63	0.53	0.45	0.39

〈합계출산율〉

(단위 : 명)

구분	2019년	2020년	2021년	2022년	2023년	2024년
합계출산율*	1.297	1.187	1.205	1.239	1.172	1.052

* 합계출산율 : 가임여성 1명이 평생 낳을 것으로 예상하는 평균 출생아 수

① A국 인구성장률은 2021년 이후로 계속해서 감소하고 있다.
② 2019년부터 2021년까지 인구성장률이 가장 낮았던 해는 합계출산율도 가장 낮았다.
③ 2020년부터 2021년까지 합계출산율과 인구성장률의 전년 대비 증감추세는 동일하다.
④ 2019년부터 2024년까지 인구성장률과 합계출산율이 두 번째로 높은 해는 2022년이다.
⑤ 2024년 인구성장률은 2021년 대비 40% 이상 감소하였다.

13 다음은 A, B상품의 연간 계절별 판매량을 나타낸 그래프이다. 이에 대한 설명으로 옳지 않은 것은?

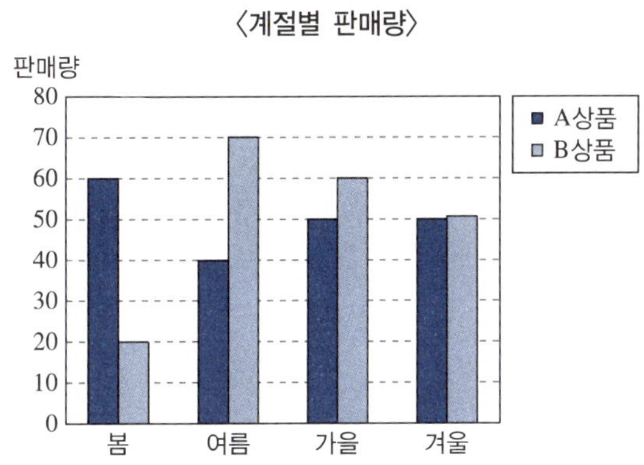

① A상품과 B상품의 연간 판매량은 모두 200 이상이다.

② A상품 판매량의 표준편차가 B상품보다 크다.

③ A상품과 B상품의 판매량의 합이 가장 적은 계절은 봄이다.

④ 두 상품의 판매량 차는 봄에서부터 시간이 지남에 따라 감소한다.

⑤ B상품은 여름에 잘 팔리는 물건이다.

14 반도체 부품을 만드는 어느 공장에는 구형기계와 신형기계, 두 종류의 기계가 있다. 구형기계 3대와 신형기계 5대를 가동했을 때는 1시간에 부품을 4,200개, 구형기계 5대와 신형기계 3대를 가동했을 때는 1시간에 부품을 3,000개를 만들 수 있다. 구형기계와 신형기계 각각 1대씩 가동했을 때는 1시간에 몇 개의 부품을 만들 수 있는가?

① 900개 ② 1,000개

③ 1,100개 ④ 1,200개

⑤ 1,300개

※ 다음은 연도별 해양사고 발생 현황에 대한 그래프이다. 이어지는 질문에 답하시오. **[15~16]**

〈연도별 해양사고 발생 현황〉

(단위 : 건, 척, 명)

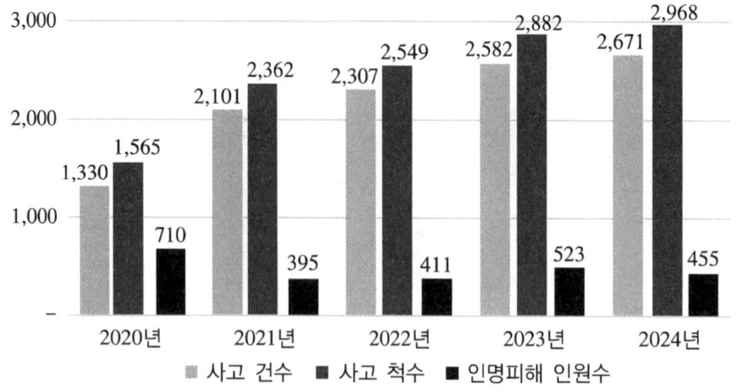

15 다음 중 2020년 대비 2021년 사고 척수의 증가율과 사고 건수의 증가율이 순서대로 나열된 것은? (단, 증가율은 소수점 둘째 자리에서 반올림한다)

① 48.7%, 58.0%
② 48.7%, 61.1%
③ 50.9%, 58.0%
④ 50.9%, 61.1%
⑤ 50.9%, 64.4%

16 다음 중 사고 건수당 인명피해의 인원수가 가장 많은 연도는?

① 2020년
② 2021년
③ 2022년
④ 2023년
⑤ 2024년

17 다음과 같이 일정한 규칙으로 수를 나열할 때 빈칸에 들어갈 수로 옳은 것은?

2	12	32	72	152	312	632	( )

① 1,252
② 1,262
③ 1,264
④ 1,272
⑤ 2,280

18 다음과 같이 일정한 규칙으로 수를 나열할 때, A−B의 값은?

A	27	39	52	66	81	B

① −81
② −71
③ −61
④ −51
⑤ −41

19 다음은 2015 ~ 2024년 범죄별 발생 건수에 대한 자료이다. 이에 대한 설명으로 옳은 것은?

〈2015 ~ 2024년 범죄별 발생 건수〉

(단위 : 천 건)

구분	2015년	2016년	2017년	2018년	2019년	2020년	2021년	2022년	2023년	2024년
사기	282	272	270	266	242	235	231	234	241	239
절도	366	356	371	354	345	319	322	328	348	359
폭행	139	144	148	149	150	155	161	158	155	156
방화	5	4	2	1	2	5	2	4	5	3
살인	3	11	12	13	13	15	16	12	11	14

① 2015 ~ 2024년 동안 범죄별 발생 건수의 순위는 매년 동일하다.
② 2015 ~ 2024년 동안 발생한 방화의 총 발생 건수는 3만 건 미만이다.
③ 2016 ~ 2024년의 전년 대비 사기 범죄 건수 증감추이는 폭행의 경우와 반대이다.
④ 2017년 전체 범죄 발생 건수 중 절도가 차지하는 비율은 50% 이상이다.
⑤ 2015년 대비 2024년 전체 범죄 발생 건수 감소율은 5% 이상이다.

20 다음은 2020 ~ 2024년 K국의 사회간접자본(SOC) 투자규모에 대한 자료이다. 이에 대한 설명으로 옳지 않은 것은?(단, 소수점 둘째 자리에서 반올림한다)

〈K국의 사회간접자본(SOC) 투자규모〉

(단위 : 조 원, %)

구분 \ 연도	2020년	2021년	2022년	2023년	2024년
SOC 투자규모	20.5	25.4	25.1	24.4	23.1
총지출 대비 SOC 투자규모 비중	7.8	8.4	8.6	7.9	6.9

① 2024년 총지출은 300조 원 이상이다.
② 2021년 SOC 투자규모의 전년 대비 증가율은 30% 이하이다.
③ 2022 ~ 2024년 동안 SOC 투자규모가 전년에 비해 가장 큰 비율로 감소한 해는 2024년이다.
④ 2021 ~ 2024년 동안 SOC 투자규모와 총지출 대비 SOC 투자규모 비중의 전년 대비 증감방향은 동일하다.
⑤ 2025년 SOC 투자규모의 전년 대비 감소율이 2024년과 동일하다면, 2025년 SOC 투자규모는 20조 원 이상이다.

21

K공장에서 제조하는 볼트의 일련번호는 다음과 같이 구성된다. 일련번호는 형태 – 허용압력 – 직경 – 재질 – 용도 순으로 표시할 때, 직경이 14mm이고, 자동차에 쓰이는 스테인리스 볼트의 일련번호로 옳은 것은?

형태	나사형	육각	팔각	별
	SC	HX	OT	ST
허용압력(kg/cm^2)	10 ~ 20	21 ~ 40	41~60	61 이상
	L	M	H	P
직경(mm)	8	10	12	14
	008	010	012	014
재질	플라스틱	크롬 도금	스테인리스	티타늄
	P	CP	SS	Ti
용도	항공기	선박	자동차	일반
	A001	S010	M110	E100

① SCP014TiE100
② OTH014SSS010
③ STM012CPM110
④ HXL014SSM110
⑤ SCM012TiM110

22

자선 축구대회에 한국, 일본, 중국, 미국 대표팀이 초청되었다. 각 팀은 다음 〈조건〉에 따라 월요일부터 금요일까지 서울, 수원, 인천, 대전 경기장을 돌아가며 사용한다고 할 때, 옳지 않은 것은?

조건

- 각 경기장에는 한 팀씩 연습하며 연습을 쉬는 팀은 없다.
- 모든 팀은 모든 구장에서 적어도 한 번 이상 연습을 해야 한다.
- 외국에서 온 팀의 첫 훈련은 공항에서 가까운 수도권 지역에 배정한다.
- 이동거리 최소화를 위해 각 팀은 한 번씩 경기장 한 곳을 두 번 연속해서 사용해야 한다.
- 미국은 월요일, 화요일에 수원에서 연습을 한다.
- 목요일에 인천에서는 아시아 팀이 연습을 할 수 없다.
- 금요일에 중국은 서울에서, 미국은 대전에서 연습을 한다.
- 한국은 인천에서 연속으로 연습을 한다.

※ 수도권 지역은 서울, 수원, 인천임

① 목요일, 금요일에 연속으로 같은 지역에서 연습하는 팀은 없다.
② 수요일에 대전에서는 일본이 연습을 한다.
③ 대전에서는 한국, 중국, 일본, 미국의 순서로 연습을 한다.
④ 한국은 화요일, 수요일에 같은 지역에서 연습을 한다.
⑤ 미국과 일본은 한 곳을 연속해서 사용하는 날이 같다.

23 K카드사는 신규 카드의 출시를 앞두고 카드 사용 시 고객에게 혜택을 제공하는 제휴 업체를 선정하기 위해 A~E업체에 대해 평가하였다. 다음 중 A~E업체의 평가 결과에 대한 설명으로 옳은 것은?

〈신규 카드 제휴 후보 업체 평가 결과〉

기준 업체	제공 혜택	혜택 제공 기간 (카드 사용일로부터)	선호도 점수 (점)	동일 혜택을 제공하는 카드 수
A마트	배송 요청 시 배송비 면제	12개월	7.5	7개
B서점	서적 구매 시 10% 할인	36개월	8.2	11개
C통신사	매월 통신요금 10% 할인	24개월	9.1	13개
D주유소	주유 금액의 10% 포인트 적립	12개월	4.5	4개
E카페	음료 구매 시 15% 할인	24개월	7.6	16개

• 선호도 점수 : 기존 이용 고객들이 혜택별 선호도에 따라 부여한 점수의 평균값으로, 높은 점수일수록 선호도가 높음을 의미한다.
• 동일 혜택을 제공하는 카드 수 : K사의 기존 카드를 포함한 국내 카드사의 카드 중 동일한 혜택을 제공하는 카드의 수를 의미하며, 카드 수가 많을수록 시장 내 경쟁이 치열하다.

① 동일 혜택을 제공하는 카드 수가 많은 업체일수록 혜택 제공 기간이 길다.
② 기존 이용 고객들이 가장 선호하는 혜택은 서적 구매 시 적용되는 요금 할인 혜택이다.
③ 시장 내 경쟁이 가장 치열한 업체와 제휴할 경우 해당 혜택을 2년간 제공한다.
④ 혜택 제공 기간이 가장 긴 업체는 선호도 점수도 가장 높다.
⑤ 매월 모든 업체가 부담해야 하는 혜택 비용이 동일하다면, 혜택에 대한 총 부담 비용이 가장 큰 업체는 D주유소이다.

24 다음 명제가 참일 때, 항상 옳은 것은?

• 진달래를 좋아하는 사람은 감성적이다.
• 백합을 좋아하는 사람은 보라색을 좋아하지 않는다.
• 감성적인 사람은 보라색을 좋아한다.

① 감성적인 사람은 백합을 좋아한다.
② 백합을 좋아하는 사람은 감성적이다.
③ 진달래를 좋아하는 사람은 보라색을 좋아한다.
④ 보라색을 좋아하는 사람은 감성적이다.
⑤ 백합을 좋아하는 사람은 진달래를 좋아한다.

25 다음 〈조건〉을 토대로 추론했을 때, 5층에 있는 부서는?(단, 한 층에 한 부서씩 있다)

조건

- 기획조정실의 층수에서 경영지원실의 층수를 빼면 3이다.
- 보험급여실은 경영지원실 바로 위층에 있다.
- 급여관리실은 빅데이터운영실보다는 아래층에 있다.
- 빅데이터운영실과 보험급여실 사이에는 두 층이 있다.
- 경영지원실은 가장 아래층이다.

① 빅데이터운영실
② 보험급여실
③ 경영지원실
④ 기획조정실
⑤ 급여관리실

PART 2

26 K통신사는 Y카드사와 제휴카드를 출시하고자 한다. 제휴카드별 정보가 다음과 같을 때, 이에 대한 설명으로 가장 적절한 것은?

〈제휴카드 출시위원회 심사 결과〉

기준 / 제휴카드	제공혜택	동종 혜택을 제공하는 타사 카드 개수	연간 예상필요자본 규모	신규가입 시 혜택 제공가능 기간
A카드	교통 할인	8개	40억 원	12개월
B카드	S통신사 통신요금 할인	3개	25억 원	24개월
C카드	제휴 레스토랑 할인	없음	18억 원	18개월
D카드	제휴보험사 보험료 할인	2개	11억 원	24개월

① 교통 할인을 제공하는 카드를 출시하는 경우 시장에서의 경쟁이 가장 치열할 것으로 예상된다.
② B카드를 출시하는 경우가 D카드를 출시하는 경우에 비해 자본 동원이 수월할 것이다.
③ 제휴 레스토랑 할인을 제공하는 카드를 출시하는 경우 신규가입 혜택 제공을 가장 길게 받는다.
④ 신규가입 시 혜택 제공가능 기간이 길수록 동종 혜택분야에서의 현재 카드사 간 경쟁이 치열하다.
⑤ 연간 예상필요자본 규모가 작을수록, 신규가입 시 혜택 제공가능 기간이 길수록 출시가능성이 높다면, B카드의 출시가능성이 가장 높을 것이다.

27 다음은 의류 생산공장의 생산 코드 부여 방식에 대한 자료이다. 이를 참고할 때 〈보기〉에 해당하지 않는 생산 코드는 무엇인가?

〈의류 생산 코드〉

• 생산 코드 부여 방식
[종류] – [색상] – [제조일] – [공장지역] – [수량] 순으로 16자리이다.

• 종류

티셔츠	스커트	청바지	원피스
OT	OH	OJ	OP

• 색상

검정색	붉은색	푸른색	노란색	흰색	회색
BK	RD	BL	YL	WH	GR

• 제조일

해당연도	월	일
마지막 두 자리 숫자 예 2025 → 25	01 ~ 12	01 ~ 31

• 공장지역

서울	수원	전주	창원
475	869	935	753

• 수량

100벌 이상 150벌 미만	150장 이상 200벌 미만	200장 이상 250벌 미만	250장 이상	50벌 추가 생산
aaa	aab	aba	baa	ccc

〈예시〉

– 2024년 5월 16일에 수원 공장에서 검정 청바지 170벌을 생산하였다.
– 청바지 생산 코드 : OJBK – 240516 – 869aab

보기

㉠ 2021년 12월 4일에 붉은색 스커트를 창원 공장에서 120벌 생산했다.
㉡ 서울 공장에서 회색 티셔츠 50벌을 2022년 1월 24일에 추가로 생산했다.
㉢ 생산날짜가 2022년 7월 5일인 푸른색 원피스는 창원 공장에서 227벌 생산되었다.
㉣ 전주 공장에서 흰색 청바지 265벌을 납품일(2022년 7월 23일) 전날에 생산했다.
㉤ 티셔츠와 스커트를 노란색으로 178벌씩 수원 공장에서 2022년 4월 30일에 생산했다.

① OPGR – 220124 – 475ccc
② OJWH – 220722 – 935baa
③ OHRD – 211204 – 753aaa
④ OHYL – 220430 – 869aab
⑤ OPBL – 220705 – 753aba

28 다음 글과 상황을 토대로 판단할 때, K복지관에 채용될 2명의 후보자를 모두 고르면?

K복지관은 청소년 업무 담당자 2명을 채용하고자 한다. 청소년 업무 담당자들은 심리상담, 위기청소년지원, 진학지도, 지역안전망구축 등 4가지 업무를 수행해야 한다. 채용되는 2명은 서로 다른 업무를 맡아 4가지 업무를 빠짐없이 분담해야 한다.

4가지 업무에 관련된 직무역량으로는 의사소통역량, 대인관계역량, 문제해결역량, 정보수집역량, 자원관리역량 등 5가지가 있다. 각 업무를 수행하기 위해서는 반드시 해당 업무에 필요한 직무역량을 모두 갖춰야 한다. 아래는 이를 표로 정리한 것이다.

업무	필요 직무역량
심리 상담	의사소통역량, 대인관계역량
위기청소년지원	의사소통역량, 문제해결역량
진학지도	문제해결역량, 정보수집역량
지역안전망구축	대인관계역량, 자원관리역량

〈상황〉

- K복지관의 채용후보자는 4명(갑, 을, 병, 정)이며, 각 채용 후보자는 5가지 직무역량 중 3가지씩을 갖추고 있다.
- 자원관리역량은 병을 제외한 모든 채용 후보자가 갖추고 있다.
- 정이 진학지도 업무를 제외한 모든 업무를 수행하려면, 의사소통역량만 추가로 갖추면 된다.
- 갑은 심리 상담 업무를 수행할 수 있고, 을과 병은 진학지도 업무를 수행할 수 있다.
- 대인관계역량을 갖춘 채용 후보자는 2명이다.

① 갑, 을　　② 갑, 병
③ 을, 병　　④ 을, 정
⑤ 병, 정

29 K과장은 자동차도로 고유번호 부여 규정을 토대로 도로에 노선번호를 부여할 계획이다. 다음 그림에서 점선은 '영토'를, 실선은 '고속국도'를 표시한 것이며, (가) ~ (라)는 '간선노선'을 (마), (바)는 '보조간선노선'을 나타낸 것이다. 다음 중 노선번호를 바르게 부여한 것은?

〈자동차도로 고유번호 부여 규정〉

자동차도로는 관리상 고속국도, 일반국도, 특별광역시도, 지방도, 시도, 군도, 구도의 일곱 가지로 구분된다. 각 도로에는 고유번호가 부여되어 있고, 이는 지형도상의 특정 표지판 모양 안에 표시되어 있다. 그러나 군도와 구도는 구간이 짧고 노선 수가 많아 노선번호가 중복될 우려가 있어 표지상에 번호를 표기하지 않는다.
고속국도 가운데 간선노선의 경우 두 자리 숫자를 사용하며, 남북을 연결하는 경우는 서에서 동으로 가면서 숫자가 증가하는데 끝자리에 5를 부여하고, 동서를 연결하는 경우는 남에서 북으로 가면서 숫자가 증가하는데 끝자리에 0을 부여한다.
보조간선노선은 간선노선 사이를 연결하는 고속국도로, 이 역시 두 자리 숫자로 표기한다. 그런데 보조간선노선이 남북을 연결하는 모양에 가까우면 첫자리는 남쪽 시작점의 간선노선 첫자리를 부여하고 끝자리에는 5를 제외한 홀수를 부여한다. 한편 동서를 연결하는 모양에 가까우면 첫자리는 동서를 연결하는 간선노선 가운데 해당 보조간선노선의 바로 아래쪽에 있는 간선노선의 첫자리를 부여하며, 이때 끝자리는 0을 제외한 짝수를 부여한다.

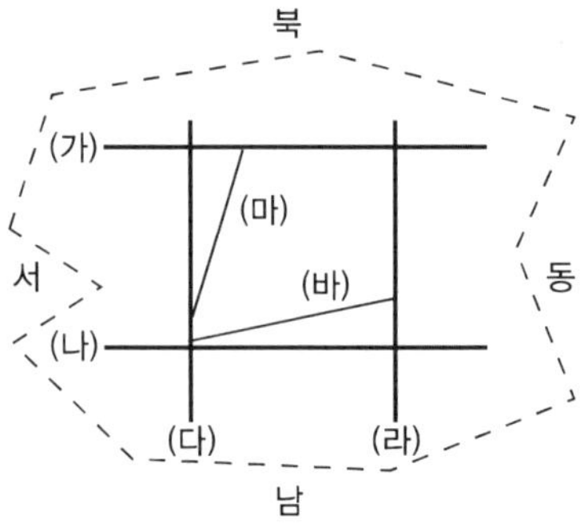

	(가)	(나)	(다)	(라)	(마)	(바)
①	20	10	15	25	17	12
②	20	10	15	25	18	14
③	20	15	15	25	17	14
④	25	15	10	20	19	12
⑤	25	15	20	10	17	12

30 A고객은 3일 후 떠날 3주간의 제주도 여행에 대비하여 가족 모두 여행자 보험에 가입하고자 K은행에 방문하였다. 이에 P사원이 A고객에게 여행자 보험 상품을 추천하고자 할 때, P사원의 설명으로 옳지 않은 것은?(단, A고객 가족의 나이는 만 14세, 17세, 45세, 51세, 75세이다)

〈K은행 여행자 보험〉

- 가입연령 : 만 1 ~ 79세(인터넷 가입 만 19 ~ 70세)
- 납입방법 : 일시납
- 납입기간 : 일시납
- 보험기간 : 2일 ~ 최대 1개월
- 보장내용

보장의 종류	보험금 지급사유	지급금액
상해사망 및 후유장해	– 여행 중 사고로 상해를 입고 그 직접적인 결과로 사망하거나 후유장해상태가 되었을 때	– 사망 시 가입금액 전액 지급 – 후유장해 시 장해정도에 따라 가입금액의 30 ~ 100% 지급
질병사망	– 여행 중 발생한 질병으로 사망 또는 장해지급률 80% 이상의 후유장해가 남았을 경우	– 가입금액 전액 지급
휴대품 손해	– 여행 중 우연한 사고로 휴대품이 도난 또는 파손되어 손해를 입은 경우	– 가입금액 한도 내에서 보상하되, 휴대품 1개 또는 1쌍에 대하여 20만 원 한도로 보상(단, 자기부담금 1만 원 공제)

- 유의사항
  – 보험계약 체결일 기준 만 15세 미만자의 경우 사망은 보장하지 않음
  – 보장금액과 상해, 질병 의료실비에 대한 보장내용은 홈페이지 참조

① 고객님, 가족 모두 가입하시려면 반드시 은행에 방문해 주셔야 합니다.

② 고객님, 만 14세 자녀의 경우 본 상품에 가입하셔도 사망보험금은 지급되지 않습니다.

③ 고객님, 보험가입 시 보험금은 한 번만 납입하시면 됩니다.

④ 고객님, 후유장해 시 보험금은 장해정도에 따라 차등지급됩니다.

⑤ 고객님, 여행 도중 귀중품을 분실하셨을 경우 분실물의 수량과 관계없이 최대 20만 원까지 보상해 드립니다.

31 K사는 역량평가를 통해 등급을 구분하여 성과급을 지급한다. K사의 성과급 등급 기준이 다음과 같을 때, 〈보기〉 중 S등급에 해당하는 사람은?

〈성과급 점수별 등급〉

S등급	A등급	B등급	C등급
90점 이상	80점 이상	70점 이상	70점 미만

〈역량평가 반영 비율〉

구분	기본역량	리더역량	직무역량
차장	20%	30%	50%
과장	30%	10%	60%
대리	50%	–	50%
사원	60%	–	40%

※ 성과급 점수는 역량 점수(기본역량, 리더역량, 직무역량)를 직급별 해당 역량평가 반영 비율에 적용한 합산 점수임

보기

구분	직급	기본역량 점수	리더역량 점수	직무역량 점수
갑	대리	85점	–	90점
을	과장	100점	85점	80점
병	사원	95점	–	85점
정	차장	80점	90점	85점
무	과장	100점	85점	80점

① 갑대리
② 을과장
③ 병사원
④ 정차장
⑤ 무과장

32 K원자력 본사에서 근무하는 A대리는 발전소별로 안전관리 실무자를 만나기 위해 국내발전소 4곳을 방문하고자 한다. A대리의 국내발전소 출장계획과 본사 및 각 발전소 간 이동 소요시간이 다음과 같다고 할 때, 이동 소요시간이 가장 작은 경로는?

〈A대리의 국내발전소 출장계획〉

- A대리는 본사에서 출발하여 국내발전소 4곳을 방문한 후 본사로 복귀한다.
- A대리가 방문할 국내발전소는 청평발전소, 무주발전소, 산청발전소, 예천발전소이다.
- 9월 4일에 본사에서 출발하여 9월 8일에 본사로 복귀한다.
- A대리는 각 발전소를 한 번씩만 방문하며, 본사 및 각 발전소 간 이동은 하루에 한 번만 한다.
- 안전관리 실무자의 사정으로 인해 산청발전소는 반드시 9월 7일에 방문한다.

〈본사 및 각 발전소 간 이동 소요시간〉

구분	본사	청평발전소	무주발전소	산청발전소	예천발전소
본사		55분	2시간 5분	1시간 40분	40분
청평발전소	55분		45분	1시간 5분	50분
무주발전소	2시간 5분	45분		1시간 20분	1시간 50분
산청발전소	1시간 40분	1시간 5분	1시간 20분		35분
예천발전소	40분	50분	1시간 50분	35분	

① 본사 – 청평발전소 – 무주발전소 – 예천발전소 – 산청발전소 – 본사
② 본사 – 청평발전소 – 예천발전소 – 무주발전소 – 산청발전소 – 본사
③ 본사 – 무주발전소 – 예천발전소 – 청평발전소 – 산청발전소 – 본사
④ 본사 – 무주발전소 – 청평발전소 – 예천발전소 – 산청발전소 – 본사
⑤ 본사 – 예천발전소 – 청평발전소 – 무주발전소 – 산청발전소 – 본사

PART 2

33 다음은 직원들의 이번 주 초과근무 계획표이다. 하루에 5명 이상 초과근무를 할 수 없고, 초과근무 시간은 각자 일주일에 10시간을 초과할 수 없다고 한다. 한 사람만 초과근무 일정을 수정할 수 있을 때, 규칙에 어긋난 요일과 그 날에 속한 사람 중 변경해야 할 직원은 누구인가?(단, 주말은 1시간당 1.5시간으로 계산한다)

〈초과근무 계획표〉

성명	초과근무 일정	성명	초과근무 일정
김혜정	월요일 3시간, 금요일 3시간	김재건	수요일 1시간
이설희	토요일 6시간	신혜선	수요일 4시간, 목요일 3시간
임유진	토요일 3시간, 일요일 1시간	한예리	일요일 6시간
박주환	목요일 2시간	정지원	월요일 6시간, 목요일 4시간
이지호	화요일 4시간	최명진	화요일 5시간
김유미	금요일 6시간, 토요일 2시간	김우석	목요일 1시간
이승기	화요일 1시간	차지수	금요일 6시간
정해리	월요일 5시간	이상엽	목요일 6시간, 일요일 3시간

	요일	직원		요일	직원
①	월요일	김혜정	②	화요일	정지원
③	화요일	신혜선	④	목요일	이상엽
⑤	목요일	정지원			

34 다음은 교통수단별 현황을 나타낸 자료이다. 이를 참고하여 오전 9시에 회사에서 출발해 전주역까지 가장 먼저 도착하는 방법은 무엇인가?(단, 도보는 고려하지 않는다)

〈회사 · 서울역 간 교통 현황〉

구분	소요시간	출발 시간
A버스	24분	매시 20분, 40분
B버스	40분	매시 정각, 20분, 40분
지하철	20분	매시 30분

〈서울역 · 전주역 간 교통 현황〉

구분	소요시간	출발 시간
새마을호	3시간	매시 정각부터 5분 간격
KTX	1시간 32분	9시 정각부터 45분 간격

① A버스 – 새마을호
② B버스 – KTX
③ 지하철 – KTX
④ B버스 – 새마을호
⑤ 지하철 – 새마을호

35 해외로 출장을 가는 김대리는 다음 〈조건〉에 따라 이동하려고 계획하고 있다. 연착 없이 계획대로 출장지에 도착했다면, 도착했을 때의 현지 시각은?

조건

- 서울 시각으로 5일 오후 1시 35분에 출발하는 비행기를 타고, 경유지 한 곳을 거쳐 출장지에 도착한다.
- 경유지는 서울보다 1시간 빠르고, 출장지는 경유지보다 2시간 느리다.
- 첫 번째 비행은 3시간 45분이 소요된다.
- 경유지에서 3시간 50분을 대기하고 출발한다.
- 두 번째 비행은 9시간 25분이 소요된다.

① 오전 5시 35분
② 오전 6시
③ 오후 5시 35분
④ 오후 6시
⑤ 오전 7시

36 다음 자료를 토대로 판단할 때, 연구모임 A ~ E 중 두 번째로 많은 지원금을 받는 모임은?

〈지원계획〉

• 지원을 받기 위해서는 한 모임당 6명 이상 9명 미만으로 구성되어야 한다.
• 기본지원금은 모임당 1,500천 원을 기본으로 지원한다. 단, 상품개발을 위한 모임의 경우는 2,000천 원을 지원한다.
• 추가지원금

등급	상	중	하
추가지원금(천 원/명)	120	100	70

※ 추가지원금은 연구 계획 사전평가 결과에 따라 달라짐

• 협업 장려를 위해 협업이 인정되는 모임엔 위의 두 지원금을 합한 금액의 30%를 별도로 지원한다.

〈연구모임 현황 및 평가 결과〉

모임	상품개발 여부	구성원 수(명)	연구 계획 사전평가 결과	협업 인정 여부
A	O	5	상	O
B	×	6	중	×
C	×	8	상	O
D	O	7	중	×
E	×	9	하	×

① A모임 ② B모임
③ C모임 ④ D모임
⑤ E모임

37 K공사에 근무하는 A씨는 사정이 생겨 다니던 회사를 그만두게 되었다. A씨의 근무기간 및 기본급 등의 기본정보가 다음과 같다면, A씨가 퇴직 시 받게 되는 퇴직금의 세전금액은 얼마인가?(단, A씨의 퇴직일 이전 3개월간 기타수당은 720,000원이며, 퇴직일 이전 3개월간 총일수는 80일이다)

- 입사일자 : 2022년 9월 1일
- 퇴사일자 : 2024년 9월 4일
- 재직일수 : 730일
- 월 기본급 : 2,000,000원
- 월 기타수당 : 월별 상이
- 퇴직 전 3개월 임금 총액 계산(세전금액)

퇴직 이전 3개월간 총일수	기본급(3개월분)	기타수당(3개월분)
80일	6,000,000원	720,000원

※ (1일 평균임금)=[퇴직일 이전 3개월간에 지급 받은 임금 총액(기본급)+(기타수당)]÷(퇴직일 이전 3개월간 총일수)

※ (퇴직금)=(1일 평균임금)×(30일)×[(재직일수)÷365]

① 5,020,000원
② 5,030,000원
③ 5,040,000원
④ 5,050,000원
⑤ 5,060,000원

38 다음은 K공장의 제품 생산과 관련된 공정 A ~ C에 대한 내용이다. 7월 24일(월)을 기준으로 제품 500개를 생산할 경우 가장 빨리 끝나는 날은?

〈A ~ C공정 제품 생산〉

- A공정 제품 100개 만드는 데 2일, 7월 25일(화)부터 생산 가능
- B공정 제품 150개 만드는 데 3일, 7월 27일(목)부터 생산 가능
- C공정 제품 200개 만드는 데 2일, 7월 28일(금)부터 생산 가능
- 주말은 쉰다. 공정은 주말을 제외하고 이어서 진행한다.
- 공정은 A → B → C 순서대로 작업되며, 공정별 동일한 제품이 생산된다.
- 같은 날 다른 공정을 동시에 진행할 수 있다.

① 7월 28일
② 7월 29일
③ 7월 30일
④ 7월 31일
⑤ 8월 1일

39 다음은 국민연금보험료의 부과와 징수에 대한 내용이다. 가장 많은 금액을 납부해야 하는 경우는? (단, 기준소득월액의 하한액과 상한액은 고려하지 않는다)

> **연금보험료의 부과 · 징수 등(국민연금법 제88조)**
> ① 보건복지부장관은 국민연금사업 중 연금보험료의 징수에 관하여 이 법에서 정하는 사항을 건강보험공단에 위탁한다.
> ② 공단은 국민연금사업에 드는 비용에 충당하기 위하여 가입자와 사용자에게 가입기간 동안 매월 연금보험료를 부과하고, 국민건강보험공단이 이를 징수한다.
> ③ 사업장가입자의 연금보험료 중 기여금은 사업장가입자 본인이, 부담금은 사용자가 각각 부담하되, 그 금액은 각각 기준소득월액의 1천분의 45에 해당하는 금액으로 한다.
> ④ 지역가입자, 임의가입자 및 임의계속가입자의 연금보험료는 지역가입자, 임의가입자 또는 임의계속가입자 본인이 부담하되, 그 금액은 기준소득월액의 1천분의 90으로 한다.
> ⑤ 공단은 기준소득월액 정정 등의 사유로 당초 징수 결정한 금액을 다시 산정함으로써 연금보험료를 추가로 징수하여야 하는 경우 가입자 또는 사용자에게 그 추가되는 연금보험료를 나누어 내도록 할 수 있다. 이 경우 분할 납부 신청 대상, 분할 납부 방법 및 납부 기한 등 연금보험료의 분할 납부에 필요한 사항은 대통령령으로 정한다.

① 기준소득월액이 400만 원인 사업장가입자의 연금보험료 중 기여금
② 기준소득월액이 300만 원인 지역가입자의 연금보험료
③ 기준소득월액이 520만 원인 사업장가입자의 연금보험료 중 기여금
④ 기준소득월액이 160만 원인 임의가입자의 연금보험료
⑤ 기준소득월액이 250만 원인 임의계속가입자의 연금보험료

40 다음은 한 달 동안 K사원의 야근 및 휴일근무를 기록한 자료이다. 회사의 초과근무 수당 규정을 참고하여 K사원이 이번 달 받을 수 있는 야근 및 특근 수당을 바르게 구한 것은?(단, K사원의 세전 연봉은 3천만 원이고, 시급 산정 시 월평균 근무시간은 200시간으로 계산한다)

일	월	화	수	목	금	토
	1 (18 ~ 21시)	2	3	4 (18 ~ 22시)	5	6
7	8	9 (18 ~ 24시)	10	11	12	13
14 (09 ~ 12시)	15	16	17	18	19	20
21	22	23	24	25	26 (18 ~ 21시)	27 (13 ~ 18시)
28	29 (18 ~ 19시)	30				

〈초과근무 수당 규정〉

- 시급 환산 시 세전 연봉으로 계산한다.
- 평일 야근 수당은 시급에 5,000원을 가산하여 지급한다.
- 주말 특근 수당은 시급에 10,000원을 가산하여 지급한다.
- 식대는 10,000원을 지급하며, 식대는 야근·특근 수당에 포함되지 않는다.
- 야근시간은 오후 7시부터 적용되며 10시를 초과할 수 없다(단, 초과시간 수당은 미지급한다).

① 285,000원
② 320,000원
③ 355,000원
④ 405,000원
⑤ 442,500원

41 다음 뉴스 내용에서 볼 수 있는 기술경영자의 능력으로 옳은 것은?

> 앵커 : 현재 국제 원유 값이 고공 행진을 계속하면서 석유자원에서 탈피하려는 기술 개발이 활발히 진행되고 있는데요. 석유자원을 대체하고 에너지의 효율성을 높일 수 있는 연구개발 현장을 이은경 기자가 소개합니다.
>
> 기자 : 네. 여기는 메탄올을 화학 산업에 많이 쓰이는 에틸렌과 프로필렌, 부탄 등의 경질 올레핀으로 만드는 공정 현장입니다. 석탄과 바이오매스, 천연가스를 원료로 만들어진 메탄올에서 촉매반응을 통해 경질 올레핀을 만들기 때문에 석유 의존도를 낮출 수 있는 기술을 볼 수 있는데요. 기존 석유 나프타 열분해 공정보다 수율이 높고, 섭씨 400도 이하에서 제조가 가능해 온실가스는 물론 에너지 비용을 50% 이상 줄일 수 있어 화제가 되고 있습니다.

① 빠르고 효과적으로 새로운 기술을 습득하고 기존의 기술에서 탈피하는 능력
② 기술 전문 인력을 운용할 수 있는 능력
③ 조직 내의 기술 이용을 수행할 수 있는 능력
④ 새로운 제품개발 시간을 단축할 수 있는 능력
⑤ 기술을 효과적으로 평가할 수 있는 능력

42 다음 설명에 해당하는 벤치마킹으로 옳은 것은?

> 프로세스에 있어 최고로 우수한 성과를 보유한 동일 업종의 비경쟁적 기업을 대상으로 한다. 접근 및 자료 수집이 용이하고, 비교 가능한 업무 · 기술 습득이 상대적으로 용이한 반면, 문화 및 제도적인 차이로 발생되는 효과에 대한 검토가 없을 경우, 잘못된 분석 결과의 발생 가능성이 높은 단점이 있다.

① 내부 벤치마킹
② 경쟁적 벤치마킹
③ 비경쟁적 벤치마킹
④ 글로벌 벤치마킹
⑤ 간접적 벤치마킹

43 다음은 기술시스템의 발전 단계를 나타낸 것이다. 빈칸에 들어갈 단계로 옳은 것은?

〈기술시스템의 발전 단계〉

1단계 : 발명, 개발, 혁신의 단계
↓
2단계 : 기술이전의 단계
↓
3단계 : ______________
↓
4단계 : 기술공고화 단계

① 기술협조의 단계
② 기술경영의 단계
③ 기술평가의 단계
④ 기술경쟁의 단계
⑤ 기술투자의 단계

44 다음 글을 읽고 이해한 내용으로 옳은 것은?

최근 환경오염의 주범이었던 화학회사들이 환경 보호 정책을 표방하고 나섰다. 기업의 분위기가 변하면서 대학의 엔지니어뿐만 아니라 기업에 고용된 엔지니어들도 점차 대체기술, 환경기술, 녹색 디자인 등을 추구하는 방향으로 전환해 가고 있는 것이다.
또한, 3R의 구호[줄이고(Reduce), 재사용하고(Reuse), 재처리하자(Recycle)]는 최근 각광받고 있으며 엔지니어들로 하여금 미래 사회를 위한 자신들의 역할에 대해 방향을 제시해주고 있다.

① 개발이라는 이름으로 행해지는 개발독재의 사례로 볼 수 있어.
② 자연과학기술에 대한 연구개발의 사례로 적절하구나.
③ 균형과 조화를 위한 지속 가능한 개발의 사례로 볼 수 있어.
④ 기술이나 자금을 위한 개발수입의 사례인 것 같아.
⑤ 기업의 생산능률을 위한 조직개발의 사례로 볼 수 있겠구나.

45 B사원은 최근 K전자의 빔프로젝터를 구입하였으며, 빔프로젝터 고장 신고 전 확인사항을 확인하였다. 다음 중 빔프로젝터의 증상과 그에 따른 확인 및 조치사항으로 옳은 것은?

〈빔프로젝터 고장 신고 전 확인사항〉

분류	증상	확인 및 조치사항
설치 및 연결	전원이 들어오지 않음	• 제품 배터리의 충전 상태를 확인하세요. • 만약 그래도 제품이 전혀 동작하지 않는다면 제품 옆면의 'Reset' 버튼을 1초간 누르시기 바랍니다.
	전원이 자동으로 꺼짐	• 본 제품은 약 20시간 지속 사용 시 제품의 시스템 보호를 위해 전원이 자동 차단될 수 있습니다.
	외부기기가 선택되지 않음	• 외부기기 연결선이 신호 단자에 맞게 연결되었는지 확인하고, 연결 상태를 점검해 주시기 바랍니다.
메뉴 및 리모컨	리모컨이 동작하지 않음	• 리모컨의 건전지 상태 및 건전지가 권장 사이즈에 부합하는지 확인해 주세요. • 리모컨 각도와 거리가(10m 이하) 적당한지, 제품과 리모컨 사이에 장애물이 없는지 확인해 주세요.
	메뉴가 선택되지 않음	• 메뉴의 글자가 회색으로 나와 있지 않은지 확인해 주세요. 회색의 글자 메뉴는 선택되지 않습니다.
화면 및 소리	영상이 희미함	• 리모컨 메뉴창의 초점 조절 기능을 이용해 초점을 조절해 주세요. • 투사거리가 초점에서 너무 가깝거나 멀리 떨어져 있지 않은지 확인해 주세요(권장거리 1 ~ 3m).
	제품에서 이상한 소리가 남	• 이상한 소리가 계속해서 발생할 경우 사용을 중지하고 서비스센터로 문의해 주시기 바랍니다.
	화면이 안 나옴	• 제품 배터리의 충전 상태를 확인해 주세요. • 본체의 발열이 심할 경우 화면이 나오지 않을 수 있습니다.
	화면에 줄, 잔상, 경계선 등이 나타남	• 일정시간 정지된 영상을 지속적으로 표시하면 부분적으로 잔상이 발생합니다. • 영상의 상·하·좌·우의 경계선이 고정되어 있거나 빛의 투과량이 서로 상이한 영상을 장시간 시청 시 경계선에 자국이 발생할 수 있습니다.

① 언젠가부터 화면에 잔상이 나타나 제품과 리모콘 배터리의 충전 상태를 확인하였다.

② 메뉴가 선택되지 않아 외부기기와 연결선이 제대로 연결되었는지 확인하였다.

③ 일주일째 이상한 소리가 나 제품 배터리가 충분히 충전된 상태인지 살펴보았다.

④ 영상이 너무 희미해 초점과 투사거리를 확인하여 조절하였다.

⑤ 영화를 보는 중에 갑자기 전원이 꺼진 것은 본체의 발열이 심해서 그런 것이므로 약 20시간 동안 사용을 중지하였다.

46 다음은 매뉴얼 작성 규칙과 해외여행 중 자연재해에 대한 행동 매뉴얼이다. 밑줄 친 (A) ~ (E) 중 매뉴얼 작성 규칙에 위배되는 것은?

〈매뉴얼 작성 규칙〉

- 매뉴얼의 서술은 가능한 한 단순하고 간결해야 하며, 비전문가도 쉽게 이해할 수 있어야 한다.
- 매뉴얼 내용 서술에 애매모호한 단어 사용을 금지해야 한다.
- 매뉴얼 있어 추측성의 내용 서술은 금물이다.
- 이용자로 하여금 알기 쉬운 문장으로 쓰여야 한다.

〈해외여행 중 자연재해 행동 매뉴얼〉

- (A) 재외공관에 연락하여 본인의 소재지 및 여행 동행자의 정보를 남기고, 공관의 안내에 따라 신속히 현장을 빠져나와야 합니다.
- (B) 지진이 일어났을 경우, 비교적 안전한 위치에서 자세를 낮추고 머리 등 신체 주요부위를 보호합니다. 그리고 엘리베이터 대신 가급적 계단을 이용해야 하며, 엘리베이터 이용 중 지진이 일어난 경우에는 가까운 층을 눌러 대피합니다.
- (C) 해일이 발생할 경우, 가능한 높은 지대로 이동합니다. 이때 목조건물로 대피할 경우 급류에 쓸려갈 수 있으므로 가능한 철근콘크리트 건물로 이동해야 합니다.
- (D) 태풍・호우 시 큰 나무를 피하고, 고압선 가로등 등을 피해야 감전의 위험을 줄일 수 있을 것입니다.
- (E) 자연재해 발생 시 TV・라디오 등을 켜두어 중앙행정기관에서 발표하는 위기대처방법을 숙지합니다.

① (A) ② (B)
③ (C) ④ (D)
⑤ (E)

※ K병원에서는 환자들의 휴식 시간을 위해 병실마다 벽걸이 TV를 설치하고자 한다. 이어지는 질문에 답하시오. **[47~48]**

■ 설치 시 주의사항

– 반드시 제공하는 구성품 및 부품을 사용해 주세요.
– 수직 벽면 이외의 장소에는 설치하지 마세요.
– 진동이나 충격이 가해질 염려가 있는 곳은 제품이 떨어질 수 있으므로 피하세요.
– 제품의 열을 감지하고 스프링클러가 작동할 수 있으므로 스프링클러 감지기 옆에는 설치하지 마세요.
– 고압 케이블의 간섭을 받아 화면이 제대로 나오지 않을 수 있으므로 고압 케이블 근처에는 설치하지 마세요.
– 난방기기 주변은 과열되어 고장의 염려가 있으므로 피하세요.
– 벽면의 안정성을 확인하세요.
– 설치한 후 벽면과 제품 사이의 거리는 최소 15mm 이상 유지하세요.
– 제품 주변으로 10cm 이상의 공간을 두어 통풍이 잘되도록 하세요. 제품 내부 온도의 상승은 화재 및 제품 고장의 원인이 될 수 있습니다.

■ 문제해결

〈벽걸이 TV 고장 신고 전 확인사항〉

고장	해결
전원이 켜지지 않아요.	• 전원 코드가 잘 연결되어 있는지 확인하세요. • 안테나 케이블 연결이 제대로 되어 있는지 확인하세요. • 케이블 방송 수신기의 연결이 제대로 되어 있는지 확인하세요.
전원이 갑자기 꺼져요.	• 에너지 절약을 위한 '취침예약'이 설정되어 있는지 확인하세요. • 에너지 절약을 위한 '자동전원끄기' 기능이 설정되어 있는지 확인하세요.
제품에서 뚝뚝 소리가 나요.	• TV외관의 기구적 수축이나 팽창 때문에 나타날 수 있는 현상이므로 안심하고 사용하세요.
제품이 뜨거워요.	• 제품 특성상 장시간 시청 시 패널에서 열이 발생하므로 열이 발생하는 것은 결함이나 동작 사용상의 문제가 되지 않으니 안심하고 사용하세요.
리모컨 동작이 안 돼요.	• 새 건전지로 교체해 보세요.

※ 문제가 해결되지 않는다면 가까운 서비스센터로 문의하세요.

47 다음 중 벽걸이 TV를 설치하기 위한 장소 선정 시 고려해야 할 사항으로 옳지 않은 것은?

① 전동안마기가 비치되어 있는 병실을 확인한다.
② 스프링클러 감지기가 설치되어 있는 곳을 확인한다.
③ 냉방기가 설치되어 있는 곳을 확인한다.
④ 도면으로 고압 케이블이 설치되어 있는 위치를 확인한다.
⑤ 벽면 강도가 약한 경우 벽면을 보강할 수 있는지 확인한다.

48 TV가 제대로 작동되지 않아 A/S를 요청하기 전 간단하게 문제를 해결해 보고자 한다. 다음 중 문제를 해결하기 위한 방법으로 옳은 것은?

① 전원이 켜지지 않아 전원 코드 및 안테나 케이블, 위성 리시버가 잘 연결되어 있는지 확인했다.
② 전원이 갑자기 꺼져 전력 소모를 줄일 수 있는 기능들이 설정되어 있는지 확인했다.
③ 제품에서 뚝뚝 소리가 나서 TV의 전원을 끄고 다시 켰다.
④ 제품이 뜨거워서 분무기로 물을 뿌리고, 마른 천으로 물기를 깨끗이 닦았다.
⑤ 리모컨이 작동하지 않아 분해 후 녹이 슬어 있는 곳이 있는지 확인했다.

※ PC방에서 아르바이트를 하는 P군은 추후 모니터가 이상이 있다는 손님의 문의에 대응할 수 있도록 모니터 설명서를 찾아보았다. 이어지는 질문에 답하시오. [49~50]

〈모니터 설명서〉

고장 내용	확인사항
화면이 나오지 않아요.	• 모니터 전원 코드가 전원과 바르게 연결되어 있는지 확인해 주세요. • 전원 버튼이 꺼져 있는지 확인해 주세요. • [입력] 설정이 바르게 되어 있는지 확인해 주세요. • PC와 모니터가 바르게 연결되어 있는지 확인해 주세요. • 모니터가 절전모드로 전환되어 있는지 확인해 주세요.
'UNKNOWN DEVICE' 문구가 떠요.	• 자사 홈페이지의 모니터 드라이브를 설치해 주세요. (http://www.*******.**.**)
화면이 흐려요.	• 권장 해상도로 설정되어 있는지 확인해 주세요. • 그래픽카드 성능에 따라 권장 해상도 지원이 불가능할 수 있으니 그래픽카드 제조사에 문의해 주세요.
화면에 잔상이 남아 있어요.	• 모니터를 꺼도 잔상이 남으면 고장신고로 접수해 주세요. (고정된 특정 화면을 장기간 사용하면 모니터에 손상을 줄 수 있습니다) • 몇 개의 빨간색, 파란색, 초록색, 흰색, 검은색 점이 보이는 것은 정상이므로 안심하고 사용하셔도 됩니다.
소리가 나오지 않아요.	• 모니터가 스피커 단자와 바르게 연결되어 있는지 확인해 주세요. • 볼륨 설정이 낮거나 음소거 모드로 되어 있는지 확인해 주세요.
모니터 기능이 잠겨 있어요.	• [메뉴] – [잠금 해제]를 통해 잠금을 해제해 주세요.

49 다음 중 화면이 나오지 않는다는 손님의 문의를 받았을 때의 대응 방안으로 옳지 않은 것은?

① 모니터 전원이 켜져 있는지 확인한다.
② 모니터 드라이버를 설치한다.
③ 모니터와 PC가 바르게 연결되어 있는지 확인한다.
④ 모니터가 전원에 연결되어 있는지 확인한다.
⑤ 모니터 입력 설정이 바르게 설정되어 있는지 확인한다.

50 다음 중 고장신고를 접수해야 하는 상황은?

① 특정 소프트웨어에서 소리가 나오지 않는다.
② 화면에 몇 개의 반점이 보인다.
③ 화면이 흐리게 보인다.
④ 모니터 일부 기능을 사용할 수 없다.
⑤ 모니터를 꺼도 잔상이 남아 있다.

PART 3

채용 가이드

CHAPTER 01

블라인드 채용 소개

1. 블라인드 채용이란?

채용 과정에서 편견이 개입되어 불합리한 차별을 야기할 수 있는 출신지, 가족관계, 학력, 외모 등의 편견요인은 제외하고, 직무능력만을 평가하여 인재를 채용하는 방식입니다.

2. 블라인드 채용의 필요성

- 채용의 공정성에 대한 사회적 요구
  - 누구에게나 직무능력만으로 경쟁할 수 있는 균등한 고용기회를 제공해야 하나, 아직도 채용의 공정성에 대한 불신이 존재
  - 채용상 차별금지에 대한 법적 요건이 권고적 성격에서 처벌을 동반한 의무적 성격으로 강화되는 추세
  - 시민의식과 지원자의 권리의식 성숙으로 차별에 대한 법적 대응 가능성 증가
- 우수인재 채용을 통한 기업의 경쟁력 강화 필요
  - 직무능력과 무관한 학벌, 외모 위주의 선발로 우수인재 선발기회 상실 및 기업경쟁력 약화
  - 채용 과정에서 차별 없이 직무능력 중심으로 선발한 우수인재 확보 필요
- 공정한 채용을 통한 사회적 비용 감소 필요
  - 편견에 의한 차별적 채용은 우수인재 선발을 저해하고 외모·학벌 지상주의 등의 심화로 불필요한 사회적 비용 증가
  - 채용에서의 공정성을 높여 사회의 신뢰수준 제고

3. 블라인드 채용의 특징

편견요인을 요구하지 않는 대신 직무능력을 평가합니다.

블라인드 채용 = 편견유발 요인제외 + 직무능력 중심평가

※ 직무능력중심 채용이란?
기업의 역량기반 채용, NCS기반 능력중심 채용과 같이 직무수행에 필요한 능력과 역량을 평가하여 선발하는 채용방식을 통칭합니다.

4. 블라인드 채용의 평가요소

직무수행에 필요한 지식, 기술, 태도 등을 과학적인 선발기법을 통해 평가합니다.

평가기준 = 직무수행에 필요한 직무능력

※ 과학적 선발기법이란?
직무분석을 통해 도출된 평가요소를 서류, 필기, 면접 등을 통해 체계적으로 평가하는 방법으로 입사지원서, 자기소개서, 직무수행능력평가, 구조화 면접 등이 해당됩니다.

5. 블라인드 채용 주요 도입 내용

- 입사지원서에 인적사항 요구 금지
  - 인적사항에는 출신지역, 가족관계, 결혼여부, 재산, 취미 및 특기, 종교, 생년월일(연령), 성별, 신장 및 체중, 사진, 전공, 학교명, 학점, 외국어 점수, 추천인 등이 해당
  - 채용 직무를 수행하는 데 있어 반드시 필요하다고 인정될 경우는 제외
    예 특수경비직 채용 시 : 시력, 건강한 신체 요구
    연구직 채용 시 : 논문, 학위 요구 등
- 블라인드 면접 실시
  - 면접관에게 응시자의 출신지역, 가족관계, 학교명 등 인적사항 정보 제공 금지
  - 면접관은 응시자의 인적사항에 대한 질문 금지

6. 블라인드 채용 도입의 효과성

- 구성원의 다양성과 창의성이 높아져 기업 경쟁력 강화
  - 편견을 없애고 직무능력 중심으로 선발하므로 다양한 직원 구성 가능
  - 다양한 생각과 의견을 통하여 기업의 창의성이 높아져 기업경쟁력 강화
- 직무에 적합한 인재선발을 통한 이직률 감소 및 만족도 제고
  - 사전에 지원자들에게 구체적이고 상세한 직무요건을 제시함으로써 허수 지원이 낮아지고, 직무에 적합한 지원자 모집 가능
  - 직무에 적합한 인재가 선발되어 직무이해도가 높아져 업무효율 증대 및 만족도 제고
- 채용의 공정성과 기업이미지 제고
  - 블라인드 채용은 사회적 편견을 줄인 선발 방법으로 기업에 대한 사회적 인식 제고
  - 채용과정에서 불합리한 차별을 받지 않고 실력에 의해 공정하게 평가를 받을 것이라는 믿음을 제공하고, 지원자들은 평등한 기회와 공정한 선발과정 경험

CHAPTER

02 서류전형 가이드

01 채용공고문

1. 채용공고문의 변화

기존 채용공고문	변화된 채용공고문
• 취업준비생에게 불충분하고 불친절한 측면 존재 • 모집분야에 대한 명확한 직무관련 정보 및 평가기준 부재 • 해당분야에 지원하기 위한 취업준비생의 무분별한 스펙 쌓기 현상 발생	• NCS 직무분석에 기반한 채용공고를 토대로 채용전형 진행 • 지원자가 입사 후 수행하게 될 업무에 대한 자세한 정보 공지 • 직무수행내용, 직무수행 시 필요한 능력, 관련된 자격, 직업기초능력 제시 • 지원자가 해당 직무에 필요한 스펙만을 준비할 수 있도록 안내
• 모집부문 및 응시자격 • 지원서 접수 • 전형절차 • 채용조건 및 처우 • 기타사항	• 채용절차 • 채용유형별 선발분야 및 예정인원 • 전형방법 • 선발분야별 직무기술서 • 우대사항

2. 지원 유의사항 및 지원요건 확인

채용 직무에 따른 세부사항을 공고문에 명시하여 지원자에게 적격한 지원 기회를 부여함과 동시에 채용과정에서의 공정성과 신뢰성을 확보합니다.

구성	내용	확인사항
모집분야 및 규모	고용형태(인턴 계약직 등), 모집분야, 인원, 근무지역 등	채용직무가 여러 개일 경우 본인이 해당되는 직무의 채용규모 확인
응시자격	기본 자격사항, 지원조건	지원을 위한 최소자격요건을 확인하여 불필요한 지원을 예방
우대조건	법정 · 특별 · 자격증 가점	본인의 가점 여부를 검토하여 가점 획득을 위한 사항을 사실대로 기재
근무조건 및 보수	고용형태 및 고용기간, 보수, 근무지	본인이 생각하는 기대수준에 부합하는지 확인하여 불필요한 지원을 예방
시험방법	서류 · 필기 · 면접전형 등의 활용방안	전형방법 및 세부 평가기법 등을 확인하여 지원전략 준비
전형일정	접수기간, 각 전형 단계별 심사 및 합격자 발표일 등	본인의 지원 스케줄을 검토하여 차질이 없도록 준비
제출서류	입사지원서(경력 · 경험기술서 등), 각종 증명서 및 자격증 사본 등	지원요건 부합 여부 및 자격 증빙서류 사전에 준비
유의사항	임용취소 등의 규정	임용취소 관련 법적 또는 기관 내부 규정을 검토하여 해당여부 확인

02 직무기술서

직무기술서란 직무수행의 내용과 필요한 능력, 관련 자격, 직업기초능력 등을 상세히 기재한 것으로 입사 후 수행하게 될 업무에 대한 정보가 수록되어 있는 자료입니다.

1. 채용분야

설명

NCS 직무분류 체계에 따라 직무에 대한 「대분류 – 중분류 – 소분류 – 세분류」 체계를 확인할 수 있습니다. 채용 직무에 대한 모든 직무기술서를 첨부하게 되며 실제 수행 업무를 기준으로 세부적인 분류정보를 제공합니다.

채용분야	분류체계			
사무행정	대분류	중분류	소분류	세분류
분류코드	02. 경영・회계・사무	03. 재무・회계	01. 재무	01. 예산
				02. 자금
			02. 회계	01. 회계감사
				02. 세무

2. 능력단위

설명

직무분류 체계의 세분류 하위능력단위 중 실질적으로 수행할 업무의 능력만 구체적으로 파악할 수 있습니다.

능력단위	(예산)	03. 연간종합예산수립 05. 확정예산 운영	04. 추정재무제표 작성 06. 예산실적 관리
	(자금)	04. 자금운용	
	(회계감사)	02. 자금관리 05. 회계정보시스템 운용 07. 회계감사	04. 결산관리 06. 재무분석
	(세무)	02. 결산관리 07. 법인세 신고	05. 부가가치세 신고

3. 직무수행내용

설명

세분류 영역의 기본정의를 통해 직무수행내용을 확인할 수 있습니다. 입사 후 수행할 직무내용을 구체적으로 확인할 수 있으며, 이를 통해 입사서류 작성부터 면접까지 직무에 대한 명확한 이해를 바탕으로 자신의 희망직무인지 아닌지, 해당 직무가 자신이 알고 있던 직무가 맞는지 확인할 수 있습니다.

직무수행내용	(예산) 일정 기간 예상되는 수익과 비용을 편성, 집행하며 통제하는 일
	(자금) 자금의 계획 수립, 조달, 운용을 하고 발생 가능한 위험 관리 및 성과평가
	(회계감사) 기업 및 조직 내・외부에 있는 의사결정자들이 효율적인 의사결정을 할 수 있도록 유용한 정보를 제공, 제공된 회계정보의 적정성을 파악하는 일
	(세무) 기업의 활동을 위하여 주어진 세법범위 내에서 조세부담을 최소화시키는 조세전략을 포함하고 정확한 과세소득과 과세표준 및 세액을 산출하여 과세당국에 신고・납부하는 일

4. 직무기술서 예시

태도	(예산) 정확성, 분석적 태도, 논리적 태도, 타 부서와의 협조적 태도, 설득력
	(자금) 분석적 사고력
	(회계 감사) 합리적 태도, 전략적 사고, 정확성, 적극적 협업 태도, 법률준수 태도, 분석적 태도, 신속성, 책임감, 정확한 판단력
	(세무) 규정 준수 의지, 수리적 정확성, 주의 깊은 태도
우대 자격증	공인회계사, 세무사, 컴퓨터활용능력, 변호사, 워드프로세서, 전산회계운용사, 사회조사분석사, 재경관리사, 회계관리 등
직업기초능력	의사소통능력, 문제해결능력, 자원관리능력, 대인관계능력, 정보능력, 조직이해능력

5. 직무기술서 내용별 확인사항

항목	확인사항
모집부문	해당 채용에서 선발하는 부문(분야)명 확인 예 사무행정, 전산, 전기
분류체계	지원하려는 분야의 세부직무군 확인
주요기능 및 역할	지원하려는 기업의 전사적인 기능과 역할, 산업군 확인
능력단위	지원분야의 직무수행에 관련되는 세부업무사항 확인
직무수행내용	지원분야의 직무군에 대한 상세사항 확인
전형방법	지원하려는 기업의 신입사원 선발전형 절차 확인
일반요건	교육사항을 제외한 지원 요건 확인(자격요건, 특수한 경우 연령)
교육요건	교육사항에 대한 지원요건 확인(대졸 / 초대졸 / 고졸 / 전공요건)
필요지식	지원분야의 업무수행을 위해 요구되는 지식 관련 세부항목 확인
필요기술	지원분야의 업무수행을 위해 요구되는 기술 관련 세부항목 확인
직무수행태도	지원분야의 업무수행을 위해 요구되는 태도 관련 세부항목 확인
직업기초능력	지원분야 또는 지원기업의 조직원으로서 근무하기 위해 필요한 일반적인 능력사항 확인

03 입사지원서

1. 입사지원서의 변화

기존지원서		능력중심 채용 입사지원서	
직무와 관련 없는 학점, 개인신상, 어학점수, 자격, 수상경력 등을 나열하도록 구성	VS	해당 직무수행에 꼭 필요한 정보들을 제시할 수 있도록 구성	
직무기술서		인적사항	성명, 연락처, 지원분야 등 작성 (평가 미반영)
직무수행내용		교육사항	직무지식과 관련된 학교교육 및 직업교육 작성
요구지식 / 기술	→	자격사항	직무관련 국가공인 또는 민간자격 작성
관련 자격증		경력 및 경험사항	조직에 소속되어 일정한 임금을 받거나(경력) 임금 없이(경험) 직무와 관련된 활동 내용 작성
사전직무경험			

2. 교육사항

- 지원분야 직무와 관련된 학교 교육이나 직업교육 혹은 기타교육 등 직무에 대한 지원자의 학습 여부를 평가하기 위한 항목입니다.
- 지원하고자 하는 직무의 학교 전공교육 이외에 직업교육, 기타교육 등을 기입할 수 있기 때문에 전공 제한 없이 직업교육과 기타교육을 이수하여 지원이 가능하도록 기회를 제공합니다.
  (기타교육 : 학교 이외의 기관에서 개인이 이수한 교육과정 중 지원직무와 관련이 있다고 생각되는 교육내용)

구분	교육과정(과목)명	교육내용	과업(능력단위)

3. 자격사항

- 채용공고 및 직무기술서에 제시되어 있는 자격 현황을 토대로 지원자가 해당 직무를 수행하는 데 필요한 능력을 가지고 있는지를 평가하기 위한 항목입니다.
- 채용공고 및 직무기술서에 기재된 직무관련 필수 또는 우대자격 항목을 확인하여 본인이 보유하고 있는 자격사항을 기재합니다.

자격유형	자격증명	발급기관	취득일자	자격증번호

4. 경력 및 경험사항

- 직무와 관련된 경력이나 경험 여부를 표현하도록 하여 직무와 관련한 능력을 갖추었는지를 평가하기 위한 항목입니다.
- 해당 기업에서 직무를 수행함에 있어 필요한 사항만을 기록하게 되어 있기 때문에 직무와 무관한 스펙을 갖추지 않아도 됩니다.
- 경력 : 금전적 보수를 받고 일정기간 동안 일했던 경우
- 경험 : 금전적 보수를 받지 않고 수행한 활동

※ 기업에 따라 경력 / 경험 관련 증빙자료 요구 가능

구분	조직명	직위 / 역할	활동기간(년 / 월)	주요과업 / 활동내용

Tip

입사지원서 작성 방법

○ 경력 및 경험사항 작성
- 직무기술서에 제시된 지식, 기술, 태도와 지원자의 교육사항, 경력(경험)사항, 자격사항과 연계하여 개인의 직무역량에 대해 스스로 판단 가능

○ 인적사항 최소화
- 개인의 인적사항, 학교명, 가족관계 등을 노출하지 않도록 유의

부적절한 입사지원서 작성 사례
- 학교 이메일을 기입하여 학교명 노출
- 거주지 주소에 학교 기숙사 주소를 기입하여 학교명 노출
- 자기소개서에 부모님이 재직 중인 기업명, 직위, 직업을 기입하여 가족관계 노출
- 자기소개서에 석·박사 과정에 대한 이야기를 언급하여 학력 노출
- 동아리 활동에 대한 내용을 학교명과 더불어 언급하여 학교명 노출

04 자기소개서

1. 자기소개서의 변화

- 기존의 자기소개서는 지원자의 일대기나 관심 분야, 성격의 장·단점 등 개괄적인 사항을 묻는 질문으로 구성되어 지원자가 자신의 직무능력을 제대로 표출하지 못합니다.
- 능력중심 채용의 자기소개서는 직무기술서에 제시된 직업기초능력(또는 직무수행능력)에 대한 지원자의 과거 경험을 기술하게 함으로써 평가 타당도의 확보가 가능합니다.

1. 우리 회사와 해당 지원 직무분야에 지원한 동기에 대해 기술해 주세요.
2. 자신이 경험한 다양한 사회활동에 대해 기술해 주세요.
3. 지원 직무에 대한 전문성을 키우기 위해 받은 교육과 경험 및 경력사항에 대해 기술해 주세요.
4. 인사업무 또는 팀 과제 수행 중 발생한 갈등을 원만하게 해결해 본 경험이 있습니까? 당시 상황에 대한 설명과 갈등의 대상이 되었던 상대방을 설득한 과정 및 방법을 기술해 주세요.
5. 과거에 있었던 일 중 가장 어려웠었던(힘들었었던) 상황을 고르고, 어떤 방법으로 그 상황을 해결했는지를 기술해 주세요.

Tip

자기소개서 작성 방법

① 자기소개서 문항이 묻고 있는 평가 역량 추측하기

> 예시
>
> • 팀 활동을 하면서 갈등 상황 시 상대방의 니즈나 의도를 명확히 파악하고 해결하여 목표 달성에 기여했던 경험에 대해서 작성해 주시기 바랍니다.
>
> • 다른 사람이 생각해내지 못했던 문제점을 찾고 이를 해결한 경험에 대해 작성해 주시기 바랍니다.

② 해당 역량을 보여줄 수 있는 소재 찾기(시간×역량 매트릭스)

예시

시간 →

평가역량 ↓

	2022년	2023년	2024년	2025년
도전정신	*대학 발표수업*	*대학 발표수업*	~~*다이어트 (헬스)*~~	
대인관계	*대학 발표수업*	*대학 발표수업*		*경영 동아리*
의사소통	*편의점 아르바이트*	~~*군대 작업*~~	*봉사 동아리*	
직무역량			*경영 동아리*	*Book Study*
…				

③ 자기소개서 작성 Skill 익히기

• 두괄식으로 작성하기

• 구체적 사례를 사용하기

• ‘나’를 중심으로 작성하기

• 직무역량 강조하기

• 경험 사례의 차별성 강조하기

CHAPTER

03 인성검사 소개 및 모의테스트

01 인성검사 유형

인성검사는 지원자의 성격특성을 객관적으로 파악하고 그것이 각 기업에서 필요로 하는 인재상과 가치에 부합하는가를 평가하기 위한 검사입니다. 인성검사는 KPDI(한국인재개발진흥원), K-SAD(한국사회적성개발원), KIRBS(한국행동과학연구소), SHR(에스에이치알) 등의 전문기관을 통해 각 기업의 특성에 맞는 검사를 선택하여 실시합니다. 대표적인 인성검사의 유형에는 크게 다음과 같은 세 가지가 있으며, 채용 대행업체에 따라 달라집니다.

1. KPDI 검사

조직적응성과 직무적합성을 알아보기 위한 검사로 인성검사, 인성역량검사, 인적성검사, 직종별 인적성검사 등의 다양한 검사 도구를 구현합니다. KPDI는 성격을 파악하고 정신건강 상태 등을 측정하고, 직무검사는 해당 직무를 수행하기 위해 기본적으로 갖추어야 할 인지적 능력을 측정합니다. 역량검사는 특정 직무 역할을 효과적으로 수행하는 데 직접적으로 관련 있는 개인의 행동, 지식, 스킬, 가치관 등을 측정합니다.

2. KAD(Korea Aptitude Development) 검사

K-SAD(한국사회적성개발원)에서 실시하는 적성검사 프로그램입니다. 개인의 성향, 지적 능력, 기호, 관심, 흥미도를 종합적으로 분석하여 적성에 맞는 업무가 무엇인가 파악하고, 직무수행에 있어서 요구되는 기초능력과 실무능력을 분석합니다.

3. SHR 직무적성검사

직무수행에 필요한 종합적인 사고 능력을 다양한 적성검사(Paper and Pencil Test)로 평가합니다. SHR의 모든 직무능력검사는 표준화 검사입니다. 표준화 검사는 표본집단의 점수를 기초로 규준이 만들어진 검사이므로 개인의 점수를 규준에 맞추어 해석·비교하는 것이 가능합니다. S(Standardized Tests), H(Hundreds of Version), R(Reliable Norm Data)을 특징으로 하며, 직군·직급별 특성과 선발 수준에 맞추어 검사를 적용할 수 있습니다.

02 인성검사와 면접

인성검사는 특히 면접질문과 관련성이 높습니다. 면접관은 지원자의 인성검사 결과를 토대로 질문을 하기 때문입니다. 일관적이고 이상적인 답변을 하는 것이 가장 좋지만, 실제 시험은 매우 복잡하여 전문가라 해도 일정 성격을 유지하면서 답변을 하는 것이 힘듭니다. 또한, 인성검사에는 라이 스케일(Lie Scale) 설문이 전체 설문 속에 교묘하게 섞여 들어가 있으므로 겉치레적인 답을 하게 되면 회답태도의 허위성이 그대로 드러나게 됩니다. 예를 들어 '거짓말을 한 적이 한 번도 없다.'에 '예'로 답하고, '때로는 거짓말을 하기도 한다.'에 '예'라고 답하여 라이 스케일의 득점이 올라가게 되면 모든 회답의 신빙성이 사라지고 '자신을 돋보이게 하려는 사람'이라는 평가를 받을 수 있으므로 주의해야 합니다. 따라서 모의테스트를 통해 인성검사의 유형과 실제 시험 시 어떻게 문제를 풀어야 하는지 연습해 보고 체크한 부분 중 자신의 단점과 연결되는 부분은 면접에서 질문이 들어왔을 때 어떻게 대처해야 하는지 생각해 보는 것이 좋습니다.

03 유의사항

1. 기업의 인재상을 파악하라!

인성검사를 통해 개인의 성격 특성을 파악하고 그것이 기업의 인재상과 가치에 부합하는지를 평가하는 시험이기 때문에 해당 기업의 인재상을 먼저 파악하고 시험에 임하는 것이 좋습니다. 모의테스트에서 인재상에 맞는 가상의 인물을 설정하고 문제에 답해 보는 것도 많은 도움이 됩니다.

2. 일관성 있는 대답을 하라!

짧은 시간 안에 다양한 질문에 답을 해야 하는데, 그 안에는 중복되는 질문이 여러 번 나옵니다. 이때 앞서 자신이 체크했던 대답을 잘 기억해뒀다가 일관성 있는 답을 하는 것이 중요합니다.

3. 모든 문항에 대답하라!

많은 문제를 짧은 시간 안에 풀려다 보니 다 못 푸는 경우도 종종 생깁니다. 하지만 대답을 누락하거나 끝까지 다 못했을 경우 좋지 않은 결과를 가져올 수도 있으니 최대한 주어진 시간 안에 모든 문항에 답할 수 있도록 해야 합니다.

04 KPDI 모의테스트

※ 모의테스트는 질문 및 답변 유형 연습을 위한 것으로 실제 시험과 다를 수 있습니다.
※ 인성검사는 정답이 따로 없는 유형의 검사이므로 결과지를 제공하지 않습니다.

번호	내용	예	아니요
001	나는 솔직한 편이다.	☐	☐
002	나는 리드하는 것을 좋아한다.	☐	☐
003	법을 어겨서 말썽이 된 적이 한 번도 없다.	☐	☐
004	거짓말을 한 번도 한 적이 없다.	☐	☐
005	나는 눈치가 빠르다.	☐	☐
006	나는 일을 주도하기보다는 뒤에서 지원하는 것을 선호한다.	☐	☐
007	앞일은 알 수 없기 때문에 계획은 필요하지 않다.	☐	☐
008	거짓말도 때로는 방편이라고 생각한다.	☐	☐
009	사람이 많은 술자리를 좋아한다.	☐	☐
010	걱정이 지나치게 많다.	☐	☐
011	일을 시작하기 전 재고하는 경향이 있다.	☐	☐
012	불의를 참지 못한다.	☐	☐
013	처음 만나는 사람과도 이야기를 잘 한다.	☐	☐
014	때로는 변화가 두렵다.	☐	☐
015	나는 모든 사람에게 친절하다.	☐	☐
016	힘든 일이 있을 때 술은 위로가 되지 않는다.	☐	☐
017	결정을 빨리 내리지 못해 손해를 본 경험이 있다.	☐	☐
018	기회를 잡을 준비가 되어 있다.	☐	☐
019	때로는 내가 정말 쓸모없는 사람이라고 느낀다.	☐	☐
020	누군가 나를 챙겨주는 것이 좋다.	☐	☐
021	자주 가슴이 답답하다.	☐	☐
022	나는 내가 자랑스럽다.	☐	☐
023	경험이 중요하다고 생각한다.	☐	☐
024	전자기기를 분해하고 다시 조립하는 것을 좋아한다.	☐	☐

025	감시받고 있다는 느낌이 든다.	▢	▢
026	난처한 상황에 놓이면 그 순간을 피하고 싶다.	▢	▢
027	세상엔 믿을 사람이 없다.	▢	▢
028	잘못을 빨리 인정하는 편이다.	▢	▢
029	지도를 보고 길을 잘 찾아간다.	▢	▢
030	귓속말을 하는 사람을 보면 날 비난하고 있는 것 같다.	▢	▢
031	막무가내라는 말을 들을 때가 있다.	▢	▢
032	장래의 일을 생각하면 불안하다.	▢	▢
033	결과보다 과정이 중요하다고 생각한다.	▢	▢
034	운동은 그다지 할 필요가 없다고 생각한다.	▢	▢
035	새로운 일을 시작할 때 좀처럼 한 발을 떼지 못한다.	▢	▢
036	기분 상하는 일이 있더라도 참는 편이다.	▢	▢
037	업무능력은 성과로 평가받아야 한다고 생각한다.	▢	▢
038	머리가 맑지 못하고 무거운 느낌이 든다.	▢	▢
039	가끔 이상한 소리가 들린다.	▢	▢
040	타인이 내게 자주 고민상담을 하는 편이다.	▢	▢

05 SHR 모의테스트

※ 모의테스트는 질문 및 답변 유형 연습을 위한 것으로 실제 시험과 다를 수 있습니다.
※ 인성검사는 정답이 따로 없는 유형의 검사이므로 결과지를 제공하지 않습니다.

※ 이 성격검사의 각 문항에는 서로 다른 행동을 나타내는 네 개의 문장이 제시되어 있습니다. 이 문장들을 비교하여, 자신의 평소 행동과 가장 가까운 문장을 'ㄱ' 열에 표기하고, 가장 먼 문장을 'ㅁ' 열에 표기하십시오.

01 나는 ________________________

	ㄱ	ㅁ
A. 실용적인 해결책을 찾는다.	☐	☐
B. 다른 사람을 돕는 것을 좋아한다.	☐	☐
C. 세부 사항을 잘 챙긴다.	☐	☐
D. 상대의 주장에서 허점을 잘 찾는다.	☐	☐

02 나는 ________________________

	ㄱ	ㅁ
A. 매사에 적극적으로 임한다.	☐	☐
B. 즉흥적인 편이다.	☐	☐
C. 관찰력이 있다.	☐	☐
D. 임기응변에 강하다.	☐	☐

03 나는 ________________________

	ㄱ	ㅁ
A. 무서운 영화를 잘 본다.	☐	☐
B. 조용한 곳이 좋다.	☐	☐
C. 가끔 울고 싶다.	☐	☐
D. 집중력이 좋다.	☐	☐

04 나는 ________________________

	ㄱ	ㅁ
A. 기계를 조립하는 것을 좋아한다.	☐	☐
B. 집단에서 리드하는 역할을 맡는다.	☐	☐
C. 호기심이 많다.	☐	☐
D. 음악을 듣는 것을 좋아한다.	☐	☐

05 나는 ______________________

A. 타인을 늘 배려한다.
B. 감수성이 예민하다.
C. 즐겨하는 운동이 있다.
D. 일을 시작하기 전에 계획을 세운다.

	ㄱ	ㅁ
A	☐	☐
B	☐	☐
C	☐	☐
D	☐	☐

06 나는 ______________________

A. 타인에게 설명하는 것을 좋아한다.
B. 여행을 좋아한다.
C. 정적인 것이 좋다.
D. 남을 돕는 것에 보람을 느낀다.

	ㄱ	ㅁ
A	☐	☐
B	☐	☐
C	☐	☐
D	☐	☐

07 나는 ______________________

A. 기계를 능숙하게 다룬다.
B. 밤에 잠이 잘 오지 않는다.
C. 한 번 간 길을 잘 기억한다.
D. 불의를 보면 참을 수 없다.

	ㄱ	ㅁ
A	☐	☐
B	☐	☐
C	☐	☐
D	☐	☐

08 나는 ______________________

A. 종일 말을 하지 않을 때가 있다.
B. 사람이 많은 곳을 좋아한다.
C. 술을 좋아한다.
D. 휴양지에서 편하게 쉬고 싶다.

	ㄱ	ㅁ
A	☐	☐
B	☐	☐
C	☐	☐
D	☐	☐

09 나는 ______________________

	ㄱ	ㅁ
A. 뉴스보다는 드라마를 좋아한다.	☐	☐
B. 길을 잘 찾는다.	☐	☐
C. 주말엔 집에서 쉬는 것이 좋다.	☐	☐
D. 아침에 일어나는 것이 힘들다.	☐	☐

10 나는 ______________________

	ㄱ	ㅁ
A. 이성적이다.	☐	☐
B. 할 일을 종종 미룬다.	☐	☐
C. 어른을 대하는 게 힘들다.	☐	☐
D. 불을 보면 매혹을 느낀다.	☐	☐

11 나는 ______________________

	ㄱ	ㅁ
A. 상상력이 풍부하다.	☐	☐
B. 예의 바르다는 소리를 자주 듣는다.	☐	☐
C. 사람들 앞에 서면 긴장한다.	☐	☐
D. 친구를 자주 만난다.	☐	☐

12 나는 ______________________

	ㄱ	ㅁ
A. 나만의 스트레스 해소 방법이 있다.	☐	☐
B. 친구가 많다.	☐	☐
C. 책을 자주 읽는다.	☐	☐
D. 활동적이다.	☐	☐

CHAPTER 04

면접전형 가이드

01 면접유형 파악

1. 면접전형의 변화

기존 면접전형에서는 일상적이고 단편적인 대화나 지원자의 첫인상 및 면접관의 주관적인 판단 등에 의해서 입사 결정 여부를 판단하는 경우가 많았습니다. 이러한 면접전형은 면접 내용의 일관성이 결여되거나 직무 관련 타당성이 부족하였고, 면접에 대한 신뢰도에 영향을 주었습니다.

기존 면접(전통적 면접)		능력중심 채용 면접(구조화 면접)
• 일상적이고 단편적인 대화 • 인상, 외모 등 외부 요소의 영향 • 주관적인 판단에 의존한 총점 부여 ⇩ • 면접 내용의 일관성 결여 • 직무관련 타당성 부족 • 주관적인 채점으로 신뢰도 저하	VS	• 일관성 – 직무관련 역량에 초점을 둔 구체적 질문 목록 – 지원자별 동일 질문 적용 • 구조화 – 면접 진행 및 평가 절차를 일정한 체계에 의해 구성 • 표준화 – 평가 타당도 제고를 위한 평가 Matrix 구성 – 척도에 따라 항목별 채점, 개인 간 비교 • 신뢰성 – 면접진행 매뉴얼에 따라 면접위원 교육 및 실습

2. 능력중심 채용의 면접 유형

① 경험 면접
- 목적 : 선발하고자 하는 직무 능력이 필요한 과거 경험을 질문합니다.
- 평가요소 : 직업기초능력과 인성 및 태도적 요소를 평가합니다.

② 상황 면접
- 목적 : 특정 상황을 제시하고 지원자의 행동을 관찰함으로써 실제 상황의 행동을 예상합니다.
- 평가요소 : 직업기초능력과 인성 및 태도적 요소를 평가합니다.

③ 발표 면접
- 목적 : 특정 주제와 관련된 지원자의 발표와 질의응답을 통해 지원자 역량을 평가합니다.
- 평가요소 : 직무수행능력과 인지적 역량(문제해결능력)을 평가합니다.

④ 토론 면접
- 목적 : 토의과제에 대한 의견수렴 과정에서 지원자의 역량과 상호작용능력을 평가합니다.
- 평가요소 : 직무수행능력과 팀워크를 평가합니다.

02 면접유형별 준비 방법

1. 경험 면접

① 경험 면접의 특징

- 주로 직업기초능력에 관련된 지원자의 과거 경험을 심층 질문하여 검증하는 면접입니다.
- 직무능력과 관련된 과거 경험을 평가하기 위해 심층 질문을 하며, 이 질문은 지원자의 답변에 대하여 '꼬리에 꼬리를 무는 형식'으로 진행됩니다.

> • 능력요소, 정의, 심사 기준
> – 평가하고자 하는 능력요소, 정의, 심사기준을 확인하여 면접위원이 해당 능력요소 관련 질문을 제시합니다.
> • Opening Question
> – 능력요소에 관련된 과거 경험을 유도하기 위한 시작 질문을 합니다.
> • Follow-up Question
> – 지원자의 경험 수준을 구체적으로 검증하기 위한 질문입니다.
> – 경험 수준 검증을 위한 상황(Situation), 임무(Task), 역할 및 노력(Action), 결과(Result) 등으로 질문을 구분합니다.

경험 면접의 형태

〈일대다 면접〉

〈다대다 면접〉

② 경험 면접의 구조

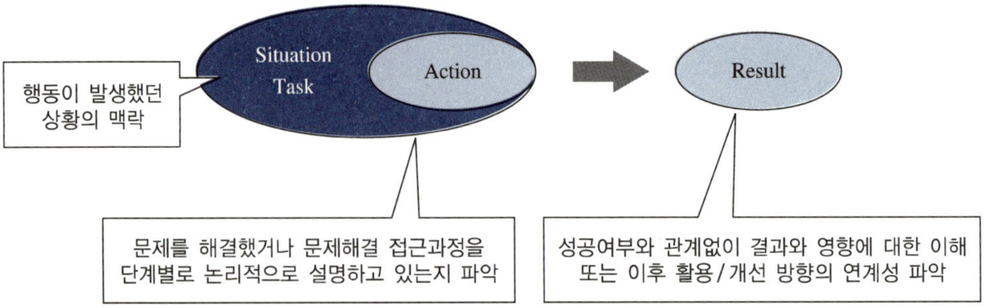

S(Situation)	귀하가 처해 있던 상황에 대해 말해 보시오.
T(Task)	귀하가 수행한 과제/과업은 무엇인가?
A(Action)	어떻게 행동(대응)했는가?
R(Result)	그 행동의 결과는 어떘는가?

(　　　　)에 관한 과거 경험에 대하여 말해 보시오.

행동이 발생한 맥락

귀하가 처해 있던 상황에 대해 말해 보시오.
- 언제 경험하였습니까?
- 어디에서 경험하였습니까?
- 당신은 어떻게 그 경험을 하게 되었습니까?

관련 인물 및 과제

귀하가 수행한 과제 / 과업은 무엇인가?
- 당신이 맡은 역할은 무엇이었습니까?
- 본인을 지원한 팀원 or 조원은 누구였습니까?

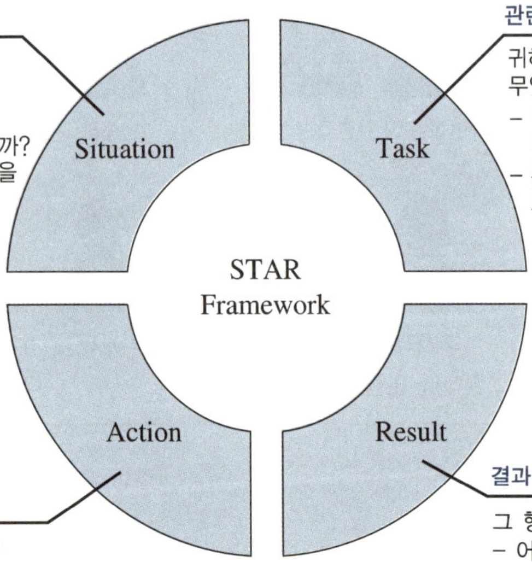

문제해결과정에 대한 구체적 설명

어떻게 행동(대응)했는가?
- 구체적으로 어떤 노력을 하였습니까?
- 어떤 어려움을 겪었으며 어떻게 극복하였습니까?

결과 / 영향에 대한 이해

그 행동의 결과는 어땠는가?
- 어떤 교훈을 얻었습니까?

③ 경험 면접 질문 예시(직업윤리)

시작 질문	
1	남들이 신경 쓰지 않는 부분까지 고려하여 절차대로 업무(연구)를 수행하여 성과를 낸 경험을 구체적으로 말해 보시오.
2	조직의 원칙과 절차를 철저히 준수하며 업무(연구)를 수행한 것 중 성과를 향상시킨 경험에 대해 구체적으로 말해 보시오.
3	세부적인 절차와 규칙에 주의를 기울여 실수 없이 업무(연구)를 마무리한 경험을 구체적으로 말해 보시오.
4	조직의 규칙이나 원칙을 고려하여 성실하게 일했던 경험을 구체적으로 말해 보시오.
5	타인의 실수를 바로잡고 원칙과 절차대로 수행하여 성공적으로 업무를 마무리하였던 경험에 대해 말해 보시오.

후속 질문		
상황 (Situation)	상황	구체적으로 언제, 어디에서 경험한 일인가?
		어떤 상황이었는가?
	조직	어떤 조직에 속해 있었는가?
		그 조직의 특성은 무엇이었는가?
		몇 명으로 구성된 조직이었는가?
	기간	해당 조직에서 얼마나 일했는가?
		해당 업무는 몇 개월 동안 지속되었는가?
	조직규칙	조직의 원칙이나 규칙은 무엇이었는가?
임무 (Task)	과제	과제의 목표는 무엇이었는가?
		과제에 적용되는 조직의 원칙은 무엇이었는가?
		그 규칙을 지켜야 하는 이유는 무엇이었는가?
	역할	당신이 조직에서 맡은 역할은 무엇이었는가?
		과제에서 맡은 역할은 무엇이었는가?
	문제의식	규칙을 지키지 않을 경우 생기는 문제점 / 불편함은 무엇인가?
		해당 규칙이 왜 중요하다고 생각하였는가?
역할 및 노력 (Action)	행동	업무 과정의 어떤 장면에서 규칙을 철저히 준수하였는가?
		어떻게 규정을 적용시켜 업무를 수행하였는가?
		규정은 준수하는 데 어려움은 없었는가?
	노력	그 규칙을 지키기 위해 스스로 어떤 노력을 기울였는가?
		본인의 생각이나 태도에 어떤 변화가 있었는가?
		다른 사람들은 어떤 노력을 기울였는가?
	동료관계	동료들은 규칙을 철저히 준수하고 있었는가?
		팀원들은 해당 규칙에 대해 어떻게 반응하였는가?
		규칙에 대한 태도를 개선하기 위해 어떤 노력을 하였는가?
		팀원들의 태도는 당신에게 어떤 자극을 주었는가?
	업무추진	주어진 업무를 추진하는 데 규칙이 방해되진 않았는가?
		업무수행 과정에서 규정을 어떻게 적용하였는가?
		업무 시 규정을 준수해야 한다고 생각한 이유는 무엇인가?

결과 (Result)	평가	규칙을 어느 정도나 준수하였는가?
		그렇게 준수할 수 있었던 이유는 무엇이었는가?
		업무의 성과는 어느 정도였는가?
		성과에 만족하였는가?
		비슷한 상황이 온다면 어떻게 할 것인가?
	피드백	주변 사람들로부터 어떤 평가를 받았는가?
		그러한 평가에 만족하는가?
		다른 사람에게 본인의 행동이 영향을 주었다고 생각하는가?
	교훈	업무수행 과정에서 중요한 점은 무엇이라고 생각하는가?
		이 경험을 통해 느낀 바는 무엇인가?

2. 상황 면접

① 상황 면접의 특징

직무 관련 상황을 가정하여 제시하고 이에 대한 대응능력을 직무관련성 측면에서 평가하는 면접입니다.

- 상황 면접 과제의 구성은 크게 2가지로 구분
  - 상황 제시(Description) / 문제 제시(Question or Problem)
- 현장의 실제 업무 상황을 반영하여 과제를 제시하므로 직무분석이나 직무전문가 워크숍 등을 거쳐 현장성을 높임
- 문제는 상황에 대한 기본적인 이해능력(이론적 지식)과 함께 실질적 대응이나 변수 고려능력(실천적 능력) 등을 고르게 질문해야 함

상황 면접의 형태

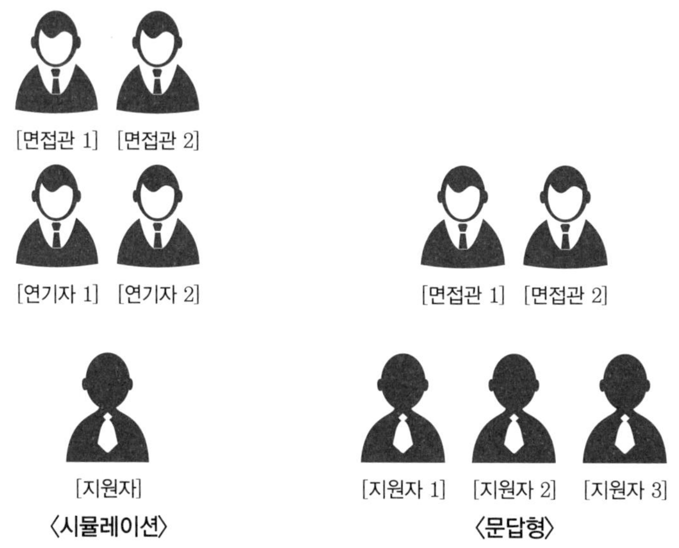

② 상황 면접 예시

상황 제시	인천공항 여객터미널 내에는 다양한 용도의 시설(사무실, 통신실, 식당, 전산실, 창고 면세점 등)이 설치되어 있습니다.	실제 업무 상황에 기반함
	금년에 소방배관의 누수가 잦아 메인 배관을 교체하는 공사를 추진하고 있으며, 당신은 이번 공사의 담당자입니다.	배경 정보
	주간에는 공항 운영이 이루어져 주로 야간에만 배관 교체 공사를 수행하던 중, 시공하는 기능공의 실수로 배관 연결 부위를 잘못 건드려 고압배관의 소화수가 누출되는 사고가 발생하였으며, 이로 인해 인근 시설물에 누수에 의한 피해가 발생하였습니다.	구체적인 문제 상황
문제 제시	일반적인 소방배관의 배관연결(이음)방식과 배관의 이탈(누수)이 발생하는 원인에 대해 설명해 보시오.	문제 상황 해결을 위한 기본 지식 문항
	담당자로서 본 사고를 현장에서 긴급히 처리하는 프로세스를 제시하고, 보수완료 후 사후적 조치가 필요한 부분 및 재발방지 방안에 대해 설명해 보시오.	문제 상황 해결을 위한 추가 대응 문항

3. 발표 면접

① 발표 면접의 특징

- 직무관련 주제에 대한 지원자의 생각을 정리하여 의견을 제시하고, 발표 및 질의응답을 통해 지원자의 직무능력을 평가하는 면접입니다.
- 발표 주제는 직무와 관련된 자료로 제공되며, 일정 시간 후 지원자가 보유한 지식 및 방안에 대한 발표 및 후속 질문을 통해 직무적합성을 평가합니다.

> • 주요 평가요소
>   – 설득적 말하기 / 발표능력 / 문제해결능력 / 직무관련 전문성
> • 이미 언론을 통해 공론화된 시사 이슈보다는 해당 직무분야에 관련된 주제가 발표면접의 과제로 선정되는 경우가 최근 들어 늘어나고 있음
> • 짧은 시간 동안 주어진 과제를 빠른 속도로 분석하여 발표문을 작성하고 제한된 시간 안에 면접관에게 효과적인 발표를 진행하는 것이 핵심

발표 면접의 형태

〈개별 과제 발표〉 〈팀 과제 발표〉

※ 면접관에게 시각적 효과를 사용하여 메시지를 전달하는 쌍방향 커뮤니케이션 방식
※ 심층면접을 보완하기 위한 방안으로 최근 많은 기업에서 적극 도입하는 추세

② 발표 면접 예시

1. 지시문

당신은 현재 A사에서 직원들의 성과평가를 담당하고 있는 팀원이다. 인사팀은 지난주부터 사내 조직문화 관련 인터뷰를 하던 도중 성과평가제도에 관련된 개선 니즈가 제일 많다는 것을 알게 되었다. 이에 팀장님은 인터뷰 결과를 종합하려 성과평가제도 개선 아이디어를 A4용지에 정리하여 신속 보고할 것을 지시하셨다. 당신에게 남은 시간은 1시간이다. 자료를 준비하는 대로 당신은 팀원들이 모인 회의실에서 5분 간 발표할 것이며, 이후 질의응답을 진행할 것이다.

2. 배경자료

〈성과평가제도 개선에 대한 인터뷰〉

최근 A사는 회사 사세의 급성장으로 인해 작년보다 매출이 두 배 성장하였고, 직원 수 또한 두 배로 증가하였다. 회사의 성장은 임금, 복지에 대한 상승 등 긍정적인 영향을 주었으나 업무의 불균형 및 성과보상의 불평등 문제가 발생하였다. 또한 수시로 입사하는 신입직원과 경력직원, 퇴사하는 직원들까지 인원들의 잦은 변동으로 인해 평가해야 할 대상이 변경되어 현재의 성과평가제도로는 공정한 평가가 어려운 상황이다.

[생산부서 김상호]
우리 팀은 지난 1년 동안 생산량이 급증했기 때문에 수십 명의 신규인력이 급하게 채용되었습니다. 이 때문에 저희 팀장님은 신규 입사자들의 이름조차 기억 못할 때가 많이 있습니다. 성과평가를 제대로 하고 있는지 의문이 듭니다.

[마케팅 부서 김흥민]
개인의 성과평가의 취지는 충분히 이해합니다. 그러나 현재 평가는 실적기반이나 정성적인 평가가 많이 포함되어 있어 객관성과 공정성에는 의문이 드는 것이 사실입니다. 이러한 상황에서 평가제도를 재수립하지 않고, 인센티브에 계속 반영한다면, 평가제도에 대한 반감이 커질 것이 분명합니다.

[교육부서 홍경민]
현재 교육부서는 인사팀과 밀접하게 일하고 있습니다. 그럼에도 인사팀에서 실시하는 성과평가제도에 대한 이해가 부족한 것 같습니다.

[기획부서 김경호 차장]
저는 저의 평가자 중 하나가 연구부서의 팀장님인데, 일 년에 몇 번 같이 일하지 않는데 어떻게 저를 평가할 수 있을까요? 특히 연구팀은 저희가 예산을 배정하는데, 저에게는 좋지만….

4. 토론 면접

① 토론 면접의 특징

- 다수의 지원자가 조를 편성해 과제에 대한 토론(토의)을 통해 결론을 도출해 가는 면접입니다.
- 의사소통능력, 팀워크, 종합인성 등의 평가에 용이합니다.

> • 주요 평가요소
> – 설득적 말하기, 경청능력, 팀워크, 종합인성
> • 의견 대립이 명확한 주제 또는 채용분야의 직무 관련 주요 현안을 주제로 과제 구성
> • 제한된 시간 내 토론을 진행해야 하므로 적극적으로 자신 있게 토론에 임하고 본인의 의견을 개진할 수 있어야 함

토론 면접의 형태

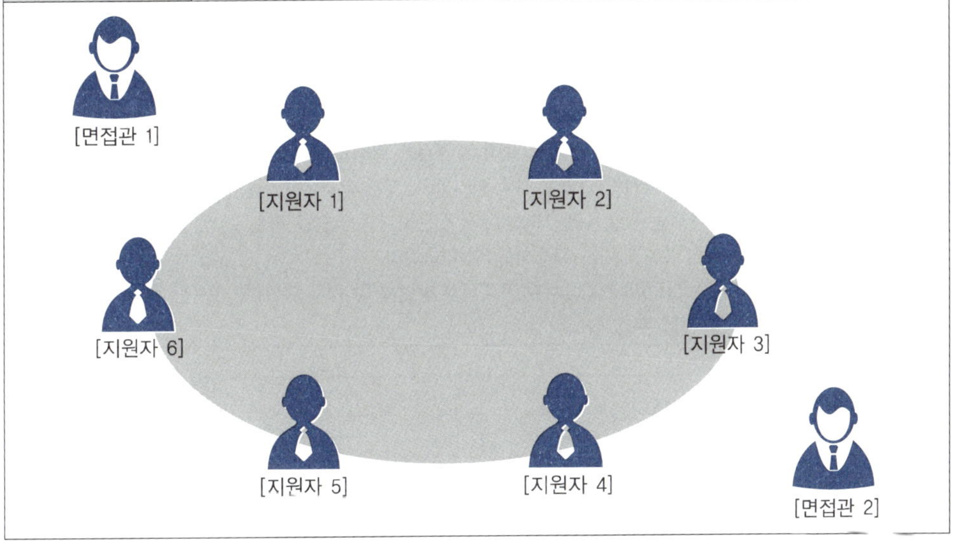

PART 3

② 토론 면접 예시

고객 불만 고충처리
1. 들어가며
최근 우리 상품에 대한 고객 불만의 증가로 고객고충처리 TF가 만들어졌고 당신은 여기에 지원해 배치받았다. 당신의 업무는 불만을 가진 고객을 만나서 애로사항을 듣고 처리해 주는 일이다. 주된 업무로는 고객의 니즈를 파악해 방향성을 제시해 주고 그 해결책을 마련하는 일이다. 하지만 경우에 따라서 고객의 주관적인 의견으로 인해 제대로 된 방향으로 의사결정을 하지 못할 때가 있다. 이럴 경우 설득이나 논쟁을 해서라도 의견을 관철시키는 것이 좋을지 아니면 고객의 의견대로 진행하는 것이 좋을지 결정해야 할 때가 있다. 만약 당신이라면 이러한 상황에서 어떤 결정을 내릴 것인지 여부를 자유롭게 토론해 보시오.
2. 1분 자유 발언 시 준비사항
• 당신은 의견을 자유롭게 개진할 수 있으며 이에 따른 불이익은 없습니다. • 토론의 방향성을 이해하고, 내용의 장점과 단점이 무엇인지 문제를 명확히 말해야 합니다. • 합리적인 근거에 기초하여 개선방안을 명확히 제시해야 합니다. • 제시한 방안을 실행 시 예상되는 긍정적 · 부정적 영향요인도 동시에 고려할 필요가 있습니다.
3. 토론 시 유의사항
• 토론 주제문과 제공해드린 메모지, 볼펜만 가지고 토론장에 입장할 수 있습니다. • 사회자의 지정 또는 발표자가 손을 들어 발언권을 획득할 수 있으며, 사회자의 통제에 따릅니다. • 토론회가 시작되면, 팀의 의견과 논거를 정리하여 1분간의 자유발언을 할 수 있습니다. 순서는 사회자가 지정합니다. 이후에는 자유롭게 상대방에게 질문하거나 답변을 하실 수 있습니다. • 핸드폰, 서적 등 외부 매체는 사용하실 수 없습니다. • 논제에 벗어나는 발언이나 지나치게 공격적인 발언을 할 경우, 위에서 제시한 유의사항을 지키지 않을 경우 불이익을 받을 수 있습니다.

03 면접 Role Play

1. 면접 Role Play 편성

- 교육생끼리 조를 편성하여 면접관과 지원자 역할을 교대로 진행합니다.
- 지원자 입장과 면접관 입장을 모두 경험해 보면서 면접에 대한 적응력을 높일 수 있습니다.

경험면접

STEP 1.
지원자 그룹 경험기술서 작성(30분)

STEP 2.
경험기반 인터뷰 실시(1인당 15분)

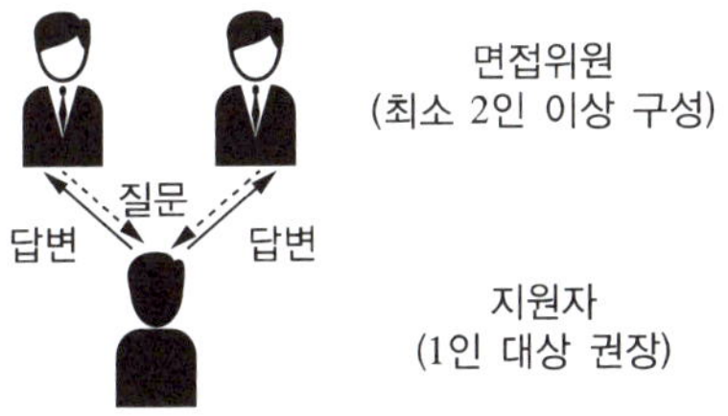

STEP 3.
피드백 진행(1인당 5분)

발표면접

STEP 1.
지원자 그룹 발표 내용 작성(30분)

STEP 2.
발표 5분+추가질의 5분(1인당 10분)

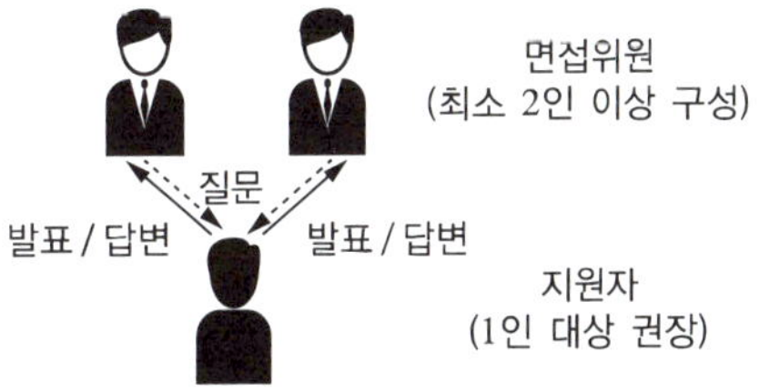

STEP 3.
피드백 진행(1인당 5분)

Tip

면접 준비하기

1. 면접 유형 확인 필수
   - 기업마다 면접 유형이 상이하기 때문에 해당 기업의 면접 유형을 확인하는 것이 좋음
   - 일반적으로 실무진 면접, 임원 면접 2차례에 거쳐 면접을 실시하는 기업이 많고 실무진 면접과 임원 면접에서 평가요소가 다르기 때문에 유형에 맞는 준비방법이 필요
2. 후속 질문에 대한 사전 점검
   - 블라인드 채용 면접에서는 주요 질문과 함께 후속 질문을 통해 지원자의 직무능력을 판단
     → STAR 기법을 통한 후속 질문에 미리 대비하는 것이 필요

CHAPTER 05

한전MCS 면접 기출질문

한전MCS의 면접전형은 필기전형 합격자를 대상으로 이루어진다. 2025년 면접전형은 평가자 3인, 지원자 3~4인의 다대다 질의응답 구술 면접으로 20~30분가량 진행되었다. 공통 질문과 개별 질문을 혼합하여 1인당 5~7가지 질문을 받는다. 면접전형에서는 직무역량 · 조직적합도 · 자질 등을 평가한다.

1. 과년도 기출질문

- 자기소개를 1분간 진행해 보시오.
- 우리 회사에 지원하게 된 동기를 말해 보시오.
- 본인의 장점과 단점은 무엇인지 말해 보시오.
- 도서지역에서 근무 가능한지 말해 보시오.
- 도서지역 근무 중 주거, 교대 근무 등 문제가 생길 경우, 어떻게 대처할 것인지 말해 보시오.
- 한전MCS에서 업무를 하다 의도치 않은 사고가 났을 경우, 어떻게 대처할 것인지 말해 보시오.
- 본인이 배운 전공과 관련이 없는 분과에 지원하게 된 이유에 대해 말해 보시오.
- 한전MCS 사업 분야 중 관심 있는 분야가 있다면 말해 보시오.
- 한전MCS에 대해 아는 것이 있다면 설명해 보시오.
- 'MCS'의 의미를 아는 대로 설명해 보시오.
- 한전MCS가 보완해야 할 점이 있다면 말해 보시오.
- 검침 방법에 대해 아는 대로 설명해 보시오.
- BTM/FTM이 무엇인지 설명해 보시오.
- 발전소 장비 점검 과정에 대해 아는 대로 설명해 보시오.
- 지원 직무에 대해 아는 대로 설명해 보시오.
- 한전MCS 입사 후 회사를 위해 어떤 기여를 할 수 있는지 말해 보시오.
- 지원 직무와 관련된 본인의 강점 혹은 약점을 말해 보시오.
- 출장, 주말 근무가 잦은데 수용할 수 있는지 말해 보시오.
- 조직을 위해 헌신한 경험이 있다면 말해 보시오.
- 본인의 성향은 팔로워형인지, 리더형인지 말해 보시오.
- 열정적으로 무언가에 몰입해서 도전했던 경험이 있다면 말해 보시오.
- 창의적으로 해결 방안을 제시하여 문제를 해결한 경험이 있다면 말해 보시오.
- 공기업 직원으로서 갖춰야하는 직업윤리가 있다면 무엇인지 말해 보시오.
- 소통할 때 중요하게 생각하는 게 무엇인지 말해 보시오.
- 인생에서 실패한 경험이 있다면, 이를 통해 무엇을 배웠는지 설명해 보시오.
- 인턴 활동을 한 적이 있다면, 업무 중 습득한 역량과 입사 후 활용 방안에 대해 말해 보시오.
- 검침 중 고객이 무리한 요구를 한다면 어떻게 대처할 것인지 말해 보시오.
- 검침 중 요금 불만으로 항의하는 고객이 있다면 어떻게 대처할 것인지 말해 보시오.
- 나와 성향이 맞지 않는 동료가 있다면 어떻게 해결할 것인지 말해 보시오.

M E M O

시대에듀

M E M O

답안채점 • 성적분석 서비스

모바일 OMR

도서 내 모의고사 우측 상단에 위치한 QR코드 찍기 → 로그인 하기 → '시작하기' 클릭 → '응시하기' 클릭 → 나의 답안을 모바일 OMR 카드에 입력 → '성적분석 & 채점결과' 클릭 → 현재 내 실력 확인하기

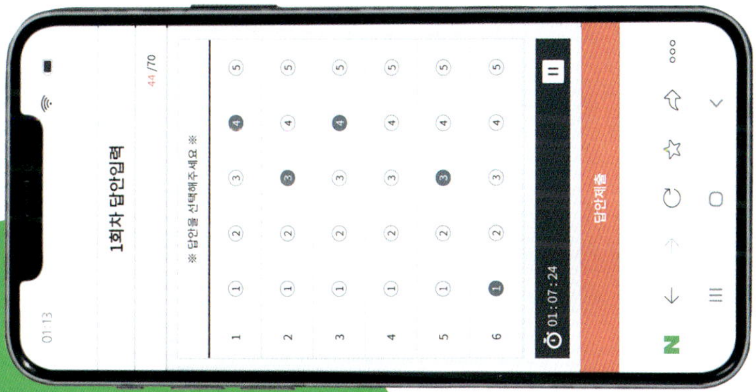

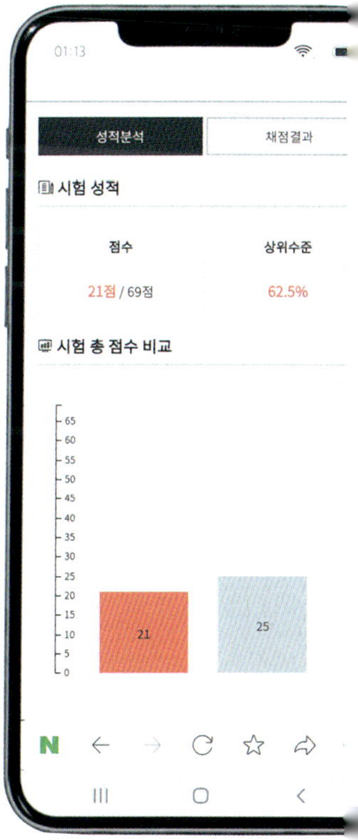

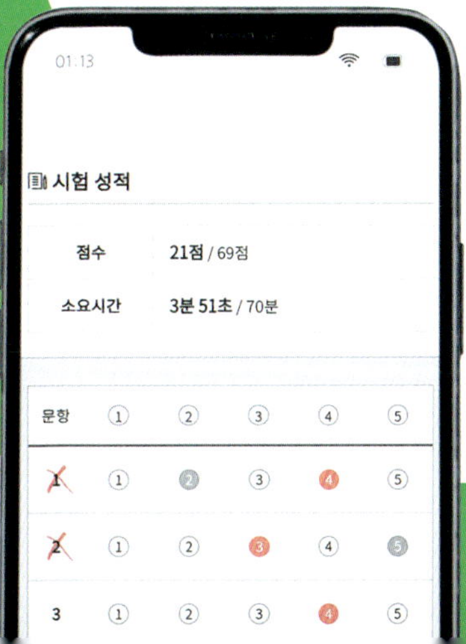

도서에 수록된 모의고사에 대한
객관적인 결과(정답률, 순위)를
종합적으로 분석하여 제공합니다.

※OMR 답안채점 / 성적분석 서비스는 등록 후 30일간 사용 가능합니다.

한전 MCS

통합기본서

편저 | SDC(Sidae Data Center)

누적 판매량
1위
기업별 NCS 시리즈

정답 및 해설

기출복원문제부터
대표기출유형 및
모의고사까지
한 권으로 마무리!

SDC
SDC는 시대에듀 데이터 센터의 약자로 약 30만 개의 NCS · 적성 문제 데이터를 바탕으로 최신 출제경향을 반영하여 문제를 출제합니다.

시대에듀

Add+

2024년 하반기 주요 공기업 NCS 기출복원문제

01	02	03	04	05	06	07	08	09	10	11	12	13	14	15	16	17	18	19	20
④	③	⑤	③	③	③	④	④	③	⑤	③	④	②	①	③	④	⑤	④	③	④
21	22	23	24	25	26	27	28	29	30	31	32	33	34	35	36	37	38	39	40
⑤	③	②	⑤	⑤	③	③	③	①	①	③	①	②	①	④	③	④	④	④	③
41	42	43	44	45	46	47	48	49	50										
②	③	⑤	③	①	④	④	⑤	②	②										

01

정답 ④

쉼이란 대화 도중에 잠시 침묵하는 것을 말한다. 쉼을 사용하는 대표적인 경우는 다음과 같다.

- 이야기의 전이 시(흐름을 바꾸거나 다른 주제로 넘어갈 때)
- 양해, 동조, 반문의 경우
- 생략, 암시, 반성의 경우
- 여운을 남길 때

위와 같은 목적으로 쉼을 활용함으로써 논리성, 감정 제고, 동질감 등을 확보할 수 있다.

반면, 연단공포증은 면접이나 발표 등 청중 앞에서 이야기할 때 가슴이 두근거리고, 입술이 타고, 식은땀이 나고, 얼굴이 달아오르는 생리적인 현상으로, 쉼과는 관련이 없다. 연단공포증은 90% 이상의 사람들이 호소하는 불안이므로 극복하기 위해서는 연단공포증에 대한 걱정을 떨쳐내고 이러한 심리현상을 잘 통제하여 의사 표현하는 것을 연습해야 한다.

02

정답 ③

미국의 심리학자인 도널드 키슬러는 대인관계 의사소통 방식을 체크리스트로 평가하여 8가지 유형으로 구분하였다. 이 중 친화형은 따뜻하고 배려심이 깊으며, 타인과의 관계를 중시하는 유형이다. 또한 협동적이고 조화로운 성격으로, 자기희생적인 경향이 강하다.

키슬러의 대인관계 의사소통 유형

- 지배형 : 자신감이 있고 지도력이 있으나 논쟁적이고 독단이 강하여 대인 갈등을 겪을 수 있으므로 타인의 의견을 경청하고 수용하는 자세가 필요하다.
- 실리형 : 이해관계에 예민하고 성취 지향적으로 경쟁적인 데다 자기중심적이어서 타인의 입장을 배려하고 관심을 갖는 자세가 필요하다.
- 냉담형 : 이성적인 의지력이 강하고 타인의 감정에 무관심하며 피상적인 대인관계를 유지하므로 타인의 감정 상태에 관심을 가지고 긍정적인 감정을 표현하는 것이 필요하다.
- 고립형 : 혼자 있는 것을 선호하고 사회적 상황을 회피하며 지나치게 자신의 감정을 억제하므로 대인관계의 중요성을 인식하고 타인에 대한 비현실적인 두려움의 근원을 성찰하는 것이 필요하다.
- 복종형 : 수동적이고 의존적이며 자신감이 없으므로 적극적인 자기표현과 주장이 필요하다.
- 순박형 : 단순하고 솔직하며 자기주관이 부족하므로 자기주장을 하는 노력이 필요하다.
- 친화형 : 따뜻하고 인정이 많고 자기희생적이나 타인의 요구를 거절하지 못하므로 타인과의 정서적인 거리를 유지하는 노력이 필요하다.
- 사교형 : 외향적이고 인정하는 욕구가 강하며, 타인에 대한 관심이 많아서 간섭하는 경향이 있고 흥분을 잘 하므로 심리적 안정과 지나친 인정욕구에 대한 성찰이 필요하다.

03

정답 ⑤

철도사고는 달리는 도중에도 발생할 수 있으므로 먼저 인터폰을 통해 승무원에게 사고를 알리고, 열차가 멈춘 후에 안내방송에 따라 비상핸들이나 비상콕크를 돌려 문을 열고 탈출해야 한다. 만일 화재가 발생했을 경우에는 승무원에게 사고를 알리고 곧바로 119에도 신고를 해야 한다.

오답분석

① 침착함을 잃고 패닉에 빠지게 되면, 적절한 행동요령에 따라 대피하기 어렵다. 따라서 사고현장에서 대피할 때는 승무원의 안내에 따라 질서 있게 대피해야 한다.
② 화재사고 발생 시 승객들은 여유가 있을 경우 전동차 양 끝에 비치된 소화기로 초기 진화를 시도해야 한다.
③ 역이 아닌 곳에서 열차가 멈췄을 경우 감전의 위험이 있으므로 반드시 승무원의 안내에 따라 반대편 선로의 열차 진입에 유의하며 대피 유도등을 따라 침착하게 비상구로 대피해야 한다.
④ 전동차에서 대피할 때는 부상자, 노약자, 임산부 등 탈출이 어려운 사람부터 먼저 대피할 수 있도록 배려하고 도와주어야 한다.

04

정답 ③

하향식 읽기 모형은 독자의 배경지식을 바탕으로 글의 맥락을 먼저 파악하는 읽기 전략이다. ③의 경우 제품 설명서를 통해 세부 기능과 버튼별 용도를 파악하고 기계를 작동시켰으므로 상향식 읽기를 수행한 사례이다. 제품 설명서를 하향식으로 읽는다면 제품 설명서를 읽기 전 제품을 보고 배경지식을 바탕으로 어떤 기능이 있는지 예측하고, 해당 기능을 수행하는 세부 방법을 제품 설명서를 통해 찾아봐야 한다.

오답분석

① 회의의 주제에 대한 배경지식을 가지고 회의 안건을 예상한 후 회의 자료를 파악하였으므로 하향식 읽기 모형에 해당한다.
② 헤드라인을 먼저 읽어 배경지식을 바탕으로 전체적인 내용을 파악하고 상세 내용을 읽었으므로 하향식 읽기 모형에 해당한다.
④ 요리에 대한 경험과 지식을 바탕으로 요리 과정을 파악하였으므로 하향식 읽기 모형에 해당한다.
⑤ 해당 분야에 대한 기본적인 지식을 바탕으로 서문이나 목차를 통해 책의 전체적인 흐름을 파악하였으므로 하향식 읽기 모형에 해당한다.

05

정답 ③

농도가 15%인 소금물 200g의 소금의 양은 $200\times\frac{15}{100}=30$g이고, 농도가 20%인 소금물 300g의 소금의 양은 $300\times\frac{20}{100}=60$g이다. 따라서 두 소금물을 섞었을 때의 농도는 $\frac{30+60}{200+300}\times100=\frac{90}{500}\times100=18\%$이다.

06

정답 ③

동성끼리 인접하지 않는 경우는 남직원과 여직원이 번갈아 앉는 경우뿐이다. 이때 여직원 D의 자리를 기준으로 남직원 B가 옆에 앉는 경우를 다음과 같이 나눌 수 있다.

- 첫 번째, 여섯 번째 자리에 여직원 D가 앉는 경우
  남직원 B가 여직원 D 옆에 앉는 경우는 1가지뿐으로, 남은 자리에 남직원, 여직원이 번갈아 앉아 경우의 수는 $2\times1\times2!\times2!=8$가지이다.
- 두 번째, 세 번째, 네 번째, 다섯 번째 자리에 여직원 D가 앉는 경우
  각 경우에 대하여 남직원 B가 여직원 D 옆에 앉는 경우는 2가지이다. 남은 자리에 남직원, 여직원이 번갈아 앉으므로 경우의 수는 $4\times2\times2!\times2!=32$가지이다.

따라서 구하고자 하는 경우의 수는 $8+32=40$가지이다.

07

정답 ④

제시된 수열은 홀수 항일 때 +12, +24, +48, …이고, 짝수 항일 때 +20인 수열이다.
따라서 빈칸에 들어갈 수는 13+48=61이다.

08

정답 ④

2022년에 중학교에서 고등학교로 진학한 학생의 비율은 99.7%이고, 2023년에 중학교에서 고등학교로 진학한 학생의 비율은 99.6%이다. 따라서 진학한 비율이 감소하였으므로 중학교에서 고등학교로 진학하지 않은 학생의 비율은 증가하였음을 알 수 있다.

오답분석

① 중학교의 취학률이 가장 낮은 해는 97.1%인 2020년이다. 이는 97% 이상이므로 중학교의 취학률은 매년 97% 이상이다.
② 매년 초등학교의 취학률이 가장 높다.
③ 고등교육기관의 취학률은 2020년 이후로 계속해서 70% 이상을 기록하였다.
⑤ 고등교육기관의 취학률이 가장 낮은 해는 2016년이고, 고등학교의 상급학교 진학률이 가장 낮은 해 또한 2016년이다.

09

정답 ③

오답분석

① B기업의 매출액이 가장 많은 때는 2024년 3월이지만, 그래프에서는 2024년 4월의 매출액이 가장 많은 것으로 나타났다.
② 2024년 2월에는 A기업의 매출이 더 많지만, 그래프에서는 B기업이 더 많은 것으로 나타났다.
④ A기업의 매출액이 가장 적은 때는 2024년 4월이지만, 그래프에서는 2024년 3월의 매출액이 가장 적은 것으로 나타났다.
⑤ A기업과 B기업의 매출액의 차이가 가장 큰 때는 2024년 1월이지만, 그래프에서는 2024년 5월과 6월의 매출액 차이가 더 큰 것으로 나타났다.

10

정답 ⑤

스마트 팜 관련 정부 사업 참여 경험은 K사의 강점요인이다. 또한 정부의 적극적인 지원은 스마트 팜 시장 성장에 따른 기회요인이다. 따라서 스마트 팜 관련 정부 사업 참여 경험을 바탕으로 정부의 적극적인 지원을 확보하는 것은 내부의 강점을 통해 외부의 기회요인을 극대화하는 SO전략에 해당한다.

오답분석

①·②·③·④ 외부의 기회를 이용하여 내부의 약점을 보완하는 WO전략에 해당한다.

11

정답 ③

A～F 모두 문맥을 무시하고 일부 문구에만 집착하여 뜻을 해석하고 있으므로 '과대해석의 오류'를 범하고 있다. 과대해석의 오류는 전체적인 상황이나 맥락을 고려하지 않고 특정 단어나 문장에만 집착하여 의미를 해석하는 오류로, 글의 의미를 지나치게 확대하거나 축소하여 생각하고, 문자 그대로의 의미에만 너무 집착하여 다른 가능성이나 해석을 배제하게 되는 논리적 오류이다.

오답분석

① 무지의 오류 : '신은 존재하지 않는다가 증명되지 않았으므로 신은 존재한다.'처럼 증명되지 않았다고 해서 그 반대의 주장이 참이라고 생각하는 오류이다.
② 연역법의 오류 : '조류는 날 수 있다. 펭귄은 조류이다. 따라서 펭귄은 날 수 있다.'처럼 잘못된 삼단논법에 의해 발생하는 논리적 오류이다.
④ 허수아비 공격의 오류 : '저 사람은 과거에 거짓말을 한 적이 있으니 이번에 일어난 사기 사건의 범인이다.'처럼 개별적 인과관계를 입증하지 않고 전혀 상관없는 별개의 논리를 만들어 공격하는 논리적 오류이다.
⑤ 권위나 인신공격에 의존한 논증 : '제정신을 가진 사람이면 그런 주장을 할 수가 없다.'처럼 상대방의 주장 대신 인격을 공격하거나, '최고 권위자인 A교수도 이런 말을 했습니다.'처럼 자신의 논리적인 약점을 권위자를 통해 덮으려는 논리적 오류이다.

12

정답 ④

A～E열차의 운행시간 단위를 시간 단위로, 평균 속력의 단위를 시간당 운행거리로 통일하여 정리하면 다음과 같다.

구분	운행시간	평균 속력	운행거리
A열차	900분=15시간	50m/s=(50×60×60)m/h=180km/h	15×180=2,700km
B열차	10시간 30분=10.5시간	150km/h	10.5×150=1,575km
C열차	8시간	55m/s=(55×60×60)m/h=198km/h	8×198=1,584km
D열차	720분=12시간	2.5km/min=(2.5×60)km/h=150km/h	12×150=1,800km
E열차	10시간	2.7km/min=(2.7×60)m/h=162km/h	10×162=1,620km

따라서 C열차의 운행거리는 네 번째로 길다.

13

정답 ②

K대학교 기숙사 운영위원회는 단순히 '기숙사에 문제가 있다.'라는 큰 문제에서 벗어나 식사, 시설, 통신환경이라는 세 가지 주요 문제를 파악하고 문제별로 다시 세분화하여 더욱 구체적으로 인과관계 및 구조를 파악하여 분석하고 있다. 따라서 제시문에서 나타난 문제해결 절차는 '문제 도출'이다.

문제해결 절차 5단계

1. 문제 인식 : 해결해야 할 전체 문제를 파악하여 우선순위를 정하고 선정 문제에 대한 목표를 명확히 하는 단계
2. 문제 도출 : 선정된 문제를 분석하여 해결해야 할 것이 무엇인지를 명확히 하는 단계로, 현상에 대한 문제를 분해하여 인과관계 및 구조를 파악하는 단계
3. 원인 분석 : 파악된 핵심 문제에 대한 분석을 통해 근본 원인을 도출해 내는 단계
4. 해결안 개발 : 문제로부터 도출된 근본 원인을 효과적으로 해결할 수 있는 최적의 해결 방안을 수립하는 단계
5. 실행 및 평가 : 해결안 개발을 통해 만들어진 실행 계획을 실제 상황에 적용하는 단계로, 해결안을 통해 문제의 원인들을 제거해 나가는 단계

14

정답 ①

공공사업을 위해 투입된 세금을 본래의 목적에 사용하지 않고 무단으로 다른 곳에 쓴 상황이므로 '예정되어 있는 곳에 쓰지 아니하고 다른 데로 돌려서 씀'을 의미하는 '전용(轉用)'이 가장 적절한 단어이다.

오답분석

② 남용(濫用) : 일정한 기준이나 한도를 넘어서 함부로 씀
③ 적용(適用) : 알맞게 이용하거나 맞추어 씀
④ 활용(活用) : 도구나 물건 따위를 충분히 잘 이용함
⑤ 준용(遵用) : 그대로 좇아서 씀

15

정답 ③

시조새는 비대칭형 깃털을 가진 최초의 동물로, 현대의 날 수 있는 조류처럼 바람을 맞는 곳의 깃털은 짧고, 뒤쪽은 긴 형태로 이루어졌으며, 이와 같은 비대칭형 깃털이 양력을 제공하여 짧은 거리의 활강을 가능하게 하였다. 따라서 비행을 하기 위한 시조새의 신체 조건은 날개의 깃털이 비대칭 구조로 형성되어 있는 것이다.

오답분석

① 제시문에서 언급하지 않은 내용이다.
②·④ 세 개의 갈고리 발톱과 척추뼈가 꼬리까지 이어지는 구조는 공룡의 특징을 보여주는 신체 조건이다.
⑤ 시조새는 현대 조류처럼 가슴뼈가 비행에 최적화된 형태로 발달되지 않았다고 언급하고 있다.

16

정답 ④

제시문은 서양의학에 중요한 영향을 준 히포크라테스와 갈레노스에 대해 소개하고 있다. 히포크라테스는 자연적 관찰을 통해 의사를 과학적인 기반 위의 직업으로 만들었으며, 히포크라테스 선서와 같이 전문직업으로써의 윤리적 기준을 마련한 서양의학의 상징이라고 소개하고 있으며, 갈레노스는 실제 해부와 임상 실험을 통해 의학 이론을 증명하고 방대한 저술을 남겨 후대 의학 발전에 큰 영향을 주었음을 설명하고 있다. 따라서 '히포크라테스와 갈레노스가 서양의학에 끼친 영향과 중요성'이 제시문의 주제이다.

오답분석

① 갈레노스의 의사로서의 이력은 언급하고 있지만, 생애에 대해 구체적으로 밝히는 글은 아니다.
② 갈레노스가 해부와 실험을 통해 의학 이론을 증명하였음을 설명할 뿐이며, 해부학의 발전 과정에 대해 설명하는 글은 아니다.
③ 히포크라테스 선서는 히포크라테스가 서양의학에 남긴 중요한 윤리적 기준이지만, 이를 중심으로 설명하는 글은 아니다.
⑤ 히포크라테스와 갈레노스 모두 4체액설과 같은 부분에서는 현대 의학과는 거리가 있었음을 밝히고 있다.

17

정답 ⑤

'비상구'는 '화재나 지진 따위의 갑작스러운 사고가 일어날 때에 급히 대피할 수 있도록 특별히 마련한 출입구'이다. 따라서 이와 가장 비슷한 단어는 '갇힌 곳에서 빠져나가거나 도망하여 나갈 수 있는 출구'를 의미하는 '탈출구'이다.

오답분석

① 진입로 : 들어가는 길
② 출입구 : 나갔다가 들어왔다가 하는 어귀나 문
③ 돌파구 : 가로막은 것을 쳐서 깨뜨려 통과할 수 있도록 뚫은 통로나 목
④ 여울목 : 여울물(강이나 바다 따위의 바닥이 얕거나 폭이 좁아 물살이 세게 흐르는 곳의 물)이 턱진 곳

18

정답 ④

A열차의 속력을 V_a, B열차의 속력을 V_b라 하고, 터널의 길이를 l, 열차의 전체 길이를 x라 하자.

A열차가 터널을 진입하고 빠져나오는 데 걸린 시간은 $\frac{l+x}{V_a}=14$초이다. B열차가 A열차보다 5초 늦게 진입하고 5초 빠르게 빠져나왔으므로 터널을 진입하고 빠져나오는 데 걸린 시간은 $14-5-5=4$초이다. 그러므로 $\frac{l+x}{V_b}=4$초이다.

따라서 같은 거리를 빠져나오는 데 A열차는 14초, B열차는 4초가 걸렸으므로 B열차는 A열차보다 3.5배 빠르다.

19

정답 ③

A팀은 5일마다, B팀은 4일마다 회의실을 사용하므로 두 팀이 회의실을 사용하고자 하는 날은 20일마다 겹친다. 첫 번째 겹친 날에 A팀이 먼저 사용했으므로 20일 동안 A팀이 회의실을 사용한 횟수는 4회이다. 두 번째 겹친 날에는 B팀이 사용하므로 40일 동안 A팀이 회의실을 사용한 횟수는 7회이고, 세 번째로 겹친 날에는 A팀이 회의실을 사용하므로 60일 동안 A팀은 회의실을 11회 사용하였다. 이를 표로 정리하면 다음과 같다.

겹친 횟수	첫 번째	두 번째	세 번째	네 번째	다섯 번째	…	$(n-1)$번째	n번째
회의실 사용 팀	A팀	B팀	A팀	B팀	A팀	…	A팀	B팀
A팀의 회의실 사용 횟수	4회	7회	11회	14회	18회	…		

겹친 날을 기준으로 A팀은 9회, B팀은 8회를 사용하였으므로 다음으로는 B팀이 회의실을 사용할 순서이다. 이때, B팀이 m번째로 회의실을 사용할 순서라면 A팀이 이때까지 회의실을 사용한 횟수는 $7m$회이다. 따라서 B팀이 겹친 날을 기준으로 회의실을 8회까지 사용하였고, 9번째로 사용할 순서이므로 이때까지 A팀이 회의실을 사용한 횟수는 최대 $7\times9=63$회이다.

20

정답 ④

마지막 조건에 따라 광물 B는 인회석이고, 광물 B로 광물 C를 긁었을 때 긁힘 자국이 생기므로 광물 C는 인회석보다 무른 광물이다. 한편, 광물 A로 광물 C를 긁었을 때 긁힘 자국이 생기므로 광물 A는 광물 C보다 단단하고, 광물 A로 광물 B를 긁었을 때 긁힘 자국이 생기지 않으므로 광물 A는 광물 B보다는 무른 광물이다. 따라서 가장 단단한 광물은 B이며, 그다음으로 A, C 순으로 단단하다.

오답분석

① 광물 C는 인회석보다 무른 광물이므로 석영이 아니다.
② 광물 A는 인회석보다 무른 광물이지만, 방해석인지는 확인할 수 없다.
③ 가장 무른 광물은 C이다.
⑤ 광물 B는 인회석이므로 모스 굳기 단계는 5단계이다.

21

정답 ⑤

J공사의 지점 근무 인원이 71명이므로 가용 인원수가 부족한 B오피스는 제외된다. 또한, 시설 조건에서 스튜디오와 회의실이 필요하다고 했으므로 스튜디오가 없는 D오피스도 제외된다. 나머지 A, C, E오피스는 모두 교통 조건을 충족하므로 임대비용만 비교하면 된다. A, C, E오피스의 5년 임대비용은 다음과 같다.

- A오피스 : 600만×71×5=213,000만 원 → 21억 3천만 원
- C오피스 : 3,600만×12×5=216,000만 원 → 21억 6천만 원
- E오피스 : (3,800만×12×0.9)×5=205,200만 원 → 20억 5천 2백만 원

따라서 사무실 이전 조건을 토대로 가장 저렴한 공유 오피스인 E오피스로 이진할 것이다.

22

정답 ③

에너지바우처를 신청하기 위해서는 소득기준과 세대원 특성기준을 모두 충족해야 한다. C는 생계급여 수급자이므로 소득기준을 충족하고, 65세 이상이므로 세대원 특성기준도 충족한다. 그러나 C의 경우 보장시설인 양로시설에 거주하는 보장시설 수급자이므로 지원 제외 대상이다. 따라서 C는 에너지바우처를 신청할 수 없다.

오답분석

① A의 경우 의료급여 수급자이므로 소득기준을 충족하고, 7세 이하의 영유아가 있으므로 세대원 특성기준도 충족한다. 따라서 에너지바우처를 신청할 수 있다.
② B의 경우 교육급여 수급자이므로 소득기준을 충족하고, 한부모가족이므로 세대원 특성기준도 충족한다. 또한 4인 이상 세대에 해당하므로 바우처 지원금액은 716,300원으로 70만 원 이상이다.
④ 동절기 에너지바우처 지원방법은 요금차감과 실물카드 2가지 방법이 있다. 이 중 D의 경우 연탄보일러를 이용하고 있으므로 실물카드를 받아 연탄을 직접 결제하는 방식으로 지원받아야 한다.
⑤ E의 경우 생계급여 수급자이므로 소득기준을 충족하고, 희귀질환을 앓고 있는 어머니가 세대원으로 있으므로 세대원 특성기준도 충족한다. 또한 2인 세대에 해당하므로 하절기 바우처 지원금액인 73,800원이 지원된다. 이때, 하절기는 전기요금 고지서에서 요금을 자동으로 차감해 주므로 전기비에서 73,800원이 차감될 것이다.

23

정답 ②

A가족과 B가족 모두 소득기준과 세대원 특성기준이 에너지바우처 신청기준을 충족한다. A가족의 경우 5명이므로 총 716,300원을 지원받을 수 있다. 그러나 이미 연탄쿠폰을 발급받았으므로 동절기 에너지바우처는 지원받을 수 없다. 따라서 하절기 지원금액인 117,000원을 지원받는다. B가족의 경우 2명이므로 총 422,500원을 지원받을 수 있으며, 지역난방을 이용 중이므로 하절기와 동절기 모두 요금차감의 방식으로 지원받는다. 따라서 두 가족의 에너지바우처 지원 금액은 117,000+422,500=539,500원이다.

24

정답 ⑤

제시된 프로그램은 'result'의 초기 값을 0으로 정의한 후 'result' 값이 2를 초과할 때까지 하위 명령을 실행하는 프로그램이다. 이때 'result' 값을 1 증가시킨 후 그 값을 출력하고, 다시 1을 빼므로 0 → 1 → 1 출력 → 0 → 1 → 1 출력 → 0 → 1 → 1 출력 → … 과정을 무한히 반복하게 된다. 따라서 1이 무한히 출력된다.

25

정답 ⑤

ROUND 함수는 인수를 지정한 자릿수로 반올림한 값을 구하는 함수로, 「=ROUND(인수, 자릿수)」로 표현한다. 이때 자릿수는 다음과 같이 나타낸다.

만의 자리	천의 자리	백의 자리	십의 자리	일의 자리	소수점 첫째 자리	소수점 둘째 자리	소수점 셋째 자리
−4	−3	−2	−1	0	1	2	3

따라서 「=ROUND(D2, −1)」는 [D2] 셀에 입력된 117.3365의 값을 십의 자리로 반올림하여 나타내므로, 출력되는 값은 120이다.

26

정답 ③

제시문은 ADHD의 원인과 치료 방법에 대한 글이다. 첫 번째 문단에서는 ADHD가 유전적 원인에 의해 발생한다고 설명하고, 두 번째 문단에서는 환경적 원인에 의해 발생한다고 설명하고 있다. 이를 종합하면 ADHD가 다양한 원인이 복합적으로 작용하는 질환임을 알 수 있다. 또한 빈칸 뒤에서도 다양한 원인에 부합하는 맞춤형 치료와 환경 조성이 필요하다고 하였으므로 빈칸에 들어갈 내용으로 가장 적절한 것은 ③이다.

27

정답 ③

~율/률의 앞 글자가 'ㄱ' 받침을 가지고 있으므로 '출석률'이 옳은 표기이다.

~율과 ~률의 구별

- ~율 : 앞 글자의 받침이 없거나 받침이 'ㄴ'인 경우 → 비율, 환율, 백분율
- ~률 : 앞 글자의 받침이 있는 경우(단, 'ㄴ' 받침 제외) → 능률, 출석률, 이직률, 합격률

28

정답 ③

합격자 중 남성과 여성의 비율이 2 : 3이므로 남성 합격자는 32명, 여성 합격자는 48명이다. 불합격한 사람의 수는 남성과 여성이 같으므로 남성 지원자의 수는 $(32+a)$, 여성 지원자의 수는 $(48+a)$이다.

전체 지원자의 성비가 6 : 7이므로 a를 구하는 식은 다음과 같다.

$(32+a):(48+a)=6:7$

→ $7\times(32+a)=6\times(48+a)$

→ $224+7a=288+6a$

→ $7a-6a=288-224$

$\therefore\ a=64$

따라서 전체 지원자 수는 $(32+64)+(48+64)=208$명이다.

29

정답 ①

A씨는 2023년에는 9개월 동안 K공사에 근무하였다. (건강보험료)=(보수월액)×(건강보험료율)이고, 2023년 1월 1일 이후 (장기요양보험료)=(건강보험료)×$\frac{\text{(장기요양보험료율)}}{\text{(건강보험료율)}}$이므로 (장기요양보험료)=(보수월액)×(건강보험료율)×$\frac{\text{(장기요양보험료율)}}{\text{(건강보험료율)}}$이다.

그러므로 (보수월액)=$\frac{\text{(장기요양보험료)}}{\text{(장기요양보험료율)}}$이다.

따라서 A씨의 2023년 장기요양보험료는 35,120원이므로 보수월액은 $\frac{35,120}{0.9082\%}=\frac{35,120}{0.9082}\times 100 \fallingdotseq 3,866,990$원이다.

30

정답 ①

'가명처리'란 개인정보의 일부를 삭제하거나 일부 또는 전부를 대체하는 등의 방법으로 추가 정보가 없이는 특정 개인을 알아볼 수 없도록 처리하는 것을 말한다(개인정보보호법 제2조 제1의2호).

오답분석

② 개인정보보호법 제2조 제3호
③ 개인정보보호법 제2조 제1호 가목
④ 개인정보보호법 제2조 제2호

31

정답 ③

「=COUNTIF(범위,조건)」 함수는 조건을 만족하는 범위 내 인수의 개수를 셈하는 함수이다. 이때, 열 전체에 적용하려면 해당 범위에서 숫자를 제외하면 된다. 따라서 B열에서 값이 100 이하인 셀의 개수를 구하는 함수는 「=COUNTIF(B:B,"<=100")」이다.

32

정답 ①

- 초등학생의 한 달 용돈의 합계는 B열부터 E열까지 같은 행에 있는 금액의 합이다. 따라서 (A)에 들어갈 함수는 「=SUM(B2:E2)」이다.
- 한 달 용돈이 150,000원 이상인 학생 수는 [F2] 셀부터 [F7] 셀까지 금액이 150,000원 이상인 셀의 개수로 구할 수 있다. 따라서 (B)에 들어갈 함수는 「=COUNTIF(F2:F7,">=150,000")」이다.

33

정답 ②

빅데이터 분석을 기획하고자 할 때는 먼저 범위를 설정한 다음 프로젝트를 정의해야 한다. 그 후에 수행 계획을 수립하고 위험 계획을 수립해야 한다.

34

정답 ①

㉠ 짜깁기 : 기존의 글이나 영화 따위를 편집하여 하나의 완성품으로 만드는 일
㉡ 뒤처지다 : 어떤 수준이나 대열에 들지 못하고 뒤로 처지거나 남게 되다.

오답분석

- 짜집기 : 짜깁기의 비표준어형
- 뒤쳐지다 : 물건이 뒤집혀서 젖혀지다.

35

정답 ④

공문서에서 날짜를 작성할 때 날짜 다음에 괄호를 사용할 경우에는 마침표를 찍지 않아야 한다.

공문서 작성 시 유의사항
- 한 장에 담아내는 것이 원칙이다.
- 마지막엔 반드시 '끝'자로 마무리한다.
- 날짜 다음에 괄호를 사용할 경우에는 마침표를 찍지 않는다.
- 복잡한 내용은 항목별로 구분한다('-다음-', 또는 '-아래-').
- 대외문서이며 장기간 보관되는 문서이므로 정확하게 기술한다.

36

정답 ③

영서가 1시간 동안 빚을 수 있는 만두의 수를 x개, 어머니가 1시간 동안 빚을 수 있는 만두의 수를 y개라 할 때 다음 식이 성립한다.

$\frac{2}{3}(x+y)=60$ ⋯ ㉠

$y=x+10$ ⋯ ㉡

㉠ $\times \frac{3}{2}$에 ㉡을 대입하면 다음과 같다.

$x+(x+10)=90$

→ $2x=80$

∴ $x=40$

따라서 영서는 혼자서 1시간 동안 40개의 만두를 빚을 수 있다.

37

정답 ④

- 1,000 이상 10,000 미만
  맨 앞과 맨 뒤의 수가 같은 경우는 1 ~ 9의 수가 올 수 있으므로 9가지이고, 각각의 경우에 따라 두 번째 수와 네 번째 수로 0 ~ 9의 수가 올 수 있으므로 경우의 수는 10가지이다. 그러므로 모든 네 자리 대칭수의 개수는 $9\times10=90$개이다.
- 10,000 이상 50,000 미만
  맨 앞과 맨 뒤의 수가 같은 경우는 1, 2, 3, 4의 수가 올 수 있으므로 4가지이고, 각각의 경우에 따라 두 번째 수와 네 번째 수로 0 ~ 9의 수가 올 수 있으므로 경우의 수는 10가지, 그 각각의 경우에 따라 세 번째에 올 수 있는 수 또한 0 ~ 9의 수가 올 수 있으므로 경우의 수는 10가지이다. 그러므로 10,000 ~ 50,000 사이의 대칭수의 개수는 $4\times10\times10=400$개이다.

따라서 1,000 이상 50,000 미만의 모든 대칭수의 개수는 $90+400=490$개이다.

38

정답 ④

어떤 자연수의 모든 자릿수의 합이 3의 배수일 때, 그 자연수는 3의 배수이다. 그러므로 2+5+□의 값이 3의 배수일 때, 25□는 3의 배수이다. $2+5=7$이므로, 7+□의 값이 3의 배수가 되도록 하는 □의 값은 2, 5, 8이다.
따라서 가능한 모든 수의 합은 $2+5+8=15$이다.

39

정답 ④

바이올린(V), 호른(H), 오보에(O), 플루트(F) 중 첫 번째 조건에 따라 호른과 바이올린을 묶었을 때 가능한 경우는 $3!=6$가지로 다음과 같다.

- (HV) – O – F
- (HV) – F – O
- F – (HV) – O
- O – (HV) – F
- F – O – (HV)
- O – F – (HV)

이때 두 번째 조건에 따라 오보에는 플루트 바로 왼쪽에 위치하지 않으므로 (HV) – O – F, O – F – (HV) 2가지는 제외된다. 따라서 왼쪽에서 두 번째 칸에는 바이올린, 호른, 오보에만 위치할 수 있으므로 플루트는 배치할 수 없다.

40

정답 ③

사회적 기업은 수익 창출을 통해 자립적인 운영을 추구하고, 사회적 문제 해결과 경제적 성장을 동시에 달성하려는 특징을 가진 기업 모델로, 영리 조직에 해당한다.

영리 조직과 비영리 조직

- 영리 조직 : 이윤 추구를 주된 목적으로 하는 집단으로, 일반적인 사기업이 해당된다.
- 비영리 조직 : 사회적 가치 실현을 위해 공익을 추구하는 집단으로 자선단체, 의료기관, 교육기관, 비정부기구(NGO) 등이 해당된다.

41

정답 ②

$(\text{영업이익률})=\frac{(\text{영업이익})}{(\text{매출액})}\times 100$이고, 영업이익을 구하기 위해서는 매출총이익을 먼저 계산해야 한다. 따라서 2022년 4분기의 매출총이익은 $60-80=-20$십억 원이고, 영업이익은 $-20-7=-27$십억 원이므로 영업이익률은 $-\frac{27}{60}\times 100=-45\%$이다.

42

정답 ③

무빙워크의 길이를 $x$km라고 하자. 5km/h의 속력으로 움직이는 무빙워크에서 이동하는 데 36초가 걸렸으므로 무빙워크의 길이는 $x=36\times\frac{5}{3,600}=0.05$km이다.

무빙워크 위에서 시간당 4km의 속력으로 걸을 때의 속력은 $5+4=9$km/h이므로, 무빙워크를 걸어서 이동하는 데 걸리는 시간은 $\frac{0.05}{9}$시간이다. 1시간은 3,600초이므로 이를 초 단위로 변경하면 $\frac{0.05}{9}\times 3,600=20$초이다.

따라서 무빙워크 위에서 같은 방향으로 걸어 이동할 때 걸리는 시간은 20초이다.

43

정답 ⑤

제시된 순서도는 result 값이 6을 초과할 때까지 2씩 증가하고, result 값이 6을 초과하면 그 값을 출력하는 순서도이다. 따라서 result 값이 5일 때 2를 더하여 $5+2=7$이 되어 6을 초과하므로 출력되는 값은 7이다.

44

정답 ③

방문 사유 → 파손 관련(NO) → 침수 관련(NO) → 데이터 복구 관련(YES) → ◎ 출력 → STOP
따라서 출력되는 도형은 ◎이다.

45

정답 ①

상품코드의 맨 앞 자릿수가 '9'이므로 2 ~ 7번째 자릿수의 이진코드 변환 규칙은 'ABBABA'를 따른다. 이를 변환하면 다음과 같다.

3	8	7	6	5	5
A	B	B	A	B	A
0111101	0001001	0010001	0101111	0111001	0110001

따라서 주어진 수를 이진코드로 바르게 변환한 것은 ①이다.

46

정답 ④

안전 스위치를 누르는 동안에만 스팀이 나온다고 하였으므로 안전 스위치를 누르는 등의 외부 입력이 없다면 스팀은 발생하지 않는다.

오답분석

① 기본형 청소구로 카펫를 청소하면 청소 효율이 떨어질 뿐이며, 카펫 청소는 가능하다고 언급되어 있다.
② 스팀 청소 완료 후 충분히 식지 않은 상태에서 통을 분리하면 뜨거운 물이 새어 나와 화상의 위험이 있다고 언급되어 있다.
③ 기본형 청소구의 돌출부를 누른 상태에서 잡아당기면 좁은 흡입구를 꺼낼 수 있다고 언급되어 있다.
⑤ 스팀 청소구이 물통에 물을 채우는 작업, 걸레판에 걸레를 부착하는 작업 모두 반드시 전원을 분리한 상태에서 진행해야 한다고 언급되어 있다.

47

정답 ④

바닥에 물이 남는다면 스팀 청소구를 좌우로 자주 기울이지 않도록 주의하거나 젖은 걸레를 교체해야 한다.

48

정답 ⑤

팀 목표를 달성하도록 팀원을 격려하는 환경을 조성하기 위해서는 동료의 피드백이 필요하다. 긍정이든 부정이든 피드백이 없다면 팀원들은 개선을 이루거나 탁월한 성과를 내고자 하는 노력을 게을리하게 된다.

동료의 피드백을 장려하는 4단계
1. 간단하고 분명한 목표와 우선순위를 설정하라.
2. 행동과 수행을 관찰하라.
3. 즉각적인 피드백을 제공하라.
4. 뛰어난 수행성과에 대해 인정하라.

49

정답 ②

업무적으로 내적 동기를 유발하기 위해서는 업무 관련 교육을 꾸준히 하여야 한다.

내적 동기를 유발하는 방법
- 긍정적 강화법 활용하기
- 새로운 도전의 기회 부여하기
- 창의적인 문제해결법 찾기
- 자신의 역할과 행동에 책임감 갖기
- 팀원들을 지도 및 격려하기
- 변화를 두려워하지 않기
- 지속적인 교육 실시하기

50

정답 ②

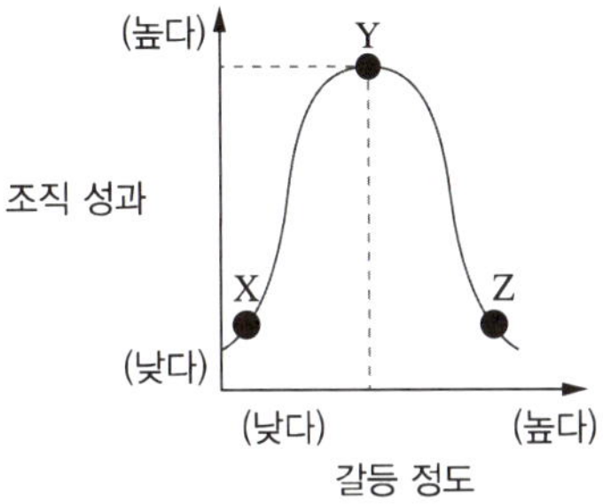

갈등 정도와 조직 성과에 대한 그래프에서 갈등이 X점 수준일 때에는 조직 내부의 의욕이 상실되고 환경의 변화에 대한 적응력도 떨어져 조직 성과가 낮아진다. 갈등이 Y점 수준일 때에는 갈등의 순기능이 작용하여 조직 내부에 생동감이 넘치고 변화 지향적이며 문제해결능력이 발휘되어 조직 성과가 높아진다. 반면, 갈등이 Z점 수준일 때에는 오히려 갈등의 역기능이 작용하여 조직 내부에 혼란과 분열이 발생하고 조직 구성원들이 비협조적이 되어 조직 성과는 낮아지게 된다.

시대에듀

M E M O

PART 1
직업기초능력

CHAPTER 01

의사소통능력

대표기출유형 01 기출응용문제

01

정답 ⑤

전 세계의 기상 관측소와 선박, 부표에서 온도를 측정한 것은 19세기 중반부터이며, 1979년 이후부터는 지상을 벗어나 대류권과 성층권에서도 지구의 기후 변화를 감시하게 되었다.

02

정답 ④

㉠ K기업이 뒤늦게 뛰어든 러시아 시장에서 현지화 전략을 통해 선두에 오를 수 있었다고 하였으므로 다른 해외 기업들보다 먼저 러시아 시장에 진출하였다는 설명은 적절하지 않다.

㉡ 2017년 294만 대에 달했던 러시아 자동차 시장은 2021년 143만 대로 150만 대가량 규모가 축소되었음을 알 수 있지만, 2024년의 자동차 시장 규모는 알 수 없다.

㉣ K기업은 2025년 10월을 목표로 엔진공장을 설립할 계획이며, 이를 통해 현재 46% 수준인 부품의 현지화율이 높아질 것으로 기대하고 있다. 즉, 엔진공장은 현재 설립 계획에 있으므로 지난 10월 설립하였다는 내용은 적절하지 않다.

오답분석

㉢ K기업은 2019년 2,204명이었던 직원을 지난해인 2023년 2,309명으로 늘렸으므로 2020년부터 2023년까지 100명 이상의 직원을 더 채용하였음을 알 수 있다.

03

정답 ③

첫 번째 문단의 마지막 문장인 '그럼에도 불구하고 ~ 과학혁명의 출발점이다.'를 통해 기존의 이론이 설명 못하는 현상이 존재하면 과학혁명이 발생할 수 있음을 알 수 있다.

오답분석

①·② 첫 번째 문단에 의하면 문제해결의 성과는 기존 이론에 훨씬 못 미치지만, 기존 이론이 설명하지 못하는 어떤 현상을 새 이론이 설명할 수 있을 때 소수의 과학자들이 새 이론을 선택하며, 이것이 과학혁명의 시작이다.

④ 두 번째 문단에서 과학자들은 이론의 심미적 특성 같은 주관적 판단에 의해 새로 제안된 이론을 선택한다고 하였다.

⑤ 마지막 문단에서 과학자 공동체는 결국 개별 과학자로 이루어진 것이라고 명시하고 있다.

04

정답 ①

오답분석

② 첫 번째 문단의 '독자는 작품의 의미를 수동적으로 받아들이는 존재'에서 알 수 있다.

③ 두 번째와 네 번째 문단의 '독자의 능동성', '독자 스스로 빈틈을 채우는 구체화 과정'을 통해 알 수 있다.

④ 첫 번째 문단에서 수용미학이 등장한 배경이 고전주의 예술관과 관련된다는 내용과 두 번째 문단에서 '작품의 의미는 작품 속에 갇혀 있는 것이 아니라 독자에 의해 재생산'된다는 내용을 통해 알 수 있다.

⑤ 마지막 문단을 통해 알 수 있다.

05

정답 ①

사카린은 설탕보다 당도가 약 500배 정도 높고, 아스파탐의 당도는 설탕보다 약 200배 이상 높다. 따라서 사카린과 아스파탐 모두 설탕보다 당도가 높고, 사카린은 아스파탐보다 당도가 높다.

오답분석

② 사카린은 화학물질의 산화반응을 연구하던 중에, 아스파탐은 위궤양 치료제를 개발하던 중에 우연히 발견되었다.
③ 사카린은 무해성이 입증되어 미국 FDA의 인증을 받았지만, 아스파탐은 이탈리아의 한 과학자에 의해 발암성 논란이 일고 있다.
④ 2009년 미국의 설탕, 옥수수 시럽, 기타 천연당의 1인당 연평균 소비량인 140파운드는 중국보다 9배 많은 수치이므로, 2009년 중국의 소비량은 15파운드였을 것이다.
⑤ 아스파탐은 미국암협회가 안전하다고 발표했지만, 이탈리아의 과학자가 쥐를 대상으로 한 실험에서 아스파탐이 암을 유발한다고 내린 결론 때문에 논란이 끊이지 않고 있다.

대표기출유형 02 기출응용문제

01

정답 ③

보에티우스의 건강을 회복할 수 있는 방법은 병의 원인이 되는 잘못된 생각을 바로잡아주는 것이다. 그것은 첫째, 만물의 궁극적인 목적이 선을 지향하는 데 있다는 것을 알게 되는 것이다. 둘째, 세상은 결국에는 불의가 아닌 정의에 의해 다스려지게 된다는 것을 깨닫는 것이다. 따라서 적절한 것은 ㄱ, ㄴ이다.

오답분석

ㄷ. 두 번째 문단에서 보에티우스가 모든 소유물들을 박탈당했다고 생각하는 것은 운명의 본모습을 모르기 때문이라고 말하고 있다.

02

정답 ③

제시문은 사회복지의 역할을 긍정하며 사회복지 찬성론자의 입장을 설명하고 있다. 따라서 이에 대한 반론으로는 사회 발전을 위한 사회복지가 오히려 장애가 될 수 있다는 점을 주장하며 반박하는 ③이 가장 적절하다.

오답분석

① 사회복지는 소외 문제를 해결하고 예방하기 위하여, 사회 구성원들이 각자의 사회적 기능을 원활하게 수행하게 한다.
② 사회복지는 삶의 질을 향상시키는 데 필요한 제반 서비스를 제공하는 행위와 그 과정을 의미한다.
④ 현대 사회가 발전함에 따라 생기는 문제의 기저에는 경제 성장과 사회 분화 과정에서 나타나는 불평등과 불균형이 있다.
⑤ 찬성론자들은 병리 현상을 통해 생겨난 희생자들을 방치하게 되면 사회 통합은 물론 지속적 경제 성장에 막대한 지장을 초래할 것이라고 주장한다.

03

정답 ③

고려 말 최무선에 의해 개발된 주화는 1448년(세종 30년) 이전까지 주화로 불렸으므로 태조의 건국 이후에도 주화로 불렸음을 알 수 있다.

오답분석

① 대신기전의 몸체 역할을 하는 대나무의 맨 위에는 발화통을 장착하고 발화통 아래에는 약통을 연결하며, 대나무 아래 끝부분에는 날개를 달았다. 따라서 대신기전은 '발화통 – 약통 – 날개'의 순서대로 구성되어 있음을 알 수 있다.
② 발화통은 폭발체일 뿐이며 목표물을 향해 날아가게 하는 역할은 약통이 담당하므로 약통이 없다면 대신기전은 목표물을 향해 날아가지 못할 것이다.
④ 대신기전의 추진력은 약통 속 화약에 불이 붙어 만들어진 연소 가스가 약통 밖으로 내뿜어질 때 만들어지므로 적절하지 않다.
⑤ 발화통까지 포함된 대신기전의 전체 길이는 약 5.6m이므로 적절하지 않다.

04

정답 ③

텔레비전 시청이 개인의 휴식에 도움이 된다는 사실은 텔레비전 시청의 긍정적인 내용일 수는 있으나 제시문의 주제인 부모와 가정의 문제와는 관련이 없다.

05

정답 ④

제시문에서는 편리성, 경제성, 객관성 등을 이유로 인공 지능 면접을 지지하고 있다. 따라서 객관성보다 면접관의 생각이나 견해가 회사 상황에 맞는 인재를 선발하는 데 적합하다는 논지로 반박하는 것이 가장 적절하다.

오답분석

①·③·⑤ 제시문의 주장에 반박하는 것이 아니라 제시문의 주장을 강화하는 근거에 해당한다.
② 인공 지능 면접에 필요한 기술과 인간적 공감의 관계는 제시문에서 주장한 내용이 아니므로 반박의 근거로 적절하지 않다.

06

정답 ③

전력데이터는 이미 수집되고 있다. 전력데이터 외에도 수도나 가스 등 다양한 이종 데이터가 융합될 것으로 기대되고 있다.

오답분석

① '1인 가구 안부 살핌 서비스'는 전력 빅데이터와 통신데이터를 분석하여 고독사를 예방하는 인공 지능 서비스이다.
② 서비스는 오토 인코더 모델을 기반으로 설계되었으며, 평소와 다른 비정상적인 사용 패턴이 모델에 입력되면 돌봄 대상의 안부에 이상이 있다고 판단하고 지자체 담당 공무원에게 경보 SMS를 발송하는 알고리즘을 가지고 있다.
④ 서비스 실증사업이 광주광역시 광산구 우산동에서 실시되었기 때문에 그 지역 사람들이 처음으로 해당 서비스를 사용해봤다.
⑤ 우산동의 관리 지역은 나이가 많고 혼자 사는 분들이 많아 고독사가 발생할 가능성이 크다고 한 내용으로 보아 서비스의 주 대상은 독거노인층이다.

대표기출유형 03 기출응용문제

01

정답 ④

제시문은 여름에도 감기에 걸리는 이유와 예방 및 치료방법에 대해 설명하고 있다. 따라서 (마) 의외로 여름에도 감기에 걸림 – (가) 찬 음식과 과도한 냉방기 사용으로 체온이 떨어져 면역력이 약해짐 – (라) 감기 예방을 위해 찬 음식은 적당히 먹고 충분한 휴식을 취하고, 귀가 후 손발을 씻어야 함 – (나) 감기에 걸렸다면 수분을 충분히 섭취해야 함 – (다) 열이나 기침이 날 때에는 따뜻한 물을 여러 번 나눠 먹는 것이 좋음의 순으로 나열해야 한다.

02

정답 ②

제시문은 일본의 라멘과 한국 라면의 차이점에 대해 설명하는 글이다. 따라서 (가) 라면의 유래와 일본의 라멘에 대한 설명 – (라) 한국의 라면에 대한 설명 – (나) 일본의 라멘 맛과 한국의 라면 맛의 차이 – (다) 한국의 라면의 독자성의 순으로 나열해야 한다.

03

정답 ②

제시문은 나무를 가꾸기 위해 고려해야 하는 사항에 대해 설명하는 글이다. 따라서 (가) 나무를 가꾸기 위해 고려해야 할 사항과 가장 중요한 생육조건 – (라) 나무를 양육할 때 주로 저지르는 실수인 나무 간격을 촘촘하게 심는 것 – (다) 그러한 실수를 저지르는 이유 – (나) 또 다른 식재계획 시 고려해야 하는 주의점의 순으로 나열해야 한다.

04

정답 ②

제시문의 문맥상 먼저 속담을 제시하고 그 속담에 얽힌 이야기가 순서대로 나와야 하므로 (라) 문단이 가장 먼저 와야 한다. 다음으로 '앞집'과 '뒷집'의 다툼이 시작되는 (가) 문단이 와야 하고, 적반하장격으로 뒷집이 앞집에 닭 한 마리 값을 물어주게 된 상황을 설명하는 (다) 문단이 이어져야 한다. 또한, 이야기를 전체적으로 요약하고 평가하는 (나) 문단이 마지막에 와야 한다. 따라서 문단을 순서대로 바르게 나열하면 (라) – (가) – (다) – (나)이다.

대표기출유형 04 기출응용문제

01

정답 ③

'선연하다'는 '실제로 보는 것같이 생생하다.'는 의미의 단어이다. 따라서 이와 유사한 단어는 '엉클어지거나 흐리지 않고 아주 분명하다.'는 의미를 가진 '뚜렷하다'이다.

02

정답 ①

• 떠올리다 : 기억을 되살려 내거나 잘 구상되지 않던 생각을 나게 하다.
• 회상하다 : 지난 일을 돌이켜 생각하다.

오답분석

② 연상하다 : 하나의 관념이 다른 관념을 불러일으키다.
③ 상상하다 : 실제로 경험하지 않은 현상이나 사물에 대하여 마음속으로 그려 보다.
④ 남고하다 : 고적(古跡)을 찾아보고 당시의 일을 회상하다.
⑤ 예상하다 : 어떤 일을 직접 당하기 전에 미리 생각하여 두다.

03

정답 ③

'어찌 된'의 뜻을 나타내는 관형사는 '웬'이므로, '어찌 된 일로'라는 의미를 가진 '웬일'이 옳은 표현이다.

오답분석

① 메다 : 어떤 감정이 북받쳐 목소리가 잘 나지 않음
② 치다꺼리 : 남의 자잘한 일을 보살펴서 도와줌
④ 베다 : 날이 있는 연장 따위로 무엇을 끊거나 자르거나 가름
⑤ 지그시 : 슬며시 힘을 주는 모양

CHAPTER

02 수리능력

대표기출유형 01 기출응용문제

01

정답 ③

A제품의 불량률을 x%라 하면 다음 식이 성립한다.

$600(1-x) \geq 2,400x$

$\rightarrow 3,000x \leq 600$

$\therefore x \leq 0.2$

따라서 공장이 손해를 보지 않으려면 불량률은 20% 이하가 되어야 한다.

02

정답 ①

수진이가 1층부터 6층까지 쉬지 않고 올라갈 때 35초가 걸린다고 하였으므로, 한 층을 올라가는 데 걸리는 시간은 $\frac{35}{5}=7$초이다.

6층부터 12층까지 올라가는 데 $7\times6=42$초가 걸리고, 6층부터는 한 층을 올라갈 때마다 5초씩 쉰다고 했으므로, 쉬는 시간은 $5\times5=25$초이다.($\because$ 6층에서는 쉬지 않는다) 따라서 수진이가 1층부터 12층까지 올라가는 데 걸린 시간은 $35+42+25=102$초이다.

03

정답 ①

두 사람이 함께 일을 하는 데 걸리는 기간을 x일이라고 하고 전체 일의 양을 1이라고 할 때, 대리가 하루에 진행하는 업무의 양은 $\frac{1}{16}$, 사원이 하루에 진행하는 업무의 양은 $\frac{1}{48}$이므로 다음과 같은 식이 성립한다.

$\left(\frac{1}{16}+\frac{1}{48}\right)x=1$

$\therefore x=12$

따라서 두 사람이 함께 일을 하는 데 걸리는 기간은 12일이다.

04

정답 ①

퍼낸 소금물의 양을 xg이라고 하면 다음과 같은 식이 성립한다.

$\left(\frac{6}{100}\times700\right)-\frac{6}{100}x+\frac{13}{100}x=\frac{9}{100}\times700$

$\rightarrow 4,200-6x+13x=6,300$

$\rightarrow 7x=2,100$

$\therefore x=300$

따라서 퍼낸 소금물의 양은 300g이다.

05

정답 ①

열차의 이동 거리는 200+40=240m이므로, 열차의 속력은 $\frac{240}{10}=24\text{m/s}$이다. 길이가 320m인 터널을 통과한다고 하였으므로, 총이동거리는 320+40=360m이고, 속력은 24m/s이므로, 걸린 시간은 $\frac{360}{24}=15$초이다.

06

정답 ④

두 수의 곱이 짝수인 경우는 (짝수, 홀수), (홀수, 짝수), (짝수, 짝수)이고, 두 수의 곱이 홀수인 경우는 (홀수, 홀수)이다.

a, b의 곱이 짝수일 확률은 $1-(a$, b의 곱이 홀수일 확률)이다. 따라서 a와 b의 곱이 짝수일 확률은 $1-\left(\frac{1}{3}\times\frac{2}{5}\right)=\frac{13}{15}$이다.

07

정답 ④

아버지의 자리가 결정되면 그 맞은편은 어머니 자리로 고정된다. 어머니와 아버지의 자리가 고정되므로 아버지의 자리를 고정 후 남은 네 자리는 어떻게 앉아도 같아지는 경우가 생기지 않는다. 따라서 네 자리에 앉는 경우의 수는 4!=24가지이다.

08

정답 ④

A, B, C에 해당되는 청소 주기 6, 8, 9일의 최소공배수는 2×3×4×3=72일이다. 9월은 30일, 10월은 31일까지 있으므로 9월 10일에 청소를 하고 72일 이후인 11월 21일에 세 사람이 같이 청소하게 된다.

09

정답 ④

제시된 그림의 운동장 둘레는 왼쪽과 오른쪽 반원을 합친 지름이 50m인 원의 원주(지름×원주율)와 위, 아래 직선거리 90m를 더하면 된다. 따라서 학생이 운동장 한 바퀴를 달린 거리는 (50×3)+(90×2)=330m이다.

대표기출유형 02 기출응용문제

01

정답 ④

제시된 수열은 −2, ×2, −3, ×3, −4, ×4 …인 규칙으로 이루어진 수열이다.
따라서 ( )=35×4=140이다.

02

정답 ③

제시된 수열은 앞의 항에 (×3+1)을 적용하는 수열이다.
따라서 ( )=121×3+1=364이다.

03

정답 ①

제시된 수열은 홀수 항에는 2를 곱하고 짝수 항에는 3을 곱하는 수열이다.
따라서 ( )=4×2=8이다.

대표기출유형 03 기출응용문제

01

정답 ⑤

조건을 분석하면 다음과 같다.

- 첫 번째 조건에 의하여 ㉠～㉣ 국가 중 연도별로 8위를 두 번 한 국가는 ㉠과 ㉣이므로 둘 중 한 곳이 한국, 나머지 한 곳이 캐나다임을 알 수 있다.
- 두 번째 조건에 의하여 2020년 대비 2024년의 이산화탄소 배출량 증가율은 ㉡과 ㉢이 각각 $\frac{556-535}{535}\times100≒3.93\%$와 $\frac{507-471}{471}\times100≒7.64\%$이므로 ㉢은 사우디아라비아가 되며, 따라서 ㉡은 이란이 된다.
- 세 번째 조건에 의하여 이란의 수치는 고정값으로 놓고 2015년을 기점으로 ㉠이 ㉣보다 배출량이 커지고 있으므로 ㉠이 한국, ㉣이 캐나다임을 알 수 있다.

따라서 ㉠～㉣은 순서대로 한국, 이란, 사우디아라비아, 캐나다이다.

02

정답 ③

D국의 여성 대학진학률이 4%p 상승하면 15%로 대학진학률 격차지수가 1이 되어 D국의 간이 성평등지수는 $\frac{1.7}{2}=0.85$가 된다.

오답분석

ㄱ. A국의 여성 평균소득과 남성 평균소득이 각각 1,000달러씩 증가하면 A국의 평균소득 격차지수는 $\frac{9,000}{17,000}≒0.53$이 되고, 간이 성평등지수는 0.77이 된다.

ㄴ. B국의 여성 대학진학률이 85%이면 대학진학률 격차지수가 1이 되고, 간이 성평등지수는 0.8이므로 C국(0.82)보다 낮다.

03

정답 ②

월간 용돈을 5만 원 미만으로 받는 비율은 중학생 89.4%, 고등학생 60%로 중학생이 고등학생보다 높다.

오답분석

① 용돈을 받는 남학생과 여학생의 비율은 각각 82.9%, 85.4%이므로 여학생이 더 높다.
③ 고등학교 전체 인원을 100명이라 한다면 그중에 용돈을 받는 학생은 약 80.8명이다. 80.8명 중에 용돈을 5만 원 이상 받는 학생의 비율은 40%이므로 $80.8\times0.4≒32.3$명이다.
④ 전체에서 금전출납부의 기록, 미기록 비율은 각각 30%, 70%이므로 기록하는 비율이 더 낮다.
⑤ 용돈을 받지 않는 중학생과 고등학생 비율은 각각 12.4%, 19.2%로 용돈을 받지 않는 고등학생 비율이 더 높다.

04

정답 ④

2024년 이전 신문 선호에서 2024년 이후 인터넷으로 바꾼 구성원은 20명이다.

오답분석

① 2024년 이후 인터넷을 선호하는 구성원 수는 145명이고, 2022년 이전은 100명이라고 하더라도 2024년 이후의 구성원 수가 2024년 이전의 구성원 수를 모두 포함한다고 보기는 어렵다.
② 2024년 전·후로 가장 선호하지 않는 언론매체는 신문이다.
③ 2024년 이후에 가장 선호하는 언론매체는 TV이다.
⑤ TV에서 라디오를 선호하게 된 구성원 수는 15명으로, 인터넷에서 라디오를 선호하게 된 구성원 수인 10명보다 많다.

05

정답 ⑤

8월 9일의 8월 2일 가격 대비 증감률은 $1.1\times1.2\times0.9\times0.8\times1.1=1.04544$이므로 매도 시 주식 가격은 $100,000\times1.04544=104,544$원이다.

오답분석

① 8월 2일 대비 8월 5일 주식 가격 증감률은 $1.1\times1.2\times0.9=1.188$이며, 매도할 경우 $100,000\times1.188=118,800$원에 매도 가능하므로 18,800원 이익이다.

②・④ 8월 6일에 주식을 매도할 경우 가격은 $100,000\times(1.1\times1.2\times0.9\times0.8)=95,040$원이다. 따라서 $100,000-95,040=4,960$원 손실이며, 8월 2일 대비 주식 가격 감소율(이익률)은 $\frac{100,000-95,040}{100,000}\times100=4.96\%$이다.

③ 8월 4일에 주식을 매도할 경우 가격은 $100,000\times(1.1\times1.2)=132,000$원이므로, 이익률은 $\frac{132,000-100,000}{100,000}\times100=32\%$이다.

06

정답 ①

A사와 B사의 전체 직원 수를 알 수 없으므로, 비율만으로는 판단할 수 없다.

오답분석

② B, C, D사 각각 남직원보다 여직원의 비율이 높다. 따라서 B, C, D사 모두에서 남직원 수보다 여직원 수가 많다. 즉, B, C, D사의 직원 수를 다 합했을 때도 남직원 수는 여직원 수보다 적다.

③ 여직원 대비 남직원 비율은 여직원 비율이 높을수록, 남직원 비율이 낮을수록 값이 작아진다. 따라서 여직원 비율이 가장 높으면서, 남직원 비율이 가장 낮은 D사가 비율이 가장 낮고, 남직원 비율이 여직원 비율보다 높은 A사가 비율이 가장 높다.

④ A, B, C사의 전체 직원 수를 a명이라 하면, 여직원의 수는 각각 $0.46a$명, $0.52a$명, $0.58a$명이다. 따라서 $0.46a+0.58a=2\times0.52a$이므로 옳은 설명이다.

⑤ A사의 전체 직원 수를 a명, B사의 전체 직원 수를 b명이라 하면, A사의 남직원 수는 $0.54a$명, B사의 남직원 수는 $0.48b$명이고 다음과 같은 식이 성립한다.

$$\frac{0.54a+0.48b}{a+b}\times100=52$$

$$\rightarrow 54a+48b=52(a+b)$$

$$\therefore a=2b$$

따라서 A사의 전체 직원 수는 B사 전체 직원 수의 2배이다.

07

정답 ④

세 지역 모두 핵가족 가구 비중이 더 높으므로, 확대가족 가구 수보다 핵가족 가구 수가 더 많다.

오답분석

① 핵가족 가구의 비중이 가장 높은 곳은 71%인 B지역이다.

② 1인 가구는 기타 가구의 일부이므로, 1인 가구만의 비중은 알 수 없다.

③ 확대가족 가구의 비중이 가장 높은 곳은 C지역이지만 이 수치는 어디까지나 비중이므로 가구 수는 알 수 없다.

⑤ 부부 가구의 구성비는 B지역이 가장 높다.

08

정답 ②

직급별 사원 수를 알 수 없으므로 전 사원의 주 평균 야근 빈도는 구할 수 없다.

오답분석

① 자료를 통해 알 수 있다.
③ 0.2시간은 60분×0.2=12분이다. 따라서 4.2시간은 4시간 12분이다.
④ 대리급 사원은 주 평균 1.8일 야근을 하고 주 평균 6.3시간을 야간근무하므로, 야근 1회 시 6.3÷1.8=3.5시간 근무로 가장 긴 시간 동안 일한다.
⑤ 0.8시간은 48분이므로 조건에 따라 1시간으로 야근수당을 계산한다. 따라서 과장급 사원의 주 평균 야근 시간은 5시간이므로 5×10,000원=50,000원을 받는다.

대표기출유형 04 기출응용문제

01

정답 ①

업체별로 구매가격을 정리하면 다음과 같다.

- S전자 : 8대 구매 시 2대를 무료로 증정하기 때문에 32대를 사면 8개를 무료로 증정받아 32대 가격으로 총 40대를 살 수 있다. 32대의 가격은 80,000×32=2,560,000원이고, 구매금액 100만 원당 2만 원이 할인되므로 구매가격은 2,560,000−40,000=2,520,000원이다.
- B마트 : 40대 구매금액인 90,000×40=3,600,000원에서 40대 이상 구매 시 7% 할인 혜택을 적용하면 3,600,000×0.93=3,348,000원이다. 1,000원 단위 이하는 절사하므로 구매가격은 3,340,000원이다.

따라서 S전자가 B마트에 비해 3,340,000−2,520,000=82만 원 저렴하다.

02

정답 ③

참여율이 4번째로 높은 해는 2021년이다.

(전년 대비 참여율의 증가율)$=\frac{(\text{해당연도 참여율})-(\text{전년도 참여율})}{(\text{전년도 참여율})}\times100$이므로 2021년 참여율의 증가율은 $\frac{6.9-5.7}{5.7}\times100 \fallingdotseq$ 21%이다.

03

정답 ①

- (ㄱ)은 2021년 대비 2022년 의료 폐기물의 증감률로, $\frac{48,934-49,159}{49,159}\times100 \fallingdotseq -0.5\%$이다.
- (ㄴ)은 2019년 대비 2020년 사업장 배출시설계 폐기물의 증감률로, $\frac{123,604-130,777}{130,777}\times100 \fallingdotseq -5.5\%$이다.

04

정답 ③

2021년 직장 어린이집의 교직원 수는 3,214명이고 2024년 직장 어린이집의 교직원 수는 5,016명이다.

따라서 2021년 대비 2024년 교직원의 증가율은 $\frac{5,016-3,214}{3,214}\times100 \fallingdotseq 56\%$이다.

CHAPTER

03 문제해결능력

대표기출유형 01 기출응용문제

01

정답 ⑤

'약속을 지킨다.'를 A, '다른 사람에게 신뢰감을 준다.'를 B, '메모하는 습관'을 C라고 하면, 전제1은 ~A → ~B, 전제2는 ~C → ~A이므로 ~C → ~A → ~B가 성립한다. ~C → ~B의 대우인 B → C 또한 참이므로 '다른 사람에게 신뢰감을 주려면 메모하는 습관이 있어야 한다.'가 적절하다.

02

정답 ③

제시된 조건에 따르면 밀크시슬을 월요일에 복용하는 경우와 목요일에 복용하는 경우로 정리할 수 있다.

구분	월	화	수	목	금
경우 1	밀크시슬	비타민B	비타민C	비타민E	비타민D
경우 2	비타민B	비타민E	비타민C	밀크시슬	비타민D

따라서 수요일에는 항상 비타민C를 복용한다.

오답분석

① 월요일에는 밀크시슬 또는 비타민B를 복용한다.
② 화요일에는 비타민B 또는 비타민E를 복용한다.
④ 경우 1에서는 비타민E를 비타민C보다 나중에 복용한다.
⑤ 비타민D는 밀크시슬보다 나중에 복용한다.

03

정답 ①

각각의 정보를 수식으로 비교해 보면 다음과 같다.

A>B, D>C, F>E>A, E>B>D

∴ F>E>A>B>D>C

따라서 실적이 가장 높은 외판원은 F이다.

04

정답 ④

C사원과 E사원의 근무 연수를 정확히 알 수 없으므로 근무 연수가 높은 순서대로 나열하면 'B－A－C－E－D' 또는 'B－A－E－C－D'가 된다. 따라서 근무 연수가 가장 높은 B사원의 경우 주어진 조건에 따라 최대 근무 연수인 4년 차에 해당한다.

05

정답 ③

주어진 조건을 정리해 보면 다음과 같다.

구분	A	B	C	D
경우 1	호밀식빵	우유식빵	밤식빵	옥수수식빵
경우 2	호밀식빵	밤식빵	우유식빵	옥수수식빵

따라서 항상 참인 것은 ③이다.

오답분석

①·②·④·⑤ 주어진 조건만으로는 판단하기 힘들다.

06

정답 ③

주어진 조건을 정리하면 1층은 어린이 문헌정보실과 가족 문헌정보실, 5층은 보존서고실, 4층은 일반 열람실이 된다. 남은 곳은 제1문헌정보실과 제2문헌정보실인데 3층은 2층에 연결된 계단을 통해서만 이동이 가능하므로 엘리베이터로 이동이 가능한 제1문헌정보실이 2층이 되고, 계단을 통해서만 이동이 가능한 3층이 제2문헌정보실이 된다.

1층	2층	3층	4층	5층
어린이 문헌정보실, 가족 문헌정보실	제1문헌정보실	제2문헌정보실	일반 열람실	보존서고실

따라서 빅데이터 관련 도서는 정보통신, 웹, 네트워크 코너에서 찾을 수 있으므로 3층 제2문헌정보실로 가야 한다.

대표기출유형 02 기출응용문제

01

정답 ④

'KS90101-2'는 아동용 10kg 이하의 자전거로, 109동 101호 입주민이 2번째로 등록한 자전거이다.

오답분석

① 등록순서를 제외한 일련번호는 7자리로 구성되어야 하며, 종류와 무게 구분 번호의 자리가 서로 바뀌어야 한다.
② 등록순서를 제외한 일련번호는 7자리로 구성되어야 한다.
③ 자전거 무게를 구분하는 두 번째 자리에는 L, M, S 중 하나만 올 수 있다.
⑤ 등록순서는 1자리로 기재한다.

02

정답 ④

마지막의 숫자는 동일 세대주가 자전거를 등록한 순서를 나타내므로 해당 자전거는 2번째로 등록한 자전거임을 알 수 있다. 따라서 자전거를 2대 이상 등록한 입주민의 자전거이다.

오답분석

① 'T'를 통해 산악용 자전거임을 알 수 있다.
② 'M'을 통해 자전거의 무게는 10kg 초과 20kg 미만임을 알 수 있다.
③ 104동 1205호에 거주하는 입주민의 자전거이다.
⑤ 자전거 등록대수 제한에 대한 정보는 나와 있지 않다.

03

정답 ②

한글 자음을 순서에 따라 바로 뒤의 자음으로 변환하면 다음과 같다.

ㄱ	ㄴ	ㄷ	ㄹ	ㅁ	ㅂ	ㅅ
ㄴ	ㄷ	ㄹ	ㅁ	ㅂ	ㅅ	ㅇ
ㅇ	ㅈ	ㅊ	ㅋ	ㅌ	ㅍ	ㅎ
ㅈ	ㅊ	ㅋ	ㅌ	ㅍ	ㅎ	ㄱ

한글 모음을 순서에 따라 영어로 변환하면 다음과 같다.

ㅏ	ㅐ	ㅑ	ㅒ	ㅓ	ㅔ	ㅕ
a	b	c	d	e	f	g
ㅖ	ㅗ	ㅘ	ㅙ	ㅚ	ㅛ	ㅜ
h	i	j	k	l	m	n
ㅝ	ㅞ	ㅟ	ㅠ	ㅡ	ㅢ	ㅣ
o	p	q	r	s	t	u

ㄴ=ㄱ, u=ㅣ, ㅂ=ㅁ, ㅋ=ㅊ, u=ㅣ, ㅊㅊ=ㅉ, u=ㅣ, ㄴ=ㄱ, b=ㅐ

따라서 김대리가 말한 메뉴는 김치찌개이다.

04

정답 ①

조건에 따라 소괄호 안에 있는 부분부터 순서대로 풀이하면 다음과 같다.

'1 A 5'에서 A는 좌우의 두 수를 더하는 것이지만, 더한 값이 10 미만이면 좌우에 있는 두 수를 곱해야 한다. 1+5=6이 10 미만이므로 두 수를 곱하여 5가 된다.

'3 C 4'에서 C는 좌우의 두 수를 곱하는 것이지만 곱한 값이 10 미만일 경우 좌우에 있는 두 수를 더한다. 이 경우 3×4=12가 10 이상이므로 12가 된다.

중괄호를 풀어보면 '5 B 12'이다. B는 좌우에 있는 두 수 가운데 큰 수에서 작은 수를 빼는 것이지만, 두 수가 같거나 뺀 값이 10 미만이면 두 수를 곱한다. 12−5=7이 10 미만이므로 두 수를 곱해야 한다. 따라서 60이 된다.

'60 D 6'에서 D는 좌우에 있는 두 수 가운데 큰 수를 작은 수로 나누는 것이지만, 두 수가 같거나 나눈 값이 10 미만이면 두 수를 곱해야 한다. 이 경우 나눈 값이 10이 되므로 답은 10이다.

05

정답 ③

- 702 나 2838 : '702'는 승합차에 부여되는 자동차 등록번호이다.
- 431 사 3019 : '사'는 운수사업용 차량에 부여되는 자동차 등록번호이다.
- 912 라 2034 : '912'는 화물차에 부여되는 자동차 등록번호이다.
- 214 하 1800 : '하'는 렌터카에 부여되는 자동차 등록번호이다.
- 241 가 0291 : '0291'은 발급될 수 없는 일련번호이다.

따라서 보기에서 비사업용 승용차의 자동차 등록번호로 잘못 부여된 것은 모두 5개이다.

대표기출유형 03 기출응용문제

01

정답 ④

ㄴ. 책임운영기관이 직제개정을 하기 위해서는 소속 중앙행정기관장의 승인을 얻어야 하므로 옳은 설명이다.
ㄹ. 책임운영기관의 부기관장을 제외한 나머지 직원은 해당 책임운영기관장이 임명하므로 옳은 설명이다.

오답분석

ㄱ. 책임운영기관의 직급별 정원은 소속 중앙행정기관장의 승인을 얻어 기본운영규정에 규정하므로 옳지 않은 설명이다.
ㄷ. 중앙행정기관은 초과수입금을 사용할 수 없으므로 옳지 않은 설명이다.

02

정답 ④

ㄱ. 리조트 1박 기준 성수기 일반요금이 낮은 리조트일수록 성수기 무기명 회원할인율도 낮아 회원요금이 낮다.
ㄴ. 리조트 1박 기준 B리조트의 회원요금 중 가장 비싼 값은 성수기 무기명 회원요금이고, 가장 싼 값은 비수기 기명 회원요금이다. 따라서 두 금액의 차이는 $350\times(1-0.25)-250\times(1-0.45)=125$천 원, 125,000원이다.
ㄹ. 리조트 1박 기준 비수기 기명 회원요금과 비수기 무기명 회원요금 차이가 가장 작은 리조트는 E리조트이며, 성수기 기명 회원요금과 성수기 무기명 회원요금 차이도 가장 작다.

오답분석

ㄷ. 리조트 1박 기준 A리조트와 E리조트의 기명 회원요금은 성수기가 비수기의 2배보다 많다.

03

정답 ③

- 유주임 : 반도체 업종의 경우, 2위로 뽑힌 애로요인의 구성비가 12.0%이므로 3위인 애로요인의 구성비는 12.0% 미만임을 알 수 있다. 따라서 반도체 업종에서 1위, 2위 애로요인이 아닌 '수출대상국의 경기부진'은 12.0% 미만일 것이며, 전기·전자제품 업종의 구성비는 14.0%이므로 옳은 설명이다.
- 최사원 : 농수산물 업종의 경우 1위 애로요인으로 원화환율 변동성 확대가 뽑혔으며, 생활용품 업종의 경우 해당 사유가 2위 안에 포함되지 않고, 이 사유의 구성비도 농수산물에 비해 낮다.

오답분석

- 김대리 : 기계류와 반도체 업종에서 각각 1순위 애로요인으로 뽑은 항목은 서로 다르다. 따라서 두 업종에 모두 속하는 K기업이 주요 수출 애로요인 1순위로 어떤 항목을 뽑았을지는 자료만으로는 알 수 없다.
- 박과장 : 7개의 업종 중 4개의 업종에서 원재료 가격상승이 주요 수출 애로요인 1위로 뽑혔지만, 업종별 기업의 수를 알 수는 없으므로, 해당 자료만으로 각 항목에 응답한 전체 업종별 기업의 수도 알 수 없다.

04

정답 ①

ㄱ. 부패금액이 산정되지 않은 6번의 경우에도 고발하였으므로 옳지 않은 설명이다.
ㄴ. 2번의 경우 해임당하였음에도 고발되지 않았으므로 옳지 않은 설명이다.

오답분석

ㄷ. 직무관련자로부터 금품을 수수한 사건은 2번, 4번, 5번, 7번, 8번으로 총 5건 있었다.
ㄹ. 2번과 4번은 모두 '직무관련자로부터 금품 및 향응 수수'로 동일한 부패행위 유형에 해당함에도 2번은 해임, 4번은 감봉 1개월의 처분을 받았으므로 옳은 설명이다.

05

정답 ⑤

버팀목 대출은 지역별 차등 지원이므로 지역별 문의가 필요하고, 월 최대 30만 원씩 2년간 대출이 가능한 것은 주거안정 월세대출이다.

CHAPTER

04 자원관리능력

대표기출유형 01 기출응용문제

01

정답 ③

A씨가 쓸 수 있는 항공료는 최대 450,000원이다. 항공료 지원율을 반영해 실제 비용을 계산하면 다음과 같다.

- 중국 : 130,000×2×2×0.9=468,000원
- 일본 : 125,000×2×2×0.7=350,000원
- 싱가포르 : 180,000×2×2×0.65=468,000원

따라서 A씨는 일본여행만 가능하며, 8월 3 ~ 4일은 휴가가 불가능하다고 하였으므로 A씨가 선택할 여행기간은 16 ~ 19일이다.

02

정답 ③

대화 내용을 살펴보면 A과장은 패스트푸드점, B대리는 화장실, C주임은 은행, D사원은 편의점을 이용한다. 이는 동시에 이루어지는 일이므로 가장 오래 걸리는 일의 시간만을 고려하면 된다. 은행이 30분으로 가장 오래 걸리므로 17:20에 모두 모이게 된다. 그러므로 17:00, 17:15에 출발하는 버스는 이용하지 못한다. 그리고 17:30에 출발하는 버스는 잔여석이 부족하여 이용하지 못한다. 최종적으로 17:45에 출발하는 버스를 탈 수 있다. 따라서 서울에 도착 예정시각은 19:45이다.

03

정답 ④

모든 팀원의 스케줄이 비어 있는 시간대인 16:00 ~ 17:00가 가장 적절하다.

04

정답 ③

밴쿠버 지사에 메일이 도착한 밴쿠버 현지 시각은 4월 22일 오전 12시 15분이지만, 업무 시간이 아니므로 메일을 읽을 수 없다. 따라서 밴쿠버 지사에서 가장 빠르게 메일을 읽을 수 있는 시각은 전력 점검이 끝난 4월 22일 오전 10시 15분이다. 모스크바는 밴쿠버와 10시간의 시차가 있으므로 이때의 모스크바 현지 시각은 4월 22일 오후 8시 15분이다.

대표기출유형 02 기출응용문제

01

정답 ⑤

현수막의 기본 크기는 1m×3m(=3m^2)이고 가격은 5,000원으로 1m^2 당 3,000원의 추가비용이 든다. 상사가 추가로 요청한 현수막을 살펴보면 '3m×8m' 2개, '1m×4m' 1개이다.

- 3m×8m(=24m^2) 크기의 현수막 제작 비용 : 5,000+(24−3)×3,000=68,000원
- 1m×4m(=4m^2) 크기의 현수막 제작 비용 : 5,000+(4−3)×3,000=8,000원

따라서 현수막 제작 총비용은 68,000×2+8,000=144,000원이다.

02

정답 ⑤

10잔 이상의 음료 또는 디저트를 구매하면 음료 2잔을 무료로 제공받을 수 있다. 커피를 못 마시는 두 사람을 위해 NON－COFFEE 종류 중 4,500원 이하의 가격인 그린티라테 두 잔을 무료로 제공받고 나머지 10명 중 4명은 가장 저렴한 아메리카노를 주문한다 (3,500×4=14,000원). 이때 2인에 1개씩 음료에 곁들일 디저트를 주문한다고 했으므로 나머지 6명은 베이글과 아메리카노 세트를 시키고 10% 할인을 받으면 7,000×0.9×6=37,800원이다.

따라서 총금액은 14,000+37,800=51,800원이므로 남는 돈은 240,000−51,800=188,200원이다.

03

정답 ⑤

- A씨 부부의 왕복 비용 : (59,800×2)×2=239,200원
- 만 6세 아들의 왕복 비용 : (59,800×0.5)×2=59,800원
- 만 3세 딸의 왕복 비용 : 59,800×0.25=14,950원

따라서 A씨 가족이 지불한 교통비는 239,200+59,800+14,950=313,950원이다.

04

정답 ③

정규시간 외에 초과근무가 있는 날의 시간외근무시간을 구하면 다음과 같다.

근무 요일	시간외근무시간			1시간 공제
	출근	야근	합계	
1 ~ 15일	−	−	−	770분
18(월)	−	70분	70분	10분
20(수)	60분	20분	80분	20분
21(목)	30분	70분	100분	40분
25(월)	60분	90분	150분	90분
26(화)	30분	160분	190분	130분
27(수)	30분	100분	130분	70분
합계	−	−	−	1,130분

따라서 총 시간외근무시간인 1,130분은 18시간 50분이고, 1시간 미만은 절사하므로 7,000원×18시간=126,000원을 받는다.

05

정답 ②

기존의 1일 운송횟수는 12회이므로 1일 운송되는 총화물량은 12×1,000=12,000상자이다. 이때, 적재효율을 높여 기존 1,000상자에서 1,200상자로 늘어나므로 10회(=12,000÷1,200)로 운송횟수를 줄일 수 있으므로 기존 방법과 새로운 방법의 월 수송비를 계산하면 다음과 같은 식이 성립한다.

(월 수송비)=(1회당 수송비)×(차량 1대당 1일 운행횟수)×(차량 운행대수)×(월 운행일수)

- 기존 월 수송비 : 100,000×3×4×20=24,000,000원
- 신규 월 수송비 : 100,000×10×20=20,000,000원

따라서 월 수송비 절감액은 24,000,000−20,000,000=4,000,000원이다.

대표기출유형 03 기출응용문제

01

정답 ⑤

각 업체의 선정점수를 항목별로 동일한 가중치로 합산하여 계산하면 다음과 같다.

(단위 : 점)

구분	A업체	B업체	C업체	D업체	E업체
선정점수	67	75	72	71	73

세 번째 조건에 따라 건축안정성 점수가 17점 미만인 D업체는 제외되고, 네 번째 조건에 따라 입찰가격 점수가 10점 미만인 B업체는 제외된다. 또한, 마지막 조건에 따라 내진설계를 포함하지 않은 C업체는 제외된다. 따라서 나머지 업체인 A, E업체 중 선정점수가 높은 E업체가 선정된다.

02

정답 ⑤

오답분석

① 예산이 150만 원이므로 예산을 초과하여 적절하지 않다.
② 신속한 A/S가 조건이므로 해외 A/S만 가능하여 적절하지 않다.
③ 조명도가 5,000lx 미만이므로 적절하지 않다.
④ 가격과 조명도도 적절하고 특이사항도 문제없지만 가격이 저렴한 제품을 우선으로 한다고 하였으므로 E가 더 적절하다.

03

정답 ③

각 과제의 최종 점수를 구하기 전에, 항목당 최하위 점수가 부여된 과제는 제외하므로, 중요도에서 최하위 점수가 부여된 B, 긴급도에서 최하위 점수가 부여된 D, 적용도에서 최하위 점수가 부여된 E를 제외한다. 나머지 두 과제에 대하여 주어진 조건에 의해 각 과제의 최종 평가 점수를 구해보면 다음과 같다. 가중치는 별도로 부여되므로 추가 계산한다.

- A : (84+92+96)+(84×0.3)+(92×0.2)+(96×0.1)=325.2
- C : (95+85+91)+(95×0.3)+(85×0.2)+(91×0.1)=325.6

따라서 C를 가장 먼저 수행해야 한다.

04

정답 ①

조건에 따라 가중치를 적용한 후보 도서들의 점수를 나타내면 다음과 같다.

(단위 : 점)

도서명	흥미도 점수	유익성 점수	1차 점수	2차 점수
재테크, 답은 있다	6×3=18	8×2=16	34	34
여행학개론	7×3=21	6×2=12	33	33+1=34
부장님의 서랍	6×3=18	7×2=14	32	–
IT혁명의 시작	5×3=15	8×2=16	31	–
경제정의론	4×3=12	5×2=10	22	–
건강제일주의	8×3=24	5×2=10	34	34

따라서 최종 선정될 도서는 '재테크, 답은 있다'와 '여행학개론'이다.

01

정답 ③

오답분석

- A지원자 : 9월에 복학 예정이기 때문에 인턴 기간이 연장될 경우 근무할 수 없으므로 적절하지 않다.
- B지원자 : 경력사항이 없으므로 적절하지 않다.
- D지원자 : 근무 시간(9 ~ 18시) 이후에 업무가 불가능하므로 적절하지 않다.
- E지원자 : 포토샵을 활용할 수 없으므로 적절하지 않다.

02

정답 ④

승진시험 성적은 100점 만점이므로 제시된 점수를 그대로 반영하고 영어 성적은 5를 나누어서 반영한다. 성과 평가의 경우는 2를 나누어서 합산해, 그 합산점수가 가장 큰 사람을 선발한다. 합산점수는 다음과 같다.

(단위 : 점)

구분	A	B	C	D	E	F	G	H	I	J	K
합산점수	220	225	225	200	277.5	235	245	220	260	225	230

이때, 합산점수가 높은 E와 I는 동료 평가에서 '하'를 받았으므로 승진 대상에서 제외된다. 따라서 다음 순위자인 F, G가 승진 대상자가 된다.

03

정답 ②

- C사원 : 혁신성, 친화력, 책임감이 '상 – 상 – 중'으로 영업팀의 핵심역량가치에 부합하며, 창의성과 윤리성은 '하'이지만 영업팀에서 중요하게 생각하지 않는 역량이므로 영업팀으로의 부서배치가 적절하다.
- E사원 : 혁신성, 책임감, 윤리성이 '중 – 상 – 하'로 지원팀의 핵심역량가치에 부합하므로 지원팀으로의 부서배치가 적절하다.

04

정답 ④

A ~ E의 조건별 점수를 구하면 다음과 같다.

구분	직급	직종	근속연수	부양가족 수	주택 유무	합계
A	3점	5점	3점	–	10점	21점
B	1점	10점	1점	4점	10점	26점
C	4점	10점	4점	4점	–	22점
D	2점	3점	1점	6점	10점	22점
E	5점	5점	5점	6점	–	21점

C과장과 D주임의 경우 동점으로, 부양가족 수가 더 많은 D주임이 우선순위를 가진다. 따라서 가장 높은 점수인 B사원과 D주임이 사택을 제공받을 수 있다.

05

정답 ③

최나래, 황보연, 이상윤, 한지혜는 업무성과 평가에서 상위 40%(인원이 10명이므로 4명)에 해당하지 않으므로 대상자가 아니다. 업무성과 평가 결과에서 40% 이내에 드는 사람은 4명까지이지만 B를 받은 사람 4명을 동순위자로 보아 6명이 대상자 후보가 된다. 6명 중 박희영은 통근거리가 50km 미만이므로 대상자에서 제외된다. 나머지 5명 중에서 자녀가 없는 김성배, 이지규는 우선순위에서 밀려나고, 나머지 3명 중에서는 통근거리가 가장 먼 순서대로 이준서, 김태란이 동절기 업무시간 단축 대상자로 선정된다.

CHAPTER

05 기술능력

대표기출유형 01 기출응용문제

01

정답 ④

'피재해자는 전기 관련 자격이 없었으며, 복장은 일반 안전화, 면장갑, 패딩점퍼를 착용한 상태였다.'라는 내용에서 불안전한 행동·상태, 작업 관리상 원인, 작업 준비 불충분이란 것을 확인할 수 있다. 그러나 기술적 원인은 제시문에서 찾을 수 없다.

오답분석

① 불안전한 행동 : 위험 장소 접근, 안전장치 기능 제거, 보호 장비의 미착용 및 잘못 사용, 운전 중인 기계의 속도 조작, 기계·기구의 잘못된 사용, 위험물 취급 부주의, 불안전한 상태 방치, 불안전한 자세와 동작, 감독 및 연락의 부재 등이 해당한다.
② 불안전한 상태 : 시설물 자체 결함, 전기 시설물의 누전, 구조물의 불안정, 소방기구의 미확보, 안전 보호 장치 결함, 복장·보호구의 결함, 시설물의 배치 및 장소 불량, 작업 환경 결함, 생산 공정의 결함, 경계 표시 설비의 결함 등이 해당한다.
③ 작업 관리상 원인 : 안전 관리 조직의 결함, 안전 수칙 미제정, 작업 준비 불충분, 인원 배치 및 작업 지시 부적당 등이 해당한다.
⑤ 작업 준비 불충분 : 작업 관리상 원인의 하나이며, 피재해자는 경첩의 높이가 높음에도 불구하고 작업 준비에 필요한 자재를 준비하지 않은 채 불안전한 자세로 일을 시작하였다.

02

정답 ④

㉠ 드론(Drone) : 무인항공기(UAV; Unmanned Aerial Vehicle)로도 불리며, 조종사가 탑승하지 않고 무선 원격 조종하는 비행체이다. 모형항공기와 비교되곤 하는데 드론과 모형항공기의 가장 큰 차이는 자동비행장치의 탑재 유무이다. 자동비행이 가능하면 드론의 일종으로 보고, 자동비행이 불가능하여 수동 조작이 필요하면 모형항공기의 일종으로 본다.
㉡ 사물인터넷(IoT; Internet of Things) : 물체에 인터넷 등의 네트워크를 적용하여 물체와 사용자와의 커뮤니케이션은 물론 연결된 기기 간의 상호작용을 통해 자동으로 기기를 제어하는 기술이다.
㉢ 빅데이터(Big data) : 기존 데이터 처리 능력으로는 감당이 안 되는 매우 크고 복잡한 비정형 데이터이다. 흔히 빅데이터의 3대 중요 요소로 크기(Volume), 속도(Velocity), 다양성(Variety)을 꼽으며 빅데이터를 통한 가치 창출이 중요해지면서 정확성(Veracity), 가치(Value)까지 포함하여 빅데이터의 주요 5대 중요 요소로 꼽는 사람들도 있다. 이 빅데이터는 시장 선호도 조사 등 다양한 산업 분야에서 목적에 따라 적절하게 빅데이터를 처리하여 결론을 도출해야 한다.

03

정답 ③

노하우는 경험적이고 반복적인 행위에 의해 얻어지는 것이며, 이러한 성격의 지식을 흔히 Technique 혹은 Art라고 부른다.

오답분석

①·⑤ 노하우에 대한 설명이다.
② 노와이에 대한 설명이다.
④ 기술은 원래 노하우의 개념이 강했으나, 시간이 지나면서 노와이와 노하우가 결합하게 되었다.

04

정답 ②

②는 간접적 벤치마킹의 단점이다. 간접적 벤치마킹은 인터넷, 문서자료 등 간접적인 형태로 조사·분석하게 됨으로써 대상의 본질보다는 겉으로 드러나 보이는 현상에 가까운 결과를 얻을 수 있는 단점을 가진다.

05

정답 ①

제품 매뉴얼은 제품의 설계상 결함이나 위험 요소를 대변해서는 안 된다.

06

정답 ④

하향식 기술선택은 중장기적인 목표를 설정하고, 이를 달성하기 위해 핵심고객층 등에 제공하는 제품 및 서비스를 결정한다.

대표기출유형 02 기출응용문제

01

정답 ③

1～2월 이앙기 관리방법에 모두 방청유를 발라 녹 발생을 방지하는 내용이 있다.

오답분석

① 트랙터의 브레이크 페달 작동 상태는 2월의 점검 목록이다.
② 이앙기에 커버를 씌워 먼지 및 이물질에 의한 부식을 방지하는 것은 1월의 점검 목록이다.
④ 트랙터의 유압실린더와 엔진 누유 상태의 점검은 트랙터 사용 전 점검이 아니라 보관 중 점검 목록이다.
⑤ 매뉴얼에 없는 내용이다.

02

정답 ④

제품에는 배터리 보호를 위하여 과충전 보호회로가 내장되어 있어 적정 충전시간을 초과하여도 배터리에 큰 손상이 없으므로 고장의 원인으로 옳지 않다.

03

정답 ③

청소기 전원을 끄고 이물질 제거 후 전원을 켜면 파워브러시가 재작동하며, 평상시에도 파워브러시가 멈추었을 때는 전원 스위치를 껐다 켜면 재작동한다.

04

정답 ⑤

사용 중 갑자기 흡입력이 떨어지는 이유는 흡입구를 커다란 이물질이 막고 있거나, 먼지 필터가 막혀 있거나, 먼지통 내에 오물이 가득 차 있을 경우이다.

PART 2

최종점검 모의고사

제1회 최종점검 모의고사

01	02	03	04	05	06	07	08	09	10	11	12	13	14	15	16	17	18	19	20
②	④	④	③	⑤	②	②	④	④	④	④	③	③	③	①	②	④	⑤	④	②
21	22	23	24	25	26	27	28	29	30	31	32	33	34	35	36	37	38	39	40
⑤	④	①	③	②	⑤	③	①	④	①	③	②	③	④	②	④	④	③	①	③
41	42	43	44	45	46	47	48	49	50										
③	①	③	④	③	①	②	⑤	①	⑤										

01 내용 추론

정답 ②

제시문은 '인간 본성을 구성하는 하부 체계들은 서로 극단적으로 밀접하게 연관되어 있기 때문에 어느 일부를 인위적으로 개선하려 한다면 인간 본성이라는 전체가 변화되어 결국 무너지는 위험에 처한다.'라고 주장한다. 그러므로 ㉢처럼 하부 체계가 서로 분리되어 특정 부분의 변화가 다른 부분에 영향을 끼치지 못한다는 것은 제시문의 논증을 약화시킨다.

오답분석

㉠ 제시문에서 인간이 갖고 있는 개별적인 요소들이 모여 만들어낸 인간 본성이라는 복잡한 전체는 인간에게 존엄성을 부여한다고 했으므로, 인간 본성은 인간의 도덕적 지위와 존엄성의 근거가 된다고 볼 수 있다. 따라서 제시문의 논증을 강화한다.

㉡ 제시문의 논증과 관련이 없다.

02 문서 내용 이해

정답 ④

아이들이 따뜻한 구들에 누워 자는 것이 습관이 되어 사지의 활동량이 적어져 발육이 늦어진 것이지, 체온을 높였기 때문에 발육이 늦어진 것은 아니다.

오답분석

①·②·③·⑤ 두 번째 문단을 통해 알 수 있다.

03 맞춤법

정답 ④

㉠ : '소개하다'는 '서로 모르는 사람들 사이에서 양편이 알고 지내도록 관계를 맺어 주다.'의 의미로 단어 자체가 사동의 의미를 지니고 있으므로 '소개시켰다'가 아닌 '소개했다'가 옳은 표현이다.

㉡ : '쓰여지다'는 피동 접사 '-이-'와 '-어지다'가 결합한 이중 피동 표현이므로 '쓰여진'이 아닌 '쓰인'이 옳은 표현이다.

㉢ : '부딪치다'는 '무엇과 무엇이 힘 있게 마주 닿거나 마주 대다'의 의미인 '부딪다'를 강조하여 이르는 말이고, '부딪히다'는 '부딪다'의 피동사이다. 따라서 ㉢에는 의미상 '부딪쳤다'가 들어가야 한다.

04 문서 내용 이해

정답 ③

제시문에 따르면 할랄식품 시장의 확대로 많은 유통업계가 할랄식품을 위한 생산라인을 설치하는 등의 노력을 하고 있다.

오답분석

①·② 할랄식품은 엄격하게 생산·유통되기 때문에 일반 소비자들에게도 평이 좋다.
④ 세계 할랄 인증 기준은 200종에 달하고 수출하는 국가마다 별도의 인증을 받아야 한다.
⑤ 표준화되지 않은 할랄 인증 기준은 무슬림 국가들의 수입장벽이 될 수 있다.

05 문단 나열

정답 ⑤

제시문은 언어가 주변 지역으로 전파되는 원리 중 한 가지인 파문설을 소개하고 사용되는 용어와 이에 대한 구체적인 설명을 하고 있다. 따라서 (다) 언어가 주변 지역으로 퍼져 나가는 원리 – (가) 이러한 원리대로 언어의 전파 과정을 설명하는 파문설 – (라) 파문설에서 사용되는 용어 – (나) 파문설에서 사용되는 용어의 구체적인 설명 순으로 나열되어야 한다.

06 문서 내용 이해

정답 ②

'에너지 하베스팅은 열, 빛, 운동, 바람, 진동, 전자기 등 주변에서 버려지는 에너지를 모아 전기를 얻는 기술을 의미한다.'라는 내용을 통해서 버려진 에너지를 전기 에너지로 다시 만든다는 것을 알 수 있다.

오답분석

① 무체물인 에너지도 재활용이 가능하다고 했으므로 적절하지 않은 내용이다.
③ 에너지 하베스팅은 열, 빛, 운동, 바람, 진동, 전자기 등 주변에서 버려지는 에너지를 모아 전기를 얻는 기술이라고 하였고, 다른 에너지에 대한 언급은 없으므로 적절하지 않은 내용이다.
④ 태양광을 이용하는 광 에너지 하베스팅, 폐열을 이용하는 열에너지 하베스팅이라고 구분하여 언급한 내용을 통해 다른 에너지원에 속한다는 것을 알 수 있다.
⑤ '사람이 많이 다니는 인도 위에 버튼식 패드를 설치하여 사람이 밟을 때마다 전기가 생산되도록 하는 것이다.'라고 했으므로 사람의 체온을 이용한 신체 에너지 하베스팅 기술이라기보다 진동이나 압력을 가해 이용하는 진동 에너지 하베스팅에 해당한다.

07 내용 추론

정답 ②

제시문에서는 저작권 소유자 중심의 저작권 논리를 비판하며 저작권의 의의를 가지려면 저작물이 사회적으로 공유되어야 한다고 주장하고 있다. 따라서 이에 대한 비판으로 ②가 가장 적절하다.

08 문단 나열

정답 ④

제시문은 '온난화 기체 저감을 위한 습지 건설 기술'에 대한 내용이다. 따라서 제시된 문장 뒤에는 (나) 인공 습지 개발 가정 – (다) 그에 따른 기술적 성과 – (가) 개발 기술의 활용 가정 – (라) 기술 이전에 따른 효과 기대 순으로 나열되어야 한다.

09 맞춤법

정답 ④

'시간적인 사이를 두고서 가끔씩'이라는 의미의 부사는 '간간이'이다.

오답분석

① 쉬이 : 어렵거나 힘들지 아니하게
② 소홀히 : 대수롭지 아니하고 예사롭게. 또는 탐탁하지 아니하고 데면데면하게
③ 깊숙이 : 위에서 밑바닥까지. 또는 겉에서 속까지의 거리가 멀고 으슥하게
⑤ 틈틈이 : 겨를이 있을 때마다

10 내용 추론

정답 ④

화폐 통용을 위해서는 화폐가 유통될 수 있는 시장이 성장해야 하고, 농업생산력이 발전해야 한다. 그러나 서민들은 물품화폐를 더 선호하였고, 일부 계층에서만 화폐가 유통되었다. 따라서 광범위한 동전 유통이 실패한 것이다. 화폐수요량에 따른 공급은 화폐가 유통된 이후의 조선 후기에 해당하는 내용이다.

11 수열 규칙

정답 ④

제시된 수열은 앞의 항에 1, 2, 4, 8, 16, 32, …을 더하는 수열이다.
따라서 ( )=33+32=65이다.

12 자료 이해

정답 ③

- 2022년 전년 대비 감소율 : $\frac{23-24}{24}\times100 \fallingdotseq -4.17\%$
- 2023년 전년 대비 감소율 : $\frac{22-23}{23}\times100 \fallingdotseq -4.35\%$

따라서 2023년이 2022년보다 더 큰 비율로 감소하였다.

오답분석

① 2024년 총지출을 a억 원이라고 가정하면, $a\times0.06=21$억 원 → $a=\frac{21}{0.06}=350$, 따라서 총지출은 350억 원이다.

② 2021년 경제 분야 투자규모의 전년 대비 증가율은 $\frac{24-20}{20}\times100=20\%$이다.

④ 2020 ~ 2024년 동안 경제 분야에 투자한 금액은 20+24+23+22+21=110억 원이다.

⑤ 2021 ~ 2024년 동안 경제 분야 투자규모의 전년 대비 증감추이는 '증가 – 감소 – 감소 – 감소'이고, 총지출 대비 경제 분야 투자규모 비중의 경우 '증가 – 증가 – 감소 – 감소'이다.

13 응용 수리

정답 ③

전체 일의 양을 1이라고 가정하면 하루 동안 A, B, C가 할 수 있는 일의 양은 각각 $\frac{1}{10}$, $\frac{1}{20}$, $\frac{1}{40}$이다.

4일간 A와 B가 먼저 일하고 남은 일의 양은 $1-\left(\frac{1}{10}+\frac{1}{20}\right)\times4=1-\frac{3}{5}=\frac{2}{5}$이다.

C가 남은 일을 혼자하는 기간을 x일이라고 하면 다음 식이 성립한다.

$\frac{2}{5}=\frac{1}{40}x$

$\therefore\ x=16$

따라서 C가 혼자 일하는 기간은 16일이다.

14 응용 수리

정답 ③

희경이가 본사에서 나온 시각을 구하려면 오후 3시에서 본사에서 지점까지 가는 데 걸린 시간만큼을 빼면 된다. 본사에서 지점까지 가는 데 걸린 시간은 $\frac{20}{60}+\frac{30}{90}=\frac{2}{3}$시간, 즉 40분이므로 오후 2시 20분에 본사에서 나왔다는 것을 알 수 있다.

15 수열 규칙

정답 ①

제시된 수열은 ×6, ÷3이 반복되는 수열이다. A=36×6=216, B=216÷3=72이므로 A+B=288이다.

16 자료 이해 　정답 ②

원 중심에서 멀어질수록 점수가 높아지는데, B국의 경우 수비보다 미드필드가 원 중심에서 먼 곳에 표시가 되어 있으므로 B국은 수비보다 미드필드에서의 능력이 뛰어남을 알 수 있다.

17 자료 이해 　정답 ④

ㄱ. 대도시 간 예상 최대 소요시간은 모든 구간에서 주중이 주말보다 적게 걸림을 알 수 있다.

ㄴ. 주중 전국 교통량 중 수도권에서 지방으로 가는 교통량의 비율은 $\frac{42}{380}\times100 \fallingdotseq 11.1\%$이다.

ㄹ. 서울 – 광주 구간 주중 소요시간과 서울 – 강릉 구간 주말 소요시간은 3시간 20분으로 같다.

오답분석

ㄷ. 지방에서 수도권으로 가는 주말 예상 교통량은 주중 교통량보다 $\frac{51-35}{35}\times100 \fallingdotseq 45.7\%$ 많다.

18 자료 계산 　정답 ⑤

온실가스 배출량은 2019년도 목표 대비 -281(천 톤CO^2eq)의 성과를 이뤘다. 온실가스 배출량의 목표의 성격상 배출량을 줄이는 것이 성과로 인정되므로 목표치보다 $\frac{281}{1,590}\times100 \fallingdotseq 18\%$ 초과 달성했다.

따라서 (가)에 들어갈 값은 118이다.

19 자료 계산 　정답 ④

제시된 상황에서는 전자문서가 아닌 서면으로 제출하였으므로 특허출원료 산정 시 '나'와 '라'조항이 적용된다.

1) 국어로 작성한 경우
- 특허출원료 : 66,000+(7×1,000)=73,000원
- 특허심사청구료 : 143,000+(44,000×3)=275,000원

∴ 수수료 총액 : 73,000+275,000=348,000원

2) 외국어로 작성한 경우
- 특허출원료 : 93,000+(7×1,000)=100,000원
- 특허심사청구료 : 275,000원

∴ 수수료 총액 : 100,000+275,000=375,000원

20 자료 이해 　정답 ②

ㄱ. 응답자 2,000명 중 남성을 x명, 여성을 y명이라고 하면, 주유 할인을 선택한 응답자는 2,000×0.2=400명이므로 $0.18x+0.22y=400$으로 나타낼 수 있다.

$x+y=2,000 \cdots$ ㉠

$0.18x+0.22y=400 \cdots$ ㉡

㉠과 ㉡을 연립하여 풀면 $x=1,000$, $y=1,000$으로 남성과 여성의 비율이 동일함을 알 수 있다.

ㄹ. 가장 많은 남성 응답자(24%)가 영화관 할인을 선택하였으며, 여성 역시 가장 많은 응답자(23%)가 영화관 할인을 선택하였다.

오답분석

ㄴ. 남성의 경우 응답자의 18%인 180명이 편의점 할인을 선택하였고, 여성의 경우 7%인 70명이 편의점 할인을 선택하였다. 따라서 편의점 할인 서비스는 여성보다 남성 응답자가 더 선호하는 것을 알 수 있다.

ㄷ. 남성 응답자 수는 1,000명이므로 온라인 쇼핑 할인을 선택한 남성은 1,000×0.1=100명이다.

21 명제 추론

정답 ⑤

두 번째 조건과 세 번째 조건을 통해 김팀장의 오른쪽에 정차장이 앉고, 양사원은 한대리의 왼쪽에 앉는다. 이때, 오과장은 정차장과 나란히 앉지 않으므로 오과장은 김팀장의 왼쪽에 앉아야 한다.

따라서 김팀장을 기준으로 시계방향으로 '오과장 – 한대리 – 양사원 – 정차장' 순서로 앉는다.

22 명제 추론

정답 ④

제시된 조건을 정리해 보면 다음과 같다.

구분	미국	영국	중국	프랑스
올해	D	C	B	A
작년	C	A	D	B

따라서 항상 참인 것은 ④이다.

23 규칙 적용

정답 ①

모든 암호는 각 자릿수의 합이 21이 되도록 구성되어 있다.

- K팀 : $9+0+2+3+x=21 \rightarrow x=7$
- L팀 : $7+y+3+5+2=21 \rightarrow y=4$

$\therefore x+y=7+4=11$

24 명제 추론

정답 ③

제시된 조건을 표로 나타내면 다음과 같다.

구분	제주도	일본	대만
정주		게스트하우스	
경순			호텔
민경	게스트하우스		

따라서 민경이가 가는 곳은 제주도이고, 게스트하우스에서 숙박한다.

25 명제 추론

정답 ②

제시된 조건을 기호로 정리하면 다음과 같다.

- ~A → B
- A → ~C
- B → ~D
- ~D → E

E가 행사에 참여하지 않는 경우, 네 번째 조건의 대우인 ~E → D에 따라 D가 행사에 참여한다. D가 행사에 참여하면 세 번째 조건의 대우인 D → ~B에 따라 B는 행사에 참여하지 않는다. 또한, B가 행사에 참여하지 않으면 첫 번째 조건의 대우에 따라 A가 행사에 참여하고, A가 행사에 참여하면 두 번째 조건에 따라 C는 행사에 참여하지 않는다. 따라서 E가 행사에 참여하지 않을 경우 행사에 참여하는 사람은 A와 D 2명이다.

26 자료 해석

정답 ⑤

돼지고기는 2.5인분인 225g이 필요하다. 현재 냉장고에는 필요한 양의 절반인 112.5g 이하의 돼지고기 100g이 있으므로 125g을 구매해야 한다.

오답분석

① 면은 2.5인분인 500g이 필요하다. 현재 냉장고에는 필요한 양의 절반인 250g 이하의 면 200g이 있으므로 300g을 구매해야 한다.
② 양파는 2.5인분인 150g이 필요하다. 현재 냉장고에는 양파 100g이 있으므로 50g을 구매해야 하지만 필요한 양의 절반인 75g 이상이 냉장고에 있으므로 양파는 구매하지 않는다.
③ 아들이 성인 1인분의 새우를 먹으므로 새우는 3인분인 120g이 필요하다. 현재 냉장고에는 새우가 없으므로 새우 120g을 구매해야 한다.
④ 매운 음식을 잘 먹지 못하는 아내로 인해 건고추는 절반만 넣으므로 $4\times2.5=10$g이 필요하다. 현재 냉장고에는 건고추가 없으므로 건고추 10g을 구매해야 한다.

PART 2

27 자료 해석

정답 ③

B안의 가중치는 전문성이지만, 자원봉사제도는 (−)이므로 적절하지 않다.

오답분석

① 전문성 면에서는 유급법률구조제도가 (+), 자원봉사제도가 (−)로 적절한 설명이다.
② A안에 가중치를 적용할 경우 접근용이성과 전문성에 가중치를 적용하므로 두 정책목표 모두에서 (+)를 보이는 유급법률구조제도가 가장 적절하다.
④ B안에 가중치를 적용할 경우 전문성에 가중치를 적용하므로 (+)를 보이는 유급법률구조제도가 가장 적절하며, A안에 가중치를 적용할 경우 ②에 의해 유급법률구조제도가 가장 적절하다. 따라서 어떤 것을 적용하더라도 결과는 같다.
⑤ 비용저렴성을 달성하려면 (+)를 보이는 자원봉사제도가 가장 유리하다.

28 명제 추론

정답 ①

두 번째 조건에 따라 S사원의 부서 직원 80명이 전원 참석하므로 수용 가능 인원이 40명인 C세미나는 제외되고, 세 번째 조건에 따라 거리가 60km를 초과하는 E호텔이 제외된다. 이어서 부서 워크숍은 2일간 진행되므로 하루 대관료가 50만 원을 초과하는 D리조트는 제외된다. 마지막으로 다섯 번째 조건에 따라 왕복 이동 시간이 4시간인 B연수원은 제외된다. 따라서 가장 적절한 워크숍 장소는 A호텔이다.

29 규칙 적용

정답 ④

알파벳 순서에 따라 숫자로 변환하면 다음과 같다.

A	B	C	D	E	F	G	H	I	J	K	L	M
1	2	3	4	5	6	7	8	9	10	11	12	13
N	O	P	Q	R	S	T	U	V	W	X	Y	Z
14	15	16	17	18	19	20	21	22	23	24	25	26

'INTELLECTUAL'의 품번을 규칙에 따라 정리하면 다음과 같다.

- 1단계 : 9(I), 14(N), 20(T), 5(E), 12(L), 12(L), 5(E), 3(C), 20(T), 21(U), 1(A), 12(L)
- 2단계 : $9+14+20+5+12+12+5+3+20+21+1+12=134$
- 3단계 : $|(14+20+12+12+3+20+12)-(9+5+5+21+1)|=|93-41|=52$
- 4단계 : $(134+52)\div4+134=46.5+134=180.5$
- 5단계 : 180.5를 소수점 첫째 자리에서 버림하면 180이다.

따라서 제품의 품번은 '180'이다.

30 자료 해석

정답 ①

제시된 조건에 따라 각각의 컴퓨터에 점수를 부여하면 다음과 같다.

(단위 : 점)

컴퓨터 \ 항목	램 메모리 용량	하드 디스크 용량	가격	총점
A	0	50	200	250
B	100	0	100	200
C	0	100	0	100
D	100	50	0	150
E	50	0	100	150

항목별 점수의 합이 가장 큰 컴퓨터를 구입한다고 하였으므로 갑은 A컴퓨터를 구입하게 된다.

31 시간 계획

정답 ③

모스크바에 4일 오전 11시에 도착하려면 비행시간이 8시간이므로 모스크바 시간으로 4일 오전 3시에는 출발해야 한다. 모스크바 시간으로 4일 오전 3시는 한국 시간으로 4일 오전 9시이다(∵ 인천이 6시간 빠름).

32 비용 계산

정답 ②

각 점포의 일일매출액을 a, b, c, d, e만 원이라고 하면 조건을 다음 식과 같이 정리할 수 있다.

$a=b-30$ … ㉠

$b=d\times0.2$ … ㉡

$d+e+2,450=c$ … ㉢

$2c-12d=3,500$ … ㉣

$30e=9,000$ … ㉤

㉤에서 $e=300$이고, e를 ㉢에 대입하면 $c-d=2,750$이므로 양변에 2를 곱하여 $2c-2d=5,500$으로 만든다. 이 식과 ㉣를 연립하면 $10d=2,000$이므로 $d=200$이다. 그러므로 $c=2,750+200=2,950$이고 ㉡에서 $b=200\times0.2=40$, ㉠에서 $a=40-30=10$이다. 따라서 총합은 $10+40+2,950+200+300=3,500$만 원이다.

33 인원 선발

정답 ③

㉠ 각 팀장이 매긴 순위에 대한 가중치는 모두 동일하다고 했으므로 1, 2, 3, 4순위의 가중치를 각각 4, 3, 2, 1점으로 정해 네 사람의 면접점수를 산정하면 다음과 같다.

- 갑 : 2+4+1+2=9점
- 을 : 4+3+4+1=12점
- 병 : 1+1+3+4=9점
- 정 : 3+2+2+3=10점

면접점수가 높은 을, 정 중 한 명이 입사를 포기하면 갑, 병 중 한 명이 채용된다. 갑과 병의 면접점수는 9점으로 동점이지만 조건에 따라 인사팀장이 부여한 순위가 높은 갑을 채용하게 된다.

㉢ 경영관리팀장이 갑과 병의 순위를 바꿨을 때, 네 사람의 면접점수를 산정하면 다음과 같다.

- 갑 : 2+1+1+2=6점
- 을 : 4+3+4+1=12점
- 병 : 1+4+3+4=12점
- 정 : 3+2+2+3=10점

따라서 을과 병이 채용되므로 정은 채용되지 못한다.

오답분석

㉡ 인사팀장이 을과 정의 순위를 바꿨을 때, 네 사람의 면접점수를 산정하면 다음과 같다.

- 갑 : 2+4+1+2=9점
- 을 : 3+3+4+1=11점
- 병 : 1+1+3+4=9점
- 정 : 4+2+2+3=11점

따라서 을과 정이 채용되므로 갑은 채용되지 못한다.

34 비용 계산

정답 ④

1일 평균임금을 x원이라 하고 퇴직금 산정공식을 이용하여 계산하면 다음과 같다.

1,900만=[$30x \times (5 \times 365)$]÷365

→ 1,900만=$150x$

∴ x ≒ 13만(∵ 천의 자리에서 올림)

따라서 1일 평균임금이 13만 원이므로 甲의 평균 연봉을 계산하면 13만×365=4,745만 원이다.

35 품목 확정

정답 ②

- 역의 개수 : 47개
- 역과 역 사이 구간 : 47−1=46구간
- 당고개에서 오이도까지 걸리는 시간 : 2×46=92분
- ㉮ 열차의 경우
  - ㉮ 열차와 오이도행 열차의 출발 시각 차이 : 6시−5시 40분=20분
  - 오이도행 열차의 6시까지 이동구간의 개수 : $\frac{20}{2}$=10구간
  - 오이도행 열차의 위치 순번 : 47−10=37번
  - 1번째 역과 37번째 역의 중간역 : (1+37)÷2=19번째 역
- ㉯ 열차의 경우
  - ㉯ 열차와 오이도행 열차의 출발 시각 차이 : 6시 24분−5시 40분=44분
  - 오이도행 열차의 6시 24분까지 이동구간의 개수 : $\frac{44}{2}$=22구간
  - 오이도행 열차의 위치 순번 : 47−22=25번
  - 1번째 역과 25번째 역의 중간역 : (1+25)÷2=13번째 역
- ㉰ 열차의 경우
  - ㉰ 열차와 오이도행 열차의 출발 시각 차이 : 6시 48분−5시 40분=68분
  - 오이도행 열차의 6시 48분까지 이동구간의 개수 : $\frac{68}{2}$=34구간
  - 오이도행 열차의 위치 순번 : 47−34=13번
  - 1번째 역과 13번째 역의 중간역 : (1+13)÷2=7번째 역

36 시간 계획

정답 ④

- 한국 기준 비행기 탑승 시각 : 21일 8시 30분+13시간=21일 21시 30분
- 비행기 도착 시각 : 21일 21시 30분+17시간=22일 14시 30분

∴ 김사원의 출발 시각 : 22일 14시 30분−1시간 30분−30분=22일 12시 30분

37 품목 확정

정답 ④

회사 근처 모텔에서 숙박 후 버스 타고 공항 이동 : 40,000원(모텔요금)+20,000원(버스요금)+30,000원(시간요금)=90,000원

오답분석

① 공항 근처 모텔로 버스 타고 이동 후 숙박 : 20,000원(버스요금)+30,000원(시간요금)+80,000원(모텔요금)=130,000원
② 공항 픽업 호텔로 버스 타고 이동 후 숙박 : 10,000원(버스요금)+10,000원(시간요금)+100,000원(호텔요금)=120,000원
③ 공항 픽업 호텔로 택시 타고 이동 후 숙박 : 20,000원(택시요금)+5,000원(시간요금)+100,000원(호텔요금)=125,000원
⑤ 회사 근처 모텔에서 숙박 후 택시 타고 공항 이동 : 40,000원(모텔요금)+40,000원(택시요금)+15,000원(시간요금)=95,000원

38 인원 선발

정답 ③

주어진 조건에 의하면 C참가자는 재료손질 역할을 원하지 않고, A참가자는 세팅 및 정리 역할을 원하고, D참가자 역시 재료손질 역할을 원하지 않는다. A참가자가 세팅 및 정리 역할을 하면 A참가자가 받을 수 있는 가장 높은 점수는 90+9=99점이고, C·D참가자는 요리보조, 요리 두 역할을 나눠하면 된다. 마지막으로 B참가자는 어떤 역할이든지 자신 있으므로 재료손질을 담당하면 된다.

C·D참가자가 요리보조와 요리 역할을 나눠가질 때, D참가자는 기존 점수가 97점이므로, 요리를 선택할 경우 97+7=104점이 되어 100점이 넘어가므로 요리 역할을 선택할 수 없다. 따라서 A참가자는 세팅 및 정리, B참가자는 재료손질, C참가자는 요리, D참가자는 요리보조 역할을 담당하면 모든 참가자의 의견을 수렴하면서 참가자 모두 최종점수가 100점을 넘지 않는다.

39 품목 확정

정답 ①

경제적 의사결정을 위해 상품별 만족도 총합을 계산하면 다음과 같다.

(단위 : 점)

상품 \ 가격 \ 만족도		광고의 호감도 (5)	디자인 (12)	카메라 기능 (8)	단말기 크기 (9)	A/S (6)	만족도 총합
A	135만 원	5	10	6	8	5	34
B	128만 원	4	9	6	7	5	31
C	125만 원	3	7	5	6	4	25

이때, 각 상품의 가격대비 만족도를 계산하면, 단위 금액당 만족도가 가장 높은 상품 B$\left(=\frac{31}{28}\right)$를 구입하는 것이 가장 합리적이다.

오답분석

② 단말기 크기의 만족도 만점 점수는 9점으로 카메라 기능보다 높기 때문에 단말기 크기를 더 중시하고 있음을 알 수 있다.
③ 세 상품 중 상품 A의 만족도가 가장 크지만, 비용을 고려해야 하기 때문에 상품 A를 구입하는 것은 합리적인 선택으로 볼 수 없다.
④ 예산을 125만 원으로 제한할 경우 상품 C를 선택할 것이다.
⑤ 만족도 점수 항목 중 휴대전화의 성능과 관련된 항목은 카메라 기능뿐이므로 지나치게 중시하고 있다고 볼 수 없다.

40 비용 계산

정답 ③

다음은 R대리가 각 교통편 종류를 택할 시 왕복 교통비용이다.

- 일반버스 : 24,000원×2=48,000원
- 우등버스 : 32,000원×2×0.99=63,360원
- 무궁화호 : 28,000원×2×0.85=47,600원
- 새마을호 : 36,000원×2×0.8=57,600원
- KTX : 58,000원

따라서 무궁화호가 47,600원으로 가장 저렴하다.

41 기술 이해

정답 ③

연구개발에 참가한 연구원과 엔지니어들이 그 기업을 떠나는 경우 기술과 지식의 손실이 크게 발생하는 점을 볼 때, 기술혁신은 새로운 지식과 경험의 축적으로 나타나는 지식 집약적인 활동으로 볼 수 있다.

기술혁신의 특성

- 기술혁신은 그 과정 자체가 매우 불확실하고 장기간의 시간을 필요로 한다.
- 기술혁신은 지식 집약적인 활동이다.
- 기술혁신 과정의 불확실성과 모호함은 기업 내에서 많은 논쟁과 갈등을 유발할 수 있다.
- 기술혁신은 조직의 경계를 넘나든다.

42 기술 이해

정답 ①

기술시스템(Technological System)은 개별 기술이 네트워크로 결합하는 것을 말한다. 인공물의 집합체만이 아니라 투자회사, 법적 제도, 정치, 과학, 자연자원을 모두 포함하는 것으로 사회기술시스템이라고도 한다.

PART 2

43 기술 적용

정답 ③

배터리의 방전 유무를 확인한 후 충전하는 조치는 트랙터 시동모터가 회전하지 않을 경우 점검해야 하는 사항이다.

44 기술 적용

정답 ④

상부링크, 체크체인 확인, 링크볼의 일치 여부 점검은 작업기 연결 전에 확인해야 할 사항들이다. 시동 전에 점검해야 할 사항은 윤활유, 연료, 냉각수량이다.

45 기술 적용

정답 ③

체온 측정을 위한 주의사항에 따르면 체온을 측정할 때는 정확한 측정을 위해 과다한 귀지가 없도록 해야 한다.

오답분석

① 체온을 측정하기 전 새 렌즈필터를 부착해야 한다.
② 오른쪽 귀에서 측정한 체온과 왼쪽 귀에서 측정한 체온은 다를 수 있으므로 항상 같은 귀에서 체온을 측정해야 한다.
④ 영점 조정에 대한 사항은 설명서에서 확인할 수 없는 내용이다.
⑤ 체온을 측정하기 전 새 렌즈필터를 부착해야 하며, 렌즈를 알코올 솜으로 닦는 사항은 설명서에서 확인할 수 없는 내용이다.

46 기술 적용

정답 ①

'POE' 에러 메시지는 체온계가 렌즈의 정확한 위치를 감지할 수 없어 정확한 측정이 어렵다는 메시지이다. 따라서 〈ON〉 버튼을 3초간 길게 눌러 화면을 지운 다음 정확한 위치에 체온계를 넣어 다시 측정해야 한다.

47 기술 이해 **정답** ②

지속 가능한 기술은 이용 가능한 자원과 에너지를 고려하고, 자원의 사용과 그것이 재생산되는 비율의 조화를 추구하며, 자원의 질을 생각하고, 자원이 생산적인 방식으로 사용되는가에 주의를 기울이는 기술이라고 할 수 있다. 즉, 지속 가능한 기술은 되도록 태양 에너지와 같이 고갈되지 않는 자연 에너지를 활용하며, 낭비적인 소비 형태를 지양하고, 기술적 효용만이 아닌 환경효용(Eco – Efficiency)을 추구하는 것이다. ㉠·㉡·㉣은 낭비적인 소비 형태를 지양하고, 환경효용도 추구하므로 지속 가능한 기술의 사례로 볼 수 있다.

오답분석

㉢·㉤ 환경효용이 아닌 생산수단의 체계를 인간에게 유용하도록 발전시키는 사례로, 기술발전에 해당한다.

48 기술 이해 **정답** ⑤

기술교양을 지닌 사람들의 특징

- 기술학의 특성과 역할을 이해한다.
- 기술과 관련된 이익을 가치화하고 위험을 평가할 수 있다.
- 기술에 의한 윤리적 딜레마에 대해 합리적으로 반응할 수 있다.
- 기술체계가 설계되고, 사용되고, 통제되는 방법을 이해한다.

49 기술 이해 **정답** ①

제시문은 컴퓨터 연결, 원하는 시간만큼 학습 가능, 멀티미디어 이용 등의 특징을 볼 때, E-Learning(전자 매체를 통한 학습 시스템)을 활용한 기술교육을 설명하고 있다.

오답분석

④ OJT : 조직 안에서 피교육자인 종업원이 직무에 종사하면서 받게 되는 교육 훈련방법이다. 직장 상사나 선배가 지도·조언을 해주는 형태로 훈련이 이루어지기 때문에, 교육자와 피교육자 사이에 친밀감을 조성하며, 시간의 낭비가 적고, 조직의 필요에 합치되는 교육훈련을 할 수 있다는 장점이 있다. 그러나 지도자의 높은 자질이 요구되며, 교육훈련 내용의 체계화가 어렵다는 등의 단점도 있다.

50 기술 이해 **정답** ⑤

전기산업기사, 건축산업기사, 정보처리산업기사 등의 자격 기술은 구체적 직무수행능력 형태를 의미하는 기술의 협의의 개념으로 볼 수 있다.

오답분석

① 사회는 기술개발에 영향을 준다는 점을 볼 때, 산업혁명과 같은 사회적 요인은 기술개발에 영향을 주었다고 볼 수 있다.
② 로봇은 인간의 능력을 확장시키기 위한 하드웨어로 볼 수 있으며, 기술은 이러한 하드웨어와 그것의 활용을 뜻한다.
③ 컴퓨터의 발전으로 개인이 정보를 효율적으로 활용하고 관리하게 됨으로써 현명한 의사결정이 가능해졌음을 알 수 있다.
④ 기술은 하드웨어를 생산하는 과정이며, 하드웨어는 소프트웨어에 대비되는 용어로 건물, 도로, 교량, 전자장비 등 인간이 만들어 낸 모든 물질적 창조물을 뜻한다.

제2회 최종점검 모의고사

01	02	03	04	05	06	07	08	09	10	11	12	13	14	15	16	17	18	19	20
②	①	①	③	④	⑤	④	④	④	⑤	③	⑤	②	①	③	①	④	①	③	④
21	22	23	24	25	26	27	28	29	30	31	32	33	34	35	36	37	38	39	40
④	②	③	③	①	①	①	②	①	⑤	③	⑤	④	②	①	④	③	④	②	③
41	42	43	44	45	46	47	48	49	50										
①	④	④	③	④	④	③	②	②	⑤										

PART 2

01 어휘

정답 ②

㉠ 고독하다 : 세상에 홀로 떨어져 있는 듯이 매우 외롭고 쓸쓸하다.
㉢ 고혈하다 : 가족이나 친척이 없어 외롭다.
㉤ 외롭다 : 홀로 되거나 의지할 곳이 없어 쓸쓸하다.

오답분석

㉡ 후미지다 : 아주 구석지고 으슥하다.
㉣ 혼란스럽다 : 보기에 뒤죽박죽이 되어 어지럽고 질서가 없는 데가 있다.
㉥ 뒤숭숭하다 : 느낌이나 마음이 어수선하고 불안하다.

02 맞춤법

정답 ①

오답분석

② 다릴 → 달일
③ 으시시 → 으스스
④ 치루고 → 치르고
⑤ 잠궜다 → 잠갔다

03 문단 나열

정답 ①

제시문은 (가) 대상이 되는 연구 방법의 진행 과정과 그 한계 – (마) 융이 기존의 연구 방법에 추가한 과정을 소개 – (라) 기존 연구자들이 간과했던 새로운 사실을 찾아낸 융의 실험의 의의 – (나) 융의 실험을 통해 새롭게 드러난 결과 분석 – (다) 새롭게 드러난 심리적 개념을 정의한 융의 사상 체계에서의 핵심적 요소에 대한 설명의 순으로 나열되어야 한다.

04 문단 나열

정답 ③

서론의 끝이 '그렇다고 남의 향락을 위하여 스스로는 고난의 길을 일부러 걷는 것이 학자는 아니다.'이므로 이어질 내용은 학자가 학문을 하는 이유를 설명하는 (나)가 적절하다. 그 다음으로 (가) 상아탑이 제구실을 못함 – (다) 학문의 목적은 진리 탐구 – (마) 학문 악용의 폐단 – (라) 학문에 대한 의문 제기의 순으로 나열되어야 한다.

05 문서 내용 이해

정답 ④

온건한 도덕주의는 일부 예술작품만 도덕적 판단의 대상이 된다고 보고, 극단적 도덕주의는 모든 예술작품이 도덕적 판단의 대상이 된다고 본다. 따라서 온건한 도덕주의에서 도덕적 판단의 대상이 되는 예술작품은 극단적 도덕주의에서도 도덕적 판단의 대상이다.

오답분석

① 자율성주의는 예술작품의 미적 가치와 도덕적 가치가 서로 자율성을 유지한다고 보며, 미적 가치가 도덕적 가치보다 우월한 것으로 본다고 할 수는 없다.
② 온건한 도덕주의에서는 예술작품 중 일부에 대해서 긍정적 또는 부정적 도덕적 가치판단이 가능하다고 하였으며, 미적 가치와 도덕적 가치의 독립적인 지위를 인정해야 한다는 내용은 없다.
③ 자율성주의는 모든 예술작품이 도덕적 가치판단의 대상이 될 수 없다고 본다.
⑤ 두 번째 문단 네 번째 줄에서 톨스토이는 극단적 도덕주의의 입장을 대표한다고 하였다.

06 빈칸 삽입

정답 ⑤

두 번째 문단에서 '한국어를 예로 들면, 한국어를 이루고 있는 각 지역의 말 하나하나, 즉 그 지역의 언어 체계 전부를 방언이라 한다.'라는 내용과 '충청도 방언은 충청도 특유의 언어 요소만을 가리키는 것이 아니라 충청도의 토박이들이 전래적으로 써 온 한국어 전부를 가리킨다.'라는 내용을 통해 한국어는 표준어와 지역 방언 전체를 아우르는 개념이라고 이해할 수 있다. 따라서 (마)에서의 '공통부분'은 적절하지 않은 내용이며, '표준어와 지역 방언의 전체를 지칭하는 개념'이라고 고쳐야 한다.

오답분석

① (가)의 바로 다음 문장에서 '방언을 비표준어로서 낮잡아 보는 인식이 담겨 있다.'라고 했는데, 이는 ①에서 제시한 내용과 의미가 통한다.
② (나)의 바로 다음 문장에서 '이러한 용법에는 방언이 표준어보다 열등하다는 오해와 편견이 포함되어 있다.'라고 했으므로 (나)에는 방언을 낮추어 부른다는 의미가 들어가야 한다.
③ (다)의 바로 앞 문장에서 '사투리는 그 지역의 말 가운데 표준어에는 없는, 그 지역 특유의 언어 요소만을 일컫기도 한다.'라고 설명했으므로 (다)에서는 다른 지역과 같지 않은 성질을 강조해야 한다.
④ 두 번째 문단에서 '한국어를 이루고 있는 각 지역의 말 하나하나, 즉 그 지역의 언어 체계 전부를 방언이라 한다.'라고 설명했으므로 각 지역의 방언은 한국어의 하위 단위로 볼 수 있다.

07 문서 내용 이해

정답 ④

제시문은 과학을 통해 자연재해를 극복하고자 하는 인간의 노력을 옹호하고 있다. ④에서 인간의 자연 치유력을 감소시키더라도 인간의 능력(의학)으로 질병을 극복할 수 있다고 한 것도 같은 맥락이다.

08 내용 추론

정답 ④

제시문에 따르면 한 연구팀은 유전자의 발현에 대한 물음에 답하기 위해 유전자의 발현에 대해 연구했고, 그 결과 어미에게 많이 핥인 새끼가 그렇지 않은 새끼보다 GR 유전자의 발현을 촉진하는 NGF 단백질 수치가 더 높다는 것을 발견했다. 즉, 연구팀이 발견한 것은 '어미에게 많이 핥인 정도'라는 후천 요소가 'GR 유전자 발현'에 영향을 미친다는 것이다. 따라서 '후천 요소가 유전자의 발현에 영향을 미칠 수 있는가?'가 가장 적절하다.

09 문서 내용 이해

정답 ④

보행자 통행에만 이용되는 보도의 유효 폭 최소 기준을 기존 1.2m에서 1.5m로 확대하면 보행자는 더욱 넓은 공간에서 통행할 수 있게 되지만, 보도의 유효 폭에 가로수를 포함한다는 내용은 명시되어 있지 않다.

오답분석

① 보도의 유효 폭 최소 기준을 기존 1.2m에서 1.5m로 확대하면, 휠체어나 유모차 이용자도 통행할 수 있는 최소한의 보도 폭을 확보하게 된다.
② 횡단경사를 기존 1/25 이하에서 1/50 이하로 완화하면, 통행 시 한쪽 쏠림현상을 줄일 수 있다.
③ 도로관리청별로 다르게 관리하던 보행자도로에 대한 관리 기준을 포장상태 서비스 수준별로 등급(A ~ E)을 마련하여 관리해야 한다.
⑤ 보행자도로의 경우 일정 수준(C등급) 이상의 관리가 필요하다.

10 내용 추론

정답 ⑤

마지막 문단에 따르면 '라이헨바흐는 자연이 일양적일 수도 있고 그렇지 않을 수도 있음을 전제'하며, '자연이 일양적인지 그렇지 않은지 알 수 없는 상황에서는 귀납을 사용하는 것이 옳은 선택'이라고 한다. 그러나 ⑤와 같이 귀납이 현실적으로 옳은 추론 방법임을 밝히기 위해 자연의 일양성이 선험적 지식임을 증명하고 있는 것은 아니다.

오답분석

① 라이헨바흐는 '어떤 방법도 체계적으로 미래 예측에 계속해서 성공할 수 없다는 논리적 판단을 통해 귀납은 최소한 다른 방법보다 나쁘지 않은 추론'이라고 확언한다. 하지만 이것은 귀납의 논리적 허점을 현실적 차원에서 해소하려는 것이며, 논리적 허점을 완전히 극복한 것은 아니라는 점에서 비판의 여지가 있다.
② 라이헨바흐는 '귀납의 정당화 문제로부터 과학의 방법인 귀납을 옹호하기 위해 현실적 구제책을 제시'한다. 이것은 귀납이 과학의 방법으로 사용될 수 있음을 지지하려는 것이다.
③ 라이헨바흐는 '자연이 일양적일 경우 우리의 경험에 따라 귀납이 점성술이나 예언 등의 다른 방법보다 성공적인 방법'이라고 판단하며, '자연이 일양적이지 않다면 어떤 방법도 체계적으로 미래 예측에 계속해서 성공할 수 없다는 논리적 판단을 통해 귀납은 최소한 다른 방법보다 나쁘지 않은 추론이라고 확언'한다. 따라서 라이헨바흐가 귀납과 다른 방법을 비교하기 위해 경험적 판단과 논리적 판단을 활용했음을 알 수 있다.
④ 라이헨바흐는 '자연이 일양적인지 그렇지 않은지 알 수 없는 상황에서는 귀납을 사용하는 것이 옳은 선택'이라고 본다. 따라서 라이헨바흐는 귀납과 견주어 미래 예측에 더 성공적인 방법이 없다는 판단을 근거로 귀납의 가치를 보여 주고 있다.

11 응용 수리

정답 ③

배의 속력을 $x$km/h, 강물의 유속을 $y$km/h라 하면 다음과 같은 식이 성립한다.

$5(x-y)=30$ … ㉠

$3(x+y)=30$ … ㉡

㉠, ㉡을 연립하면 $x=8$, $y=2$이다.

따라서 배의 속력은 8km/h이다.

12 자료 이해

정답 ⑤

2021년 인구성장률은 0.63%, 2024년 인구성장률은 0.39%이다. 2024년 인구성장률은 2021년 인구성장률에서 40% 감소한 값인 $0.63\times(1-0.4)=0.378$%보다 값이 크므로 40% 미만으로 감소하였다.

오답분석

① 자료를 보면 2021년 이후 인구성장률이 매년 감소하고 있으므로 옳은 설명이다.
② 2019년부터 2024년까지 인구성장률이 가장 낮았던 해는 2024년이며, 합계출산율도 2024년에 가장 낮았다.
③ 인구성장률과 합계출산율은 모두 2020년에는 전년 대비 감소하고, 2021년에는 전년 대비 증가하였으므로 옳은 설명이다.
④ 인구성장률이 높은 순서로 나열하면 '2021년 – 2019년=2022년 – 2020년 – 2023년 – 2024년'이다. 합계출산율이 높은 순서로 나열하면 '2019년 – 2022년 – 2021년 – 2020년 – 2023년 – 2024년'이다. 따라서 인구성장률과 합계출산율이 두 번째로 높은 해는 2022년이다.

13 자료 이해

정답 ②

자료의 분포는 B상품이 더 고르지 못하므로 표준편차는 B상품이 더 크다.

오답분석

① • A : 60+40+50+50=200
  • B : 20+70+60+51=201

③ 봄 판매량의 합은 80으로 가장 적다.

④ 시간이 지남에 따라 두 상품의 판매량 차는 점차 감소한다.

⑤ 여름에 B상품의 판매량이 가장 많다.

14 응용 수리

정답 ①

구형기계와 신형기계가 1시간 동안 만들 수 있는 부품의 수를 각각 x개, y개라고 하면 다음 식이 성립한다.

$3x+5y=4,200$ … ㉠

$5x+3y=3,000$ … ㉡

㉠과 ㉡을 연립하여 식을 정리하면 $x=150$, $y=750$이다.

따라서 $x+y=900$개이다.

15 자료 계산

정답 ③

• 2020년 대비 2021년 사고 척수의 증가율 : $\frac{2,362-1,565}{1,565}\times 100 \fallingdotseq 50.9\%$

• 2020년 대비 2021년 사고 건수의 증가율 : $\frac{2,101-1,330}{1,330}\times 100 \fallingdotseq 58.0\%$

16 자료 계산

정답 ①

연도별 사고 건수당 인명피해의 인원수를 구하면 다음과 같다.

• 2020년 : $\frac{710}{1,330} \fallingdotseq 0.53$명/건

• 2021년 : $\frac{395}{2,101} \fallingdotseq 0.19$명/건

• 2022년 : $\frac{411}{2,307} \fallingdotseq 0.18$명/건

• 2023년 : $\frac{523}{2,582} \fallingdotseq 0.20$명/건

• 2024년 : $\frac{455}{2,671} \fallingdotseq 0.17$명/건

따라서 사고 건수당 인명피해의 인원수가 가장 많은 연도는 2020년이다.

17 수열 규칙

정답 ④

제시된 수열은 앞의 항에 $+2^0\times 10$, $+2^1\times 10$, $+2^2\times 10$, $+2^3\times 10$, $+2^4\times 10$, $+2^5\times 10$, …인 수열이다.

따라서 ( )$=632+2^6\times 10=632+640=1,272$이다.

18 수열 규칙

정답 ①

제시된 수열은 앞의 항에 11, 12, 13, …을 더하는 수열이다.

따라서 A=16, B=97이므로 A−B=−81이다.

19 자료 이해

정답 ③

2016 ~ 2024년까지 전년 대비 사기와 폭행의 범죄 건수 증감추이는 다음과 같이 서로 반대를 나타낸다.

구분	2016	2017	2018	2019	2020	2021	2022	2023	2024
사기	감소	감소	감소	감소	감소	감소	증가	증가	감소
폭행	증가	증가	증가	증가	증가	증가	감소	감소	증가

오답분석

① 2016 ~ 2024년 범죄별 발생 건수의 1 ~ 5위는 '절도, 사기, 폭행, 살인, 방화' 순서이나 2015년의 경우 '절도, 사기, 폭행, 방화, 살인' 순서로 다르다.

② 2015 ~ 2024년 동안 발생한 방화의 총 발생 건수는 5+4+2+1+2+5+2+4+5+3=33천 건으로 3만 건 이상이다.

④ 2017년 전체 범죄 발생 건수는 270+371+148+2+12=803천 건이며, 이 중 절도의 범죄 건수가 차지하는 비율은 $\frac{371}{803}\times 100 \fallingdotseq 46.2\%$로 50% 미만이다.

⑤ 2015년 전체 범죄 발생 건수는 282+366+139+5+3=795천 건이고, 2024년에는 239+359+156+3+14=771천 건이다. 따라서 2015년 대비 2024년 전체 범죄 발생 건수 감소율은 $\frac{771-795}{795}\times 100 \fallingdotseq -3\%$로 5% 미만이다.

20 자료 이해

정답 ④

2021 ~ 2024년 동안 SOC 투자규모의 전년 대비 증감방향은 '증가 – 감소 – 감소 – 감소'이고, 총지출 대비 SOC 투자규모 비중은 '증가 – 증가 – 감소 – 감소'이다.

오답분석

① 2024년 총지출을 a조 원이라고 가정하면 $a\times 0.069=23.1$조 원이며, $a=\frac{23.1}{0.069}\fallingdotseq 334.8$이므로 300조 원 이상이다.

② 2021년 SOC 투자규모의 전년 대비 증가율은 $\frac{25.4-20.5}{20.5}\times 100 \fallingdotseq 23.9\%$이므로 30% 이하이다.

③ • 2022년 : $\frac{25.1-25.4}{25.4}\times 100 \fallingdotseq -1.2\%$

• 2023년 : $\frac{24.4-25.1}{25.1}\times 100 \fallingdotseq -2.8\%$

• 2024년 : $\frac{23.1-24.4}{24.4}\times 100 \fallingdotseq -5.3\%$

따라서 2022 ~ 2024년 동안 SOC 투자규모가 전년에 비해 가장 큰 비율로 감소한 해는 2024년이다.

⑤ 2025년 SOC 투자규모의 전년 대비 감소율이 2024년과 동일하다면, 2025년 SOC 투자규모는 $23.1\times(1-0.053)\fallingdotseq 21.9$조 원이다.

21 규칙 적용

정답 ④

오답분석

① 재질이 티타늄, 용도가 일반이므로 옳지 않다.

② 용도가 선박이므로 옳지 않다.

③ 재질이 크롬 도금, 직경이 12mm이므로 옳지 않다.

⑤ 재질이 티타늄, 직경이 12mm이므로 옳지 않다.

22 명제 추론

정답 ②

주어진 조건을 논리 순서에 따라 정리하면 다음과 같다.

- 세 번째 조건 : 한국은 월요일에 대전에서 연습을 한다.
- 다섯 번째 조건 : 미국은 월요일과 화요일에 수원에서 연습을 한다.
- 여섯 번째 조건 : 미국은 목요일에 인천에서 연습을 한다.
- 일곱 번째 조건 : 금요일에 중국과 미국은 각각 서울과 대전에서 연습을 한다.
- 여덟 번째 조건 : 한국은 월요일에 대전에서 연습하므로, 화요일과 수요일에 이틀 연속으로 인천에서 연습을 한다.

이때, 미국은 자연스럽게 수요일에 서울에서 연습함을 유추할 수 있고, 한국은 금요일에 인천에서 연습을 할 수 없으므로, 목요일에는 서울에서, 금요일에는 수원에서 연습함을 알 수 있다. 그리고 만약 중국이 수요일과 목요일에 이틀 연속으로 수원에서 연습을 하게 되면 일본은 수원에서 연습을 못하게 되므로, 중국은 월요일과 목요일에 각각 인천과 수원에서 연습하고, 화요일과 수요일에 대전에서 이틀 연속으로 연습해야 함을 유추할 수 있다. 나머지는 일본이 모두 연습하면 된다. 이 사실을 종합하여 주어진 조건을 표로 정리하면 다음과 같다.

구분	월요일	화요일	수요일	목요일	금요일
서울	일본	일본	미국	한국	중국
수원	미국	미국	일본	중국	한국
인천	중국	한국	한국	미국	일본
대전	한국	중국	중국	일본	미국

따라서 수요일에 대전에서는 중국이 연습을 한다.

23 자료 해석

정답 ③

시장 내 경쟁이 가장 치열한 업체는 동일 혜택을 제공하는 카드 수가 가장 많은 E카페로, E카페의 혜택 제공 기간은 2년(24개월)이다.

오답분석

① B서점의 경우 E카페보다 동일 혜택을 제공하는 카드 수가 적지만, 혜택 제공 기간은 더 길다.
② 선호도 점수 가장 높은 혜택은 C통신사의 통신요금 할인 혜택이다.
④ 혜택 제공 기간이 가장 긴 업체는 B서점이지만, 선호도 점수가 가장 높은 업체는 C통신사이다.
⑤ 매월 모든 업체가 부담해야 하는 혜택 비용이 동일하다면, 혜택에 대한 총 부담 비용이 가장 큰 업체는 혜택 제공 기간이 가장 긴 B서점이다.

24 명제 추론

정답 ③

주어진 명제를 정리하면 '진달래를 좋아함 → 감성적 → 보라색을 좋아함 → 백합을 좋아하지 않음'이 되므로 진달래를 좋아하는 사람은 보라색을 좋아한다.

25 명제 추론

정답 ①

주어진 조건을 논리 순서에 따라 정리하면 다음과 같다.

- 다섯 번째 조건 : 1층에 경영지원실이 위치한다.
- 첫 번째 조건 : 1층에 경영지원실이 위치하므로 4층에 기획조정실이 위치한다.
- 두 번째 조건 : 2층에 보험급여실이 위치한다.
- 네 번째, 다섯 번째 조건 : 3층에 급여관리실, 5층에 빅데이터운영실이 위치한다.

따라서 1층부터 순서대로 '경영지원실 – 보험급여실 – 급여관리실 – 기획조정실 – 빅데이터운영실'이 위치하므로 5층에 있는 부서는 빅데이터운영실이다.

26 자료 해석

정답 ①

교통 할인을 제공하는 A카드는 동종 혜택을 제공하는 카드의 개수가 가장 많으므로 시장에서의 경쟁이 가장 치열할 것이라 예상할 수 있다.

오답분석

② B카드를 출시하는 경우보다 연간 예상필요자본 규모가 더 작은 D카드를 출시하는 경우에 자본 동원이 더 수월할 것이다.
③ 제휴 레스토랑 할인을 제공하는 C카드의 신규가입 시 혜택 제공가능 기간은 18개월로, 24개월인 B카드와 D카드보다 짧다.
④ A카드와 B카드를 비교해보면, 신규가입 시 혜택 제공가능 기간은 B카드가 2배로 더 길지만, 동종 혜택을 제공하는 타사 카드 개수는 A카드가 가장 많다. 따라서 신규 가입 시 혜택 제공가능 기간이 길수록 동종 혜택분야에서의 현재 카드사 간 경쟁이 치열하다고 보기 어렵다.
⑤ D카드의 경우 신규가입 시 혜택 제공가능 기간은 B카드와 동일하지만, 연간 예상필요자본 규모는 B카드보다 작다. 따라서 D카드가 B카드보다 출시가능성이 높으므로 적절하지 않은 설명이다.

27 규칙 적용

정답 ①

의류 종류 코드에서 'OP(원피스)'를 'OT(티셔츠)'로 수정해야 하므로 ①의 생산 코드를 'OTGR – 220124 – 475ccc'로 수정해야 한다.

오답분석

㉠ 스커트는 'OH', 붉은색은 'RD', 제조일은 '211204', 창원은 '753', 수량은 'aaa'이므로 ③의 생산 코드는 'OHRD – 211204 – 753aaa'로 옳다.
㉢ 원피스는 'OP', 푸른색은 'BL', 제조일은 '220705', 창원은 '753', 수량은 'aba'이므로 ⑤의 생산 코드는 'OPBL – 220705 – 753aba'로 옳다.
㉣ 납품일(2022년 7월 23일) 전날에 생산했으므로 생산날짜는 2022년 7월 22일이다. 따라서 ②의 생산 코드는 'OJWH – 220722 – 935baa'로 옳다.
㉤ 티셔츠의 생산 코드는 'OTYL – 220430 – 869aab'로 옳으며, 스커트의 생산 코드는 'OHYL – 220430 – 869aab'이다.

28 상황 판단

정답 ②

주어진 상황에 따라 갑 ~ 정이 갖춘 직무역량을 정리하면 다음과 같다.

구분	의사소통역량	대인관계역량	문제해결역량	정보수집역량	자원관리역량
갑	○	○	×	×	○
을	×	×	○	○	○
병	○	×	○	○	×
정	×	○	○	×	○

이를 토대로 하면 갑 ~ 정의 수행 가능한 업무는 다음과 같다.

- 갑 : 심리 상담, 지역안전망구축
- 을 : 진학지도
- 병 : 위기청소년지원, 진학지도
- 정 : 지역안전망구축

따라서 서로 다른 업무를 맡으면서 4가지 업무를 분담할 수 있는 후보자는 갑과 병뿐이므로 K복지관에 채용될 후보자는 갑, 병이다.

29 규칙 적용

정답 ①

간선노선과 보조간선노선을 구분하여 노선번호를 부여하면 다음과 같다.

• 간선노선
  - 동서를 연결하는 경우 : (가), (나)에 해당하며, 남에서 북으로 가면서 숫자가 증가하고 끝자리에는 0을 부여하므로 (가)는 20, (나)는 10이다.
  - 남북을 연결하는 경우 : (다), (라)에 해당하며, 서에서 동으로 가면서 숫자가 증가하고 끝자리에는 5를 부여하므로 (다)는 15, (라)는 25이다.

• 보조간선노선
  - (마) : 남북을 연결하는 모양에 가까우므로, (마)의 첫자리는 남쪽 시작점의 간선노선인 (다)의 첫자리와 같은 1이 되어야 하고, 끝자리는 5를 제외한 홀수를 부여해야 하므로, 가능한 노선번호는 11, 13, 17, 19이다.
  - (바) : 동서를 연결하는 모양에 가까우므로, (바)의 첫자리는 바로 아래쪽에 있는 간선노선인 (나)의 첫자리와 같은 1이 되어야 하고, 끝자리는 0을 제외한 짝수를 부여해야 하므로, 가능한 노선번호는 12, 14, 16, 18이다.

따라서 가능한 조합은 ①이다.

30 자료 해석

정답 ⑤

가입금액 한도 내에서 보상하되, 휴대품 손해로 인한 보상 시 휴대품 1개 또는 1쌍에 대해서만 20만 원 한도로 보상한다.

31 인원 선발

정답 ③

갑～무의 성과급 점수를 계산해 보면 다음과 같다.

• 갑대리 : (85×0.5)+(90×0.5)=87.5점
• 을과장 : (100×0.3)+(85×0.1)+(80×0.6)=86.5점
• 병사원 : (95×0.6)+(85×0.4)=91점
• 정차장 : (80×0.2)+(90×0.3)+(85×0.5)=85.5점
• 무과장 : (100×0.3)+(85×0.1)+(80×0.6)=86.5점

따라서 성과급 점수가 90점 이상인 S등급에 해당하는 사람은 병사원이다.

32 품목 확정

정답 ⑤

하루에 한 번만 이동하므로, 본사 복귀 전 마지막으로 9월 7일에 방문할 발전소는 산청발전소이다. 그러므로 청평발전소, 무주발전소, 예천발전소 간의 방문 순서만 정하면 된다. 경로에 따른 이동 소요시간을 계산하면 다음 표와 같다(마지막 날 산청발전소에서 본사로의 이동시간은 모든 경우에서 동일하므로 계산에서 제외하였다. 또한 계산상 편의를 위해 '1시간=60분'으로 환산하여 계산하였다).

구분	총소요시간
①	55분+45분+110분+35분=245분
②	55분+50분+110분+80분=295분
③	125분+110분+50분+65분=350분
④	125분+45분+50분+35분=255분
⑤	40분+50분+45분+80분=215분

따라서 이동에 소요되는 시간이 가장 작은 경로는 ⑤이다.

33 인원 선발

정답 ④

초과근무 계획표를 다음과 같이 직원들을 요일별로 초과근무 일정을 정리하면 목요일 초과근무자가 5명임을 알 수 있다.

월	화	수	목	금	토	일
김혜정 정해리 정지원	이지호 이승기 최명진	김재건 신혜선	박주환 신혜선 정지원 김우석 이상엽	김혜정 김유미 차지수	이설희 임유진 김유미	임유진 한예리 이상엽

또한 목요일 초과근무자 중 단 1명만 초과근무 일정을 바꿔야 한다면 목요일 6시간과 일요일 3시간 일정으로 $6+(3\times1.5)=10.5$시간을 근무하는 이상엽 직원의 일정을 바꿔야 한다. 따라서 목요일에 초과근무 예정인 이상엽 직원의 요일과 시간을 수정해야 한다.

34 품목 확정

정답 ②

B버스(9시 출발, 소요시간 40분) → KTX(9시 45분 출발, 소요시간 1시간 32분) : 도착 시간 오전 11시 17분으로 가장 먼저 도착한다.

오답분석

① A버스(9시 20분 출발, 소요시간 24분) → 새마을호(9시 45분 출발, 소요시간 3시간) : 도착 시간 오후 12시 45분
③ 지하철(9시 30분 출발, 소요시간 20분) → KTX(10시 30분 출발, 소요시간 1시간 32분) : 도착 시간 오후 12시 2분
④ B버스(9시 출발, 소요시간 40분) → 새마을호(9시 40분 출발, 소요시간 3시간) : 도착 시간 오후 12시 40분
⑤ 지하철(9시 30분 출발, 소요시간 20분) → 새마을호(9시 50분 출발, 소요시간 3시간) : 도착 시간 오후 12시 50분

35 시간 계획

정답 ①

두 번째 조건에서 경유지는 서울보다 +1시간, 출장지는 경유지보다 −2시간이므로 서울과 −1시간 차이다.
김대리가 서울에서 경유지를 거쳐 출장지까지 가는 과정을 서울 시각 기준으로 정리하면 다음과 같다.
서울 5일 오후 1시 35분 출발 → 오후 1시 35분+3시간 45분=오후 5시 20분 경유지 도착 → 오후 5시 20분+3시간 50분(대기시간)=오후 9시 10분 경유지에서 출발 → 오후 9시 10분+9시간 25분=6일 오전 6시 35분 출장지 도착
따라서 출장지에 도착했을 때 현지 시각은 서울보다 1시간 느리므로 오전 5시 35분이다.

36 품목 확정

정답 ④

첫 번째 지원계획을 보면 지원금을 받는 모임의 구성원은 6명 이상 9명 미만이므로 A모임과 E모임은 제외한다. 나머지 B, C, D모임의 총지원금을 구하면 다음과 같다.

- B모임 : $1,500+(100\times6)=2,100$천 원
- C모임 : $1.3\times\{1,500+(120\times8)\}=3,198$천 원
- D모임 : $2,000+(100\times7)=2,700$천 원

따라서 D모임이 두 번째로 많은 지원금을 받는다.

37 비용 계산

정답 ③

먼저 A씨의 퇴직금을 구하기 위해서는 1일 평균임금을 구해야 한다.
3개월간 임금 총액은 $6,000,000+720,000=6,720,000$원이고, 1일 평균임금은 $6,720,000\div80=84,000$원이다.
따라서 퇴직금은 84,000원×30일×$(730\div365)=5,040,000$원이다.

38 시간 계획

정답 ④

공정이 진행되는 순서는 다음과 같다.

7월							8월
		B	B			B	
25일	26일	27일	28일	29일	30일	31일	1일
A	A	A	C, A	주말휴식	주말휴식	C	

- 25 ~ 26일 : A공정에 의해 100개 생산
- 27 ~ 28일 : A공정에 의해 100개 생산
- 27 ~ 31일 : B공정에 의해 150개 생산
- 28 ~ 31일 : C공정에 의해 200개 생산

따라서 7월 31일이 되어서야 550개의 제품이 생산되므로 7월 31일에 생산이 끝난다.

39 비용 계산

정답 ②

국민연금법에 따라 납부해야 할 금액을 정리하면 다음과 같다.

1) 제3항 – 사업장가입자
   ① 4,000,000×0.045=180,000원
   ③ 5,200,000×0.045=234,000원
2) 제4항 – 지역자입자, 임의가입자 및 임의계속가입자
   ② 3,000,000×0.09=270,000원
   ④ 1,600,000×0.09=144,000원
   ⑤ 2,500,000×0.09=225,000원

따라서 가장 많은 금액을 납부해야 하는 경우는 ②이다.

40 비용 계산

정답 ③

ⅰ) 연봉 3천만 원인 K사원의 월 수령액은 3천만÷12=250만 원이고, 월평균 근무시간은 200시간이므로 시급은 250만÷200=12,500원이다.

ⅱ) K사원이 평일에 야근한 시간은 2+3+3+2=10시간이므로, 야근 수당은 (12,500+5,000)×10=175,000원이다.

ⅲ) K사원이 주말에 특근한 시간은 3+5=8시간이므로, 특근 수당은 (12,500+10,000)×8=180,000원이다.

식대는 야근·특근 수당에 포함되지 않으므로 K사원의 한 달간 야근 및 특근 수당의 총액은 175,000+180,000=355,000원이다.

41 기술 이해

정답 ①

석유자원을 대체하고 에너지의 효율성을 높이는 것은 기존 기술에서 탈피하고 새로운 기술을 습득하는 기술경영자의 능력으로 볼 수 있다.

기술경영자의 능력

- 기술을 기업의 전반적인 전략 목표에 통합시키는 능력
- 빠르고 효과적으로 새로운 기술을 습득하고 기존의 기술에서 탈피하는 능력
- 기술을 효과적으로 평가할 수 있는 능력
- 기술 이전을 효과적으로 할 수 있는 능력
- 새로운 제품개발 시간을 단축할 수 있는 능력
- 크고 복잡하며 서로 다른 분야에 걸쳐 있는 프로젝트를 수행할 수 있는 능력
- 조직 내의 기술 이용을 수행할 수 있는 능력
- 기술 전문 인력을 운용할 수 있는 능력

42 기술 이해

정답 ④

문화 및 제도적인 차이에 대한 부분을 통해 글로벌 벤치마킹 설명임을 알 수 있다.

오답분석

① 내부 벤치마킹 : 같은 기업 내의 다른 지역, 타 부서, 국가 간의 유사한 활용을 비교 대상으로 한다. 이 방법은 자료 수집이 용이하며, 다각화된 우량기업의 경우 효과가 큰 반면, 관점이 제한적일 수 있고, 편중된 내부 시각에 대한 우려가 있다는 단점을 가지고 있다.
② 경쟁적 벤치마킹 : 동일 업종에서 고객을 직접적으로 공유하는 경쟁기업을 대상으로 한다. 이 방법은 경영성과와 관련된 정보 입수가 가능하며, 업무·기술에 대한 비교가 가능한 반면 윤리적인 문제가 발생할 소지가 있으며, 대상의 적대적 태도로 인해 자료 수집이 어렵다는 단점이 있다.
③ 비경쟁적 벤치마킹 : 제품, 서비스 및 프로세스의 단위 분야에 있어 가장 우수한 실무를 보이는 비경쟁적 기업 내의 유사 분야를 대상으로 하는 방법이다. 이 방법은 혁신적인 아이디어의 창출 가능성은 높은 반면 다른 환경의 사례를 가공하지 않고 적용할 경우 효과를 보지 못할 가능성이 높다는 단점이 있다.
⑤ 간접적 벤치마킹 : 벤치마킹을 수행 방식에 따라 분류한 것으로, 인터넷 및 문서 형태의 자료를 통해서 간접적으로 수행하는 방법이다.

43 기술 이해

정답 ④

기술시스템의 발전 단계를 보면 먼저 기술시스템이 탄생하고 성장하며(발명, 개발, 혁신의 단계), 이후 성공적인 기술이 다른 지역으로 이동하고(기술이전의 단계), 기술시스템 사이의 경쟁이 발생하며(기술경쟁의 단계), 경쟁에서 승리한 기술시스템의 관성화(기술 공고화 단계)로 나타난다.

44 기술 이해

정답 ③

기술발전에 있어 환경 보호를 추구하는 점을 볼 때, 지속 가능한 개발의 사례로 볼 수 있다. 지속 가능한 개발은 경제 발전과 환경 보전의 양립을 위하여 새롭게 등장한 개념으로 볼 수 있으며, 미래 세대가 그들의 필요를 충족시킬 수 있는 가능성을 손상시키지 않는 범위에서 현재 세대의 필요를 충족시키는 개발인 것이다.

오답분석

① 개발독재 : 개발도상국에서 개발이라는 이름으로 행해지는 정치적 독재를 말한다.
② 연구개발 : 자연과학기술에 대한 새로운 지식이나 원리를 탐색하고 해명해서 그 성과를 실용화하는 일을 말한다.
④ 개발수입 : 기술이나 자금을 제3국에 제공하여 미개발자원 등을 개발하거나 제품화하여 수입하는 것을 말한다.
⑤ 조직개발 : 기업이 생산능률을 높이기 위하여 기업조직을 개혁하는 일을 말한다.

45 기술 적용

정답 ④

영상이 희미한 경우 리모컨 메뉴창의 초점 조절 기능을 이용하여 초점을 조절하거나, 투사거리가 초점에서 너무 가깝거나 멀리 떨어져있지 않은지 확인해야 한다.

오답분석

① 화면 잔상은 일정시간 정지된 영상을 지속적으로 표시하면 나타날 수 있다. 제품 및 리모컨의 배터리 충전 상태와는 무관하다.
② 메뉴가 선택되지 않을 때는 메뉴의 글자가 회색으로 나와 있지 않은지 확인해야 한다. 외부기기 연결 상태 확인은 외부기기가 선택되지 않을 때의 조치사항이다.
③ 이상한 소리가 계속해서 날 경우 사용을 중지하고 서비스센터로 문의해야 한다.
⑤ 전원이 자동으로 꺼지는 것은 제품을 20시간 지속 사용하여 전원이 자동 차단된 것으로 확인할 수 있다. 발열이 심한 경우는 화면이 나오지 않는 문제의 원인이다.

46 기술 이해

정답 ④

(D)의 경우 추측성 내용의 서술로 작성되었음을 알 수 있다. 매뉴얼에 따르면 추측성 내용의 서술은 금물이다. 추측성 설명은 문장을 애매모호하게 만들 뿐만 아니라 사용자에게 사고를 유발시켜 신체적 · 재산적 손실을 가져다 줄 수 있다.

47 기술 적용

정답 ③

설치 시 주의사항에 따르면 난방기기 주변은 과열되어 고장의 염려가 있으므로 피해야 한다. ③의 냉방기는 장소 선정 시 고려되어야 할 사항과 거리가 멀다.

48 기술 적용

정답 ②

전원이 갑자기 꺼진다면 전력 소모를 줄일 수 있는 기능인 '취침예약'이나 '자동전원끄기' 기능이 설정되어 있는지 확인해야 한다.

오답분석

① 전원이 켜지지 않을 경우 전원 코드, 안테나 케이블, 케이블 방송 수신기의 연결이 제대로 되어 있는지 확인해야 하지만, 위성 리시버는 지문에서 확인할 수 없다.
③ 제품에서 뚝뚝 소리가 나는 것은 TV외관의 기구적 수축이나 팽창 때문에 나타날 수 있는 현상이므로 안심하고 사용해도 된다.
④ 제품 특성상 장시간 시청 시 패널에서 열이 발생하므로 열이 발생하는 것은 결함이나 동작 사용상의 문제가 되지 않으니 안심하고 사용해도 된다.
⑤ 리모컨 동작이 되지 않을 때는 새 건전지로 교체하고, 교체 후에도 문제가 해결되지 않는다면 서비스센터로 문의해야 한다.

49 기술 적용

정답 ②

모니터 드라이버를 설치하는 것은 'UNKNOWN DEVICE' 문구가 뜰 때이다.

50 기술 적용

정답 ⑤

모니터의 전원을 끈 상태에서도 잔상이 남아 있으면 먼저 고장신고를 해야 한다.

한전MCS 필기전형 답안카드

성 명

지원 분야

문제지 형별기재란	
( )형	Ⓐ Ⓑ

수 험 번 호						
⓪	⓪	⓪	⓪	⓪	⓪	⓪
①	①	①	①	①	①	①
②	②	②	②	②	②	②
③	③	③	③	③	③	③
④	④	④	④	④	④	④
⑤	⑤	⑤	⑤	⑤	⑤	⑤
⑥	⑥	⑥	⑥	⑥	⑥	⑥
⑦	⑦	⑦	⑦	⑦	⑦	⑦
⑧	⑧	⑧	⑧	⑧	⑧	⑧
⑨	⑨	⑨	⑨	⑨	⑨	⑨

감독위원 확인
인

1	① ② ③ ④ ⑤	21	① ② ③ ④ ⑤	41	① ② ③ ④ ⑤
2	① ② ③ ④ ⑤	22	① ② ③ ④ ⑤	42	① ② ③ ④ ⑤
3	① ② ③ ④ ⑤	23	① ② ③ ④ ⑤	43	① ② ③ ④ ⑤
4	① ② ③ ④ ⑤	24	① ② ③ ④ ⑤	44	① ② ③ ④ ⑤
5	① ② ③ ④ ⑤	25	① ② ③ ④ ⑤	45	① ② ③ ④ ⑤
6	① ② ③ ④ ⑤	26	① ② ③ ④ ⑤	46	① ② ③ ④ ⑤
7	① ② ③ ④ ⑤	27	① ② ③ ④ ⑤	47	① ② ③ ④ ⑤
8	① ② ③ ④ ⑤	28	① ② ③ ④ ⑤	48	① ② ③ ④ ⑤
9	① ② ③ ④ ⑤	29	① ② ③ ④ ⑤	49	① ② ③ ④ ⑤
10	① ② ③ ④ ⑤	30	① ② ③ ④ ⑤	50	① ② ③ ④ ⑤
11	① ② ③ ④ ⑤	31	① ② ③ ④ ⑤		
12	① ② ③ ④ ⑤	32	① ② ③ ④ ⑤		
13	① ② ③ ④ ⑤	33	① ② ③ ④ ⑤		
14	① ② ③ ④ ⑤	34	① ② ③ ④ ⑤		
15	① ② ③ ④ ⑤	35	① ② ③ ④ ⑤		
16	① ② ③ ④ ⑤	36	① ② ③ ④ ⑤		
17	① ② ③ ④ ⑤	37	① ② ③ ④ ⑤		
18	① ② ③ ④ ⑤	38	① ② ③ ④ ⑤		
19	① ② ③ ④ ⑤	39	① ② ③ ④ ⑤		
20	① ② ③ ④ ⑤	40	① ② ③ ④ ⑤		

※ 본 답안카드는 마킹연습용 모의 답안카드입니다.

〈절취선〉

한전MCS 필기전형 답안카드

성 명

지원 분야

문제지 형별기재란	
(　　　)형	Ⓐ Ⓑ

수 험 번 호						
⓪	⓪	⓪	⓪	⓪	⓪	⓪
①	①	①	①	①	①	①
②	②	②	②	②	②	②
③	③	③	③	③	③	③
④	④	④	④	④	④	④
⑤	⑤	⑤	⑤	⑤	⑤	⑤
⑥	⑥	⑥	⑥	⑥	⑥	⑥
⑦	⑦	⑦	⑦	⑦	⑦	⑦
⑧	⑧	⑧	⑧	⑧	⑧	⑧
⑨	⑨	⑨	⑨	⑨	⑨	⑨

감독위원 확인
ⓘ인

1	①	②	③	④	⑤	21	①	②	③	④	⑤	41	①	②	③	④	⑤
2	①	②	③	④	⑤	22	①	②	③	④	⑤	42	①	②	③	④	⑤
3	①	②	③	④	⑤	23	①	②	③	④	⑤	43	①	②	③	④	⑤
4	①	②	③	④	⑤	24	①	②	③	④	⑤	44	①	②	③	④	⑤
5	①	②	③	④	⑤	25	①	②	③	④	⑤	45	①	②	③	④	⑤
6	①	②	③	④	⑤	26	①	②	③	④	⑤	46	①	②	③	④	⑤
7	①	②	③	④	⑤	27	①	②	③	④	⑤	47	①	②	③	④	⑤
8	①	②	③	④	⑤	28	①	②	③	④	⑤	48	①	②	③	④	⑤
9	①	②	③	④	⑤	29	①	②	③	④	⑤	49	①	②	③	④	⑤
10	①	②	③	④	⑤	30	①	②	③	④	⑤	50	①	②	③	④	⑤
11	①	②	③	④	⑤	31	①	②	③	④	⑤						
12	①	②	③	④	⑤	32	①	②	③	④	⑤						
13	①	②	③	④	⑤	33	①	②	③	④	⑤						
14	①	②	③	④	⑤	34	①	②	③	④	⑤						
15	①	②	③	④	⑤	35	①	②	③	④	⑤						
16	①	②	③	④	⑤	36	①	②	③	④	⑤						
17	①	②	③	④	⑤	37	①	②	③	④	⑤						
18	①	②	③	④	⑤	38	①	②	③	④	⑤						
19	①	②	③	④	⑤	39	①	②	③	④	⑤						
20	①	②	③	④	⑤	40	①	②	③	④	⑤						

※ 본 답안카드는 마킹연습용 모의 답안카드입니다.

한전MCS 필기전형 답안카드

성 명

지원 분야

문제지 형별기재란	
( )형	Ⓐ Ⓑ

수 험 번 호						
⓪	⓪	⓪	⓪	⓪	⓪	⓪
①	①	①	①	①	①	①
②	②	②	②	②	②	②
③	③	③	③	③	③	③
④	④	④	④	④	④	④
⑤	⑤	⑤	⑤	⑤	⑤	⑤
⑥	⑥	⑥	⑥	⑥	⑥	⑥
⑦	⑦	⑦	⑦	⑦	⑦	⑦
⑧	⑧	⑧	⑧	⑧	⑧	⑧
⑨	⑨	⑨	⑨	⑨	⑨	⑨

감독위원 확인
㊞ 인

1	① ② ③ ④ ⑤	21	① ② ③ ④ ⑤	41	① ② ③ ④ ⑤
2	① ② ③ ④ ⑤	22	① ② ③ ④ ⑤	42	① ② ③ ④ ⑤
3	① ② ③ ④ ⑤	23	① ② ③ ④ ⑤	43	① ② ③ ④ ⑤
4	① ② ③ ④ ⑤	24	① ② ③ ④ ⑤	44	① ② ③ ④ ⑤
5	① ② ③ ④ ⑤	25	① ② ③ ④ ⑤	45	① ② ③ ④ ⑤
6	① ② ③ ④ ⑤	26	① ② ③ ④ ⑤	46	① ② ③ ④ ⑤
7	① ② ③ ④ ⑤	27	① ② ③ ④ ⑤	47	① ② ③ ④ ⑤
8	① ② ③ ④ ⑤	28	① ② ③ ④ ⑤	48	① ② ③ ④ ⑤
9	① ② ③ ④ ⑤	29	① ② ③ ④ ⑤	49	① ② ③ ④ ⑤
10	① ② ③ ④ ⑤	30	① ② ③ ④ ⑤	50	① ② ③ ④ ⑤
11	① ② ③ ④ ⑤	31	① ② ③ ④ ⑤		
12	① ② ③ ④ ⑤	32	① ② ③ ④ ⑤		
13	① ② ③ ④ ⑤	33	① ② ③ ④ ⑤		
14	① ② ③ ④ ⑤	34	① ② ③ ④ ⑤		
15	① ② ③ ④ ⑤	35	① ② ③ ④ ⑤		
16	① ② ③ ④ ⑤	36	① ② ③ ④ ⑤		
17	① ② ③ ④ ⑤	37	① ② ③ ④ ⑤		
18	① ② ③ ④ ⑤	38	① ② ③ ④ ⑤		
19	① ② ③ ④ ⑤	39	① ② ③ ④ ⑤		
20	① ② ③ ④ ⑤	40	① ② ③ ④ ⑤		

※ 본 답안카드는 마킹연습용 모의 답안카드입니다.

〈절취선〉

한전MCS 필기전형 답안카드

성 명

지원 분야

문제지 형별기재란	
(　　　)형	Ⓐ Ⓑ

수 험 번 호						
⓪	⓪	⓪	⓪	⓪	⓪	⓪
①	①	①	①	①	①	①
②	②	②	②	②	②	②
③	③	③	③	③	③	③
④	④	④	④	④	④	④
⑤	⑤	⑤	⑤	⑤	⑤	⑤
⑥	⑥	⑥	⑥	⑥	⑥	⑥
⑦	⑦	⑦	⑦	⑦	⑦	⑦
⑧	⑧	⑧	⑧	⑧	⑧	⑧
⑨	⑨	⑨	⑨	⑨	⑨	⑨

감독위원 확인
인

1	①	②	③	④	⑤	21	①	②	③	④	⑤	41	①	②	③	④	⑤
2	①	②	③	④	⑤	22	①	②	③	④	⑤	42	①	②	③	④	⑤
3	①	②	③	④	⑤	23	①	②	③	④	⑤	43	①	②	③	④	⑤
4	①	②	③	④	⑤	24	①	②	③	④	⑤	44	①	②	③	④	⑤
5	①	②	③	④	⑤	25	①	②	③	④	⑤	45	①	②	③	④	⑤
6	①	②	③	④	⑤	26	①	②	③	④	⑤	46	①	②	③	④	⑤
7	①	②	③	④	⑤	27	①	②	③	④	⑤	47	①	②	③	④	⑤
8	①	②	③	④	⑤	28	①	②	③	④	⑤	48	①	②	③	④	⑤
9	①	②	③	④	⑤	29	①	②	③	④	⑤	49	①	②	③	④	⑤
10	①	②	③	④	⑤	30	①	②	③	④	⑤	50	①	②	③	④	⑤
11	①	②	③	④	⑤	31	①	②	③	④	⑤						
12	①	②	③	④	⑤	32	①	②	③	④	⑤						
13	①	②	③	④	⑤	33	①	②	③	④	⑤						
14	①	②	③	④	⑤	34	①	②	③	④	⑤						
15	①	②	③	④	⑤	35	①	②	③	④	⑤						
16	①	②	③	④	⑤	36	①	②	③	④	⑤						
17	①	②	③	④	⑤	37	①	②	③	④	⑤						
18	①	②	③	④	⑤	38	①	②	③	④	⑤						
19	①	②	③	④	⑤	39	①	②	③	④	⑤						
20	①	②	③	④	⑤	40	①	②	③	④	⑤						

※ 본 답안카드는 마킹연습용 모의 답안카드입니다.

시대에듀 한전MCS 통합기본서

초판발행	2025년 07월 15일 (인쇄 2025년 06월 13일)
발 행 인	박영일
책임편집	이해욱
편 저	SDC(Sidae Data Center)
편집진행	여연주 · 황성연
표지디자인	현수빈
편집디자인	김경원 · 장성복
발 행 처	(주)시대고시기획
출판등록	제10-1521호
주 소	서울시 마포구 큰우물로 75 [도화동 538 성지 B/D] 9F
전 화	1600-3600
팩 스	02-701-8823
홈페이지	www.sdedu.co.kr

I S B N	979-11-383-9468-0 (13320)
정 가	25,000원

한전 MCS

통합기본서

최신 출제경향 전면 반영

시대에듀가 합격을 준비하는
당신에게 제안합니다.
성공의 기회
시대에듀를 잡으십시오.
NEXT STEP
시대에듀
기회란 포착되어 활용되기 전에는 기회인지조차 알 수 없는 것이다.
– 마크 트웨인 –